장애인콜택시 운전원

직무지식평가

실전
모의고사

장애인콜택시운전원

직무지식평가 실전모의고사

개정1판 발행	2022년 5월 20일	
개정2판 발행	2024년 6월 21일	

편 저 자 | 취업적성연구소

발 행 처 | ㈜서원각

등록번호 | 1999-1A-107호

주   소 | 경기도 고양시 일산서구 덕산로 88-45(가좌동)

교재주문 | 031-923-2051

팩   스 | 031-923-3815

교재문의 | 카카오톡 플러스 친구[서원각]

홈페이지 | goseowon.com

시민중심의 도시기반서비스를 창출하는 혁신 공기업 서울시설공단에서 중증장애인의 이용편의 제공을 위해 「서울특별시 장애인콜택시」와 함께 할 운전원을 모집한다.

장애인콜택시는 중증장애인 1·2급의 지체 및 뇌병변, 기타 휠체어장애인을 대상으로 운행되는 콜택시로, 총 699대의 차량이 운행되고 있다. 24시간 연중무휴로, 주간, 야간 시차제 근무로 운영된다.

장애인콜택시 운전원 채용은 서류전형을 거쳐 인성검사 및 운전상식 필기전형과 면접전형으로 이루어진다. 본서는 서울특별시 장애인콜택시 운전원 필기전형을 대비하기 위한 모의고사 문제집으로 아래와 같이 구성하였다.

1. 운전상식 필기시험 대비 실전 모의고사를 5회 수록하였다.
2. 인성검사의 개요와 실전 인성검사를 수록하여 유형을 파악할 수 있다.

장애인콜택시 운전원 채용을 꿈꾸는 모든 수험생들의 합격을 기원한다.

서울시설공단 장애인콜택시 사회복지직(8급) 운전원

※ 본 시험안내는 2023년 공고문을 바탕으로 작성되었습니다.

1. 응시자격

① 인사규정 제12조(결격사유)에 해당하지 않으며, 공단 정년인 만 60세 이하인자

　※ 단, 군 복무중인 자는 매 전형 응시가 가능하고, 공단 임용 예정일자부터 정상적인 근무가 가능한 자

② 1종 보통 이상 자동차운전면허증 소지자

③ 서울특별시택시운전자격증 소지자

④ 공고일 기준 최근 5년 이상 무사고 운전자

　※ 무사고 운전기준 : 경찰서 또는 정부24에서 발급한 운전경력증명서상 공고일 기준 5년간 교통사고 이력이 없으며, 해당 기간 중 면허 정지 · 취소 등이 없어야 함

⑤ 공고일 기준 3년 이내 운전적성정밀검사 적합 판정자

　※ 공고일 기준~ 서류접수 마감일(당일포함)까지이며, 판정결과 적합인 경우 인정. 단, 검사일이 3년을 경과한 경우 유효여부에 관계없이 신규 검사 필요

📝 주요업무

① 직무내용

　㉠ 장애인콜택시 운전을 통한 장애인 이동 편의제공 업무

　㉡ 차량 및 특장부분 기본 점검

　㉢ 차량 및 차고지 방역활동지원

② 직무수행요건(지식 / 기술 / 태도)

　㉠ 장애인 고객의 차량 승하차 도움가능 체력

　㉡ 운전 및 차량관리 능력

　㉢ 장애인에 대한 이해 및 공감능력

　㉣ 업무에 성실한 태도

③ 근무시간 : 근무 편성표에 따른 시차제근무(주말, 공휴일 포함)

　※ 연중 무휴(24시간 운행)에 다른 주 · 야간 근무 편성가능

④ 근무장소 : 서울시 전역 장애인콜택시 차고지

✎ 응시원서 접수

① 접수방법 : 별도 채용 홈페이지를 통한 인터넷 접수만 가능
② 채용분야별 복수·중복지원은 불가함
③ 응시자격(요건), 우대사항은 서류접수 마감 이전(접수마감일 포함) 취득·결정 된 것에 한하며, 면접 시 실물 자격증 및 증명서 등을 지참해야만 인정

✎ 전형절차

서류전형 ▶ 필기전형 ▶ 온라인 인성검사 ▶ 면접전형 ▶ 최종 합격자 발표 ▶ 임용 및 근로계약

① 서류전형
　㉠ 응시자격요건 충족 여부 및 자기소개서 불성실 기재여부 검증
　㉡ 합격자 선발기준 : 응시자격요건 충족자 전원 선발(필기시험 기회 부여)
　　※ 단, 자기소개서 검증 결과 불성실 기재로 확인된 자는 제외
② 필기전형
　㉠ 필기전형 대상 : 서류전형 선발인원
　㉡ 필기전형 합격인원 : 채용예정인원의 2배수
　　※ 단, 필기 최종점수 동점자가 발생하여 선발 예정 인원을 초과하는 경우에 동점자는 모두 합격자로 선발
　㉢ 시험내용 : 직무지식평가(교통법규, 안전운행, 운송서비스(응급처치법 포함) 50문항, 60분
　㉣ 합격자 선발 기준 : 직무지식평가(100점 만점)에 가산점을 반영한 점수가 60점 이상인 자 중 필기전형 합격인원 기준에 따라 고득점 순 선발

③ 온라인 인성검사

　㉠ 검사대상 : 필기전형 합격자

　㉡ 검사방법 : 개별 온라인 검사 실시

　㉢ 검사내용 : 개인의 성격 · 가치 · 태도 등 업무수행, 공직소양 및 조직생활 적응에 요구되는 기초적인 성격
　　을 파악하기 위한 검사

　㉣ 인성검사 결과는 면접 시 참고자료로만 활용되며, 필기전형 합격자 중 인성검사 미실시자는 면접전형 불
　　합격 처리됨

④ 면접전형

　㉠ 면접전형 대상 : 필기전형 합격자

　㉡ 면접내용 : 경험 및 인성면접(구조화 면접)

　㉢ 평가요소 : 5개 항목 각 20점(전문성, 고객만족, 공직윤리, 팀워크, 자기관리)

　㉣ 합격자 선발기준 : 부적격 기준에 해당하지 않는 자를 대상으로 필기전형 원점수 50%와 면접전형 원점수
　　50%를 합산하고, 가산점을 반영하여 면접전형 합격인원 기준에 따라 고득점 순으로 선발

✎ 가산점 사항

① 취업지원대상자 :「국가유공자 등 예우 및 지원에 관한 법률」등에 따른 취업지원대상자 가산점
　(만점의 5% 또는 10%) 부여

② 사회적배려 대상자 : 장애인, 기초생활수급자, 차상위계층, 다문화가정, 한부모가족 중 하나 이상에 해당하는
　자(만점의 5% 가산점) 부여

　　※ 2개 이상 우대요건 해당 시 가장 유리한 항목 하나만 반영 및 취업지원대상자(법정사항) 가산점은 별도 부여

✎ 면접전형 제출서류

제출서류		내용
필수	주민등록초본(원본)	• 주민등록초본 발급시 주민번호 뒷자리 모두 표시하여 제출할 것
	운전경력증명서(원본)	• 공고일 이후 발급된 서류만 인정 • 운전경력증명서상 운전면허경력, 교통사고, 교통위반 모두 전체경력으로 발급하여 제출
	운전적성정밀검사 종합판정표(원본)	• 검사일이 접수마감일 전 3년 사이이며, 판정결과가 "적합" 판정 서류만 인정 ※ 검사일이 3년이 경과한 경우 유효여부에 관계없이 신규검사 필요
	1종 보통 이상 자동차운전면허증(사본)	• 자격취득일이 서류접수 마감 이전인 경우만 인정
	서울특별시택시운전자격증(사본)	• 면접당일 원본 지참 필수(원본 확인 후 사본 제출)
해당자	우대사항 관련 증명서(원본)	
	기타 입사지원서 기재사항(사적, 성택) 관련 증빙서류	

✎ 임금수준

① 공단 사회복지직원관리규정의 임금표 기준 적용

② 개인 보유경력과 관계없이 입사 시점부터 1호봉 부여

※ 위의 내용 외의 더욱 자세한 사항과 기타 문의사항은 서울시설공단 채용 홈페이지 Q&A(질문하기) 또는 서울시설공단 인사노무
   처 인사팀(☎ 02-2290-7241, 6149, 7158).로 문의하시기 바랍니다.

STRUCTURE

1 핵심이론 정리

출제 과목인 교통법규, 안전운행, 운송서비스 및 응급처치법을 모두 포함한 이론을 중요내용 중심으로 체계적으로 구성해 핵심파악이 쉽고 한 눈에 중요내용을 파악할 수 있도록 구성하여 학습의 집중도를 높일 수 있습니다.

2 이론 Tip

반드시 알아야 할 내용을 Tip으로 정리하였습니다. 포인트가 될 수 있는 사항이므로 꼭 알고 넘어가도록 합니다.

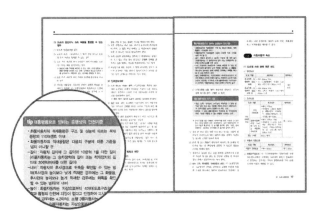

3 직무지식평가 실전모의고사

핵심이론을 학습하며 쌓은 지식을 스스로 최종 점검할 수 있도록 다양한 유형의 실전모의고사 5회분을 수록하였습니다.

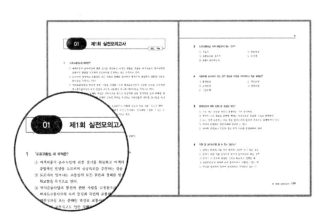

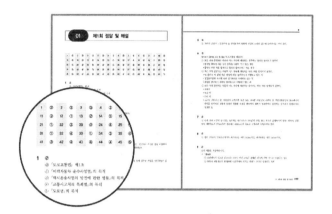

4 상세한 해설

매 문제마다 문제의 핵심을 꿰뚫는 명쾌하고 자세한 해설을 수록하여 수험생의 이해를 완벽히 돕습니다.

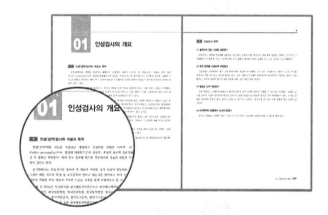

5 인성검사

성공취업을 위한 다양한 유형의 인성검사를 수록하여 마무리까지 확실하게 준비할 수 있도록 하였습니다.

CONTENTS

CONTENTS

PART

01 교통법규

01 도로교통법령

01 총칙

(1) 도로의 구분

① **도로법에 따른 도로** : 고속국도, 일반국도, 특별시도·광역시도, 지방도, 시도, 군도, 구도

② **유료도로법에 따른 유료 도로** : 도로법에 따른 도로로서 통행료 또는 사용료를 받는 도로

③ **농어촌도로 정비법에 따른 농어촌 도로** : 「도로법」에 규정되지 아니한 도로로서 농어촌지역 주민의 교통 편익과 생산·유통활동 등에 공용되는 공로 중 고시된 도로
  - ㉠ **면도** : 군도 이상의 도로와 연결되는 읍·면 지역의 기간도로
  - ㉡ **이도** : 군도 이상의 도로 및 면도와 갈라져 마을 간이나 주요 산업단지 등과 연결되는 도로
  - ㉢ **농도** : 경작지 등과 연결되어 농어민의 생산활동에 직접 공용되는 도로

④ **기타 도로** : 그 밖에 현실적으로 불특정 다수의 사람 또는 차마가 통행할 수 있도록 공개된 장소로서 안전하고 원활한 교통을 확보할 필요가 있는 장소

(2) 차마 및 자동차의 구분

① **차마**
  - ㉠ **차** : 자동차, 건설기계, 원동기장치자전거, 자전거, 사람 또는 가축의 힘이나 그 밖의 동력으로 도로에서 운전되는 것
    - ※ 철길이나 가설된 선을 이용하여 운전되는 것, 유모차, 보행보조용 의자차, 노약자용 보행기, 실외이동로봇 등 행정안전부령으로 정하는 기구·장치는 제외한다.
  - ㉡ **우마** : 교통이나 운수에 사용되는 가축

② **자동차** : 철길이나 가설된 선을 이용하지 아니하고 원동기를 사용하여 운전되는 차
  - ※ 견인되는 자동차도 자동차의 일부로 본다.

tip 자동차의 구분

- **자동차관리법에 따른 자동차** : 승용자동차, 승합자동차, 화물자동차, 특수자동차, 이륜자동차(원동기장치자전거 제외)
- **건설기계관리법에 따른 건설기계** : 덤프트럭, 아스팔트 살포기, 노상안정기, 콘크리트믹서트럭, 콘크리트펌프, 천공기(트럭 적재식), 특수건설기계 중 국토교통부장관이 지정하는 건설기계

③ **긴급자동차** : 소방차, 구급차, 혈액 공급차량, 그 밖에 대통령령으로 정하는 자동차

④ **노면전차** : 노면전차로서 도로에서 궤도를 이용하여 운행되는 차

(3) 용어 정의

① **자동차전용도로** : 자동차만 다닐 수 있도록 설치된 도로

② **고속도로** : 자동차의 고속 운행에만 사용하기 위하여 지정된 도로

③ **중앙선** : 차마의 통행 방향을 명확하게 구분하기 위하여 도로에 황색 실선이나 황색 점선 등의 안전표지로 표시한 선 또는 중앙분리대나 울타리 등으로 설치한 시설물
  - ※ 가변차로가 설치된 경우에는 신호기가 지시하는 진행방향의 가장 왼쪽에 있는 황색 점선을 말한다.

④ **차도** : 연석선(차도와 보도를 구분하는 돌 등으로 이어진 선), 안전표지 또는 그와 비슷한 인공구조물을 이용하여 경계를 표시하여 모든 차가 통행할 수 있도록 설치된 도로의 부분

⑤ **차로** : 차마가 한 줄로 도로의 정하여진 부분을 통행하도록 차선으로 구분한 차도의 부분

⑥ **차선** : 차로와 차로를 구분하기 위하여 그 경계지점을 안전표지로 표시한 선

⑦ **보도** : 연석선, 안전표지나 그와 비슷한 인공구조물로 경계를 표시하여 보행자(유모차, 보행보조용 의자차, 노약자용 보행기 등 행정안전부령으로 정하는 기구·장치를 이용하여 통행하는 사람 및 실외이동로봇을 포함)가 통행할 수 있도록 한 도로의 부분

※ 실외이동로봇 … 지능형 로봇 중 행정안전부령으로 정하는 것을 말한다.

⑧ **횡단보도** : 보행자가 도로를 횡단할 수 있도록 안전표지로 표시한 도로의 부분

⑨ **안전지대** : 도로를 횡단하는 보행자나 통행하는 차마의 안전을 위하여 안전표지나 이와 비슷한 인공구조물로 표시한 도로의 부분

⑩ **길가장자리구역** : 보도와 차도가 구분되지 아니한 도로에서 보행자의 안전을 확보하기 위하여 안전표지 등으로 경계를 표시한 도로의 가장자리 부분

⑪ **교차로** : '십'자로, 'T'자로나 그 밖에 둘 이상의 도로(보도와 차도가 구분되어 있는 도로에서는 차도)가 교차하는 부분

⑫ **서행** : 운전자가 차 또는 노면전차를 즉시 정지시킬 수 있는 정도의 느린 속도로 진행하는 것

⑬ **일시정지** : 차 또는 노면전차의 운전자가 그 차 또는 노면전차의 바퀴를 일시적으로 완전히 정지시키는 것

⑭ **주차** : 운전자가 승객을 기다리거나 화물을 싣거나 차가 고장 나거나 그 밖의 사유로 차를 계속 정지 상태에 두는 것 또는 운전자가 차에서 떠나서 즉시 그 차를 운전할 수 없는 상태에 두는 것

⑮ **정차** : 운전자가 5분을 초과하지 아니하고 차를 정지시키는 것으로서 주차 외의 정지 상태

⑯ **앞지르기** : 차의 운전자가 앞서가는 다른 차의 옆을 지나서 그 차의 앞으로 나가는 것

⑰ **운전** : 도로(술에 취한 상태에서의 운전금지, 과로한 때 등의 운전금지, 사고발생시의 조치 등은 도로 외의 곳을 포함)에서 차마 또는 노면전차를 그 본래의 사용방법에 따라 사용하는 것(조종 또는 자율주행시스템을 사용하는 것을 포함)

⑱ **모범운전자** : 무사고운전자 또는 유공운전자의 표시장을 받거나 2년 이상 사업용 자동차 운전에 종사하면서 교통사고를 일으킨 전력이 없는 사람으로서 경찰청장이 정하는 바에 따라 선발되어 교통안전 봉사활동에 종사하는 사람

02 신호기 및 안전표지

(1) 차량신호등

① 원형 등화

신호의 종류	신호의 뜻
녹색의 등화	• 차마는 직진 또는 우회전할 수 있다. • 비보호좌회전표지 또는 비보호좌회전표시가 있는 곳에서는 좌회전할 수 있다.
황색의 등화	• 차마는 정지선이 있거나 횡단보도가 있을 때에는 그 직전이나 교차로의 직전에 정지하여야 하며, 이미 교차로에 차마의 일부라도 진입한 경우에는 신속히 교차로 밖으로 진행하여야 한다. • 차마는 우회전할 수 있고 우회전하는 경우에는 보행자의 횡단을 방해하지 못한다.
적색의 등화	• 차마는 정지선, 횡단보도 및 교차로의 직전에서 정지해야 한다. • 차마는 우회전하려는 경우 정지선, 횡단보도 및 교차로의 직전에서 정지한 후 신호에 따라 진행하는 다른 차마의 교통을 방해하지 않고 우회전할 수 있다(차마는 우회전 삼색등이 적색의 등화인 경우 우회전할 수 없다).
황색등화의 점멸	• 차마는 다른 교통 또는 안전표지의 표시에 주의하면서 진행할 수 있다.
적색등화의 점멸	• 차마는 정지선이나 횡단보도가 있을 때에는 그 직전이나 교차로의 직전에 일시정지한 후 다른 교통에 주의하면서 진행할 수 있다.

② 화살표 등화

신호의 종류	신호의 뜻
녹색화살표의 등화	• 차마는 화살표시 방향으로 진행할 수 있다.
황색화살표의 등화	• 화살표시 방향으로 진행하려는 차마는 정지선이 있거나 횡단보도가 있을 때에는 그 직전이나 교차로의 직전에 정지하여야 하며, 이미 교차로에 차마의 일부라도 진입한 경우에는 신속히 교차로 밖으로 진행하여야 한다.
적색화살표의 등화	• 화살표시 방향으로 진행하려는 차마는 정지선, 횡단보도 및 교차로의 직전에서 정지하여야 한다.
황색화살표등화의 점멸	• 차마는 다른 교통 또는 안전표지의 표시에 주의하면서 화살표시 방향으로 진행할 수 있다.
적색화살표등화의 점멸	• 차마는 정지선이나 횡단보도가 있을 때에는 그 직전이나 교차로의 직전에 일시정지한 후 다른 교통에 주의하면서 화살표시 방향으로 진행할 수 있다.

③ 사각형 등화

신호의 종류	신호의 뜻
녹색화살표 등화(하향)	• 차마는 화살표로 지정한 차로로 진행할 수 있다.
적색×표 표시의 등화	• 차마는 ×표가 있는 차로로 진행할 수 없다.
적색×표 표시 등화의 점멸	• 차마는 ×표가 있는 차로로 진입할 수 없고, 이미 차마의 일부라도 진입한 경우에는 신속히 그 차로 밖으로 진로를 변경하여야 한다.

(2) 보행신호등 및 버스신호등

① 보행신호등

신호의 종류	신호의 뜻
녹색의 등화	• 보행자는 횡단보도를 횡단할 수 있다.
녹색 등화의 점멸	• 보행자는 횡단을 시작하여서는 아니 되고, 횡단하고 있는 보행자는 신속하게 횡단을 완료하거나 그 횡단을 중지하고 보도로 되돌아와야 한다.
적색의 등화	• 보행자는 횡단보도를 횡단하여서는 아니 된다.

② 버스신호등

신호의 종류	신호의 뜻
녹색의 등화	• 버스전용차로에 차마는 직진할 수 있다.
황색의 등화	• 버스전용차로에 있는 차마는 정지선이 있거나 횡단보도가 있을 때에는 그 직전이나 교차로의 직전에 정지하여야 하며, 이미 교차로에 차마의 일부라도 진입한 경우에는 신속히 교차로 밖으로 진행하여야 한다.
적색의 등화	• 버스전용차로에 있는 차마는 정지선, 횡단보도 및 교차로의 직전에서 정지하여야 한다.
황색등화의 점멸	• 버스전용차로에 있는 차마는 다른 교통 또는 안전표지의 표시에 주의하면서 진행할 수 있다.
적색등화의 점멸	• 버스전용차로에 있는 차마는 정지선이나 횡단보도가 있을 때에는 그 직전이나 교차로의 직전에 일시정지한 후 다른 교통에 주의하면서 진행할 수 있다.

(3) 안전표지의 종류

① **주의표지** : 도로상태가 위험하거나 도로 또는 그 부근에 위험물이 있는 경우에 필요한 안전조치를 할 수 있도록 이를 도로사용자에게 알리는 표지

② **규제표지** : 도로교통의 안전을 위하여 각종 제한·금지 등의 규제를 하는 경우에 이를 도로 사용자에게 알리는 표지

③ **지시표지** : 도로의 통행방법·통행구분 등 도로교통의 안전을 위하여 필요한 지시를 하는 경우에 도로사용자가 이를 따르도록 알리는 표지

④ **보조표지** : 주의표지·규제표지 또는 지시표지의 주기능을 보충하여 도로사용자에게 알리는 표지

⑤ **노면표시** : 도로교통의 안전을 위하여 각종 주의·규제·지시 등의 내용을 노면에 기호·문자 또는 선으로 도로사용자에게 알리는 표시

※ 노면표시에 사용되는 각종 선에서 점선은 허용, 실선은 제한, 복선은 의미의 강조를 나타낸다.

tip 노면표시의 기본색상

- 백색 : 동일방향의 교통류 분리 및 경계 표시
- 황색 : 반대방향의 교통류분리 또는 도로이용의 제한 및 지시(중앙선표시, 노상장애물 중 도로중앙장 애물표시, 주차금지표시, 정차·주차금지 표시 및 안전지대표시)
- 청색 : 지정방향의 교통류 분리 표시(버스전용차로표시 및 다인승차량 전용차선표시)
- 적색 : 어린이보호구역 또는 주거지역 안에 설치하는 속도제한표시의 테두리선 및 소방시설 주변 정 차·주차금지표시에 사용

03 차마의 통행

(1) 차로에 따른 통행차의 기준

① 고속도로

도로	차로구분	통행할 수 있는 차종
편도 2차로	1차로	• 앞지르기를 하려는 모든 자동차. 다만, 차량통행량 증가 등 도로상황으로 인하여 부득이하게 시속 80킬로미터 미만으로 통행할 수밖에 없는 경우에는 앞지르기를 하는 경우가 아니라도 통행할 수 있다.
	2차로	• 모든 자동차
편도 3차로 이상	1차로	• 앞지르기를 하려는 승용자동차 및 앞지르기를 하려는 경형·소형·중형 승합자동차. 다만, 차량통행량 증가 등 도로상황으로 인하여 부득이하게 시속 80킬로미터 미만으로 통행할 수밖에 없는 경우에는 앞지르기를 하는 경우가 아니라도 통행할 수 있다.
	왼쪽 차로	• 승용자동차 및 경형·소형·중형 승합자동차
	오른쪽 차로	• 대형 승합자동차, 화물자동차, 특수자동차, 법에 따른 건설기계

② 고속도로 외의 도로

차로구분	통행할 수 있는 차종
왼쪽 차로	• 승용자동차 및 경형·소형·중형 승합자동차
오른쪽 차로	• 대형승합자동차, 화물자동차, 특수자동차, 법에 따른 건설기계, 이륜자동차, 원동기장치자전거(개인형 이동장치 제외)

※ 위 표에서 사용하는 용어의 뜻

㉠ 왼쪽 차로
- 고속도로의 경우 : 1차로를 제외한 차로를 반으로 나누어 그 중 1차로에 가까운 부분의 차로. 다만, 1차로를 제외한 차로의 수가 홀수인 경우 그 중 가운데 차로는 제외한다.
- 고속도로 외의 도로의 경우 : 차로를 반으로 나누어 1차로에 가까운 부분의 차로. 다만, 차로수가 홀수인 경우 가운데 차로는 제외한다.

㉡ 오른쪽 차로
- 고속도로의 경우 : 1차로와 왼쪽 차로를 제외한 나머지 차로
- 고속도로 외의 도로의 경우 : 왼쪽 차로를 제외한 나머지 차로

(2) 차로에 따른 통행차의 기준에 의한 통행방법

① 보도와 차도가 구분된 도로에서는 차도를 통행하여야 한다.

※ 도로 외의 곳으로 출입할 때에는 보도를 횡단하여 통행할 수 있다.

② 도로 외의 곳으로 출입할 때 보도를 횡단하기 직전에 일시정지하여 좌측과 우측 부분 등을 살핀 후 보행자의 통행을 방해하지 아니하도록 횡단하여야 한다.

③ 도로(보도와 차도가 구분된 도로에서는 차도)의 중앙(중앙선이 설치되어 있는 경우에는 그 중앙선을 말한다) 우측 부분을 통행하여야 한다.

④ 안전지대 등 안전표지에 의하여 진입이 금지된 장소에 들어가서는 아니 된다.

⑤ 차마(자전거등은 제외)의 운전자는 안전표지로 통행이 허용된 장소를 제외하고는 자전거도로 또는 길가장자리구역으로 통행하여서는 아니 된다.

⑥ 앞지르기를 할 때에는 지정된 차로의 왼쪽 바로 옆 차로로 통행할 수 있다.

(3) 도로의 중앙이나 좌측 부분을 통행할 수 있는 경우

① 도로가 일방통행인 경우

② 도로의 파손, 도로공사나 그 밖의 장애 등으로 도로의 우측 부분을 통행할 수 없는 경우

③ 도로 우측 부분의 폭이 6미터가 되지 아니하는 도로에서 다른 차를 앞지르려는 경우

   ※ 도로의 좌측 부분을 확인할 수 없는 경우, 반대 방향의 교통을 방해할 우려가 있는 경우, 안전표지 등으로 앞지르기를 금지하거나 제한하고 있는 경우에는 통행할 수 없다.

④ 도로 우측 부분의 폭이 차마의 통행에 충분하지 아니한 경우

⑤ 가파른 비탈길의 구부러진 곳에서 교통의 위험을 방지하기 위하여 시·도경찰청장이 필요하다고 인정하여 구간 및 통행방법을 지정하고 있는 경우에 그 지정에 따라 통행하는 경우

(4) 도로의 가장 오른쪽 차로를 통행하여야 하는 차마

① 자전거

② 우마

③ 법에 따른 건설기계 이외의 건설기계

④ 다음의 위험물 등을 운반하는 자동차
   ㉠ 지정수량 이상의 위험물
   ㉡ 화약류
   ㉢ 유독물질
   ㉣ 의료폐기물
   ㉤ 고압가스
   ㉥ 액화석유가스
   ㉦ 방사선물질 또는 그에 따라 오염된 물질
   ㉧ 제조 등이 금지되는 유해물질과 허가 대상 유해물질
   ㉨ 「농약관리법」에 따른 원제

⑤ 그 밖에 사람 또는 가축의 힘이나 그 밖의 동력으로 도로에서 운행되는 것

(5) 안전거리확보 등

① 같은 방향으로 가고 있는 앞차의 뒤를 따르는 경우에는 앞차가 갑자기 정지하게 되는 경우 그 앞차와의 충돌을 피할 수 있는 필요한 거리를 확보하여야 한다.

② 같은 방향으로 가고 있는 자전거 운전자에 주의하여야 하며, 그 옆을 지날 때에는 그 자전거와의 충돌을 피할 수 있도록 거리를 확보하여야 한다.

③ 차의 진로를 변경하려는 경우에 그 변경하려는 방향으로 오고 있는 다른 차의 정상적인 통행에 장애를 줄 우려가 있을 때에는 진로를 변경하여서는 아니 된다.

④ 위험방지를 위한 경우와 그 밖의 부득이한 경우가 아니면 운전하는 차를 갑자기 정지시키거나 속도를 줄이는 등의 급제동을 하여서는 아니 된다.

(6) 진로양보의무

① 느린 속도로 가려는 경우 : 긴급자동차를 제외한 모든 차의 운전자는 뒤에서 따라오는 차보다 느린 속도로 가려는 경우에는 도로의 우측 가장자리로 피하여 진로를 양보하여야 한다.
   ※ 통행 구분이 설치된 도로의 경우에는 그러하지 아니하다.

② 좁은 도로 : 좁은 도로에서 긴급자동차 외의 자동차가 서로 마주보고 진행할 때에는 다음의 구분에 따른 자동차가 도로의 우측 가장자리로 피하여 진로를 양보하여야 한다.
   ㉠ 비탈진 좁은 도로에서 자동차가 서로 마주보고 진행하는 경우에는 올라가는 자동차
   ㉡ 비탈진 좁은 도로 외의 좁은 도로에서 사람을 태웠거나 물건을 실은 자동차와 동승자가 없고 물건을 싣지 아니한 자동차가 서로 마주보고 진행하는 경우에는 동승자가 없고 물건을 싣지 아니한 자동차

③ 회전교차로 : 회전교차로에 진입하려는 경우 이미 진행하고 있는 다른 차가 있는 때에는 그 차에 진로를 양보하여야 한다.

(7) 승차 및 적재의 방법과 제한

① 안전기준 내에서 운전
   ㉠ 모든 차의 운전자는 승차 인원, 적재중량 및 적재용량에 관하여 대통령령으로 정하는 운행상의 안전기준을 넘어서 승차시키거나 적재한 상태로 운전하여서는 아니 된다.

- 화물자동차의 적재중량은 구조 및 성능에 따르는 적재중량의 110퍼센트 이내
- 화물자동차의 적재용량은 다음의 구분에 따른 기준을 넘지 아니할 것
- 길이 : 자동차 길이에 그 길이의 10분의 1을 더한 길이(이륜자동차는 그 승차장치의 길이 또는 적재장치의 길이에 30센티미터를 더한 길이)
- 너비 : 자동차의 후사경으로 뒤쪽을 확인할 수 있는 범위(후사경의 높이보다 낮게 적재한 경우에는 그 화물을, 후사경의 높이보다 높게 적재한 경우에는 뒤쪽을 확인할 수 있는 범위)의 너비
- 높이 : 화물자동차는 지상으로부터 4미터(도로구조의 보전과 통행의 안전에 지장이 없다고 인정하여 고시한 도로노선의 경우에는 4.2미터), 소형 3륜자동차는 지상으로부터 2.5미터, 이륜자동차는 지상으로부터 2미터의 높이

ⓛ 안전기준을 넘을 경우 : 출발지를 관할하는 경찰서장의 허가를 받아 운행할 수 있다.

- 전신·전화·전기공사, 수도공사, 제설작업 그 밖에 공익을 위한 공사 또는 작업을 위하여 부득이 화물자동차의 승차정원을 넘어서 운행하고자 하는 경우
- 분할할 수 없어 화물자동차의 적재중량 및 적재용량에 따른 기준을 적용할 수 없는 화물을 수송하는 경우

※ 안전기준을 넘는 화물의 적재허가를 받은 사람은 그 길이 또는 폭의 양끝에 너비 30센티미터, 길이 50센티미터 이상의 빨간 헝겊으로 된 표지를 달아야 한다. 다만, 밤에 운행하는 경우에는 반사체로 된 표지를 달아야 한다.

② 운전 중 타고 있는 사람 또는 타고 내리는 사람이 떨어지지 아니하도록 하기 위하여 문을 정확히 여닫는 등 필요한 조치를 하여야 한다.

③ 운전 중 실은 화물이 떨어지지 아니하도록 덮개를 씌우거나 묶는 등 확실하게 고정될 수 있도록 필요한 조치를 하여야 한다.

④ 영유아나 동물을 안고 운전 장치를 조작하거나 운전석 주위에 물건을 싣는 등 안전에 지장을 줄 우려가 있는 상태로 운전하여서는 아니 된다.

⑤ 승차 인원, 적재중량, 적재용량의 제한 : 시·도경찰청장은 도로에서의 위험을 방지하고 교통의 안전과 원활한 소통을 확보하기 위하여 필요하다고 인정하는 경우에는 차의 운전자에 대하여 승차 인원, 적재중량 또는 적재용량을 제한할 수 있다.

04 자동차등의 속도

(1) 도로별 차로 등에 따른 속도

① 일반도로

도로 구분	최고속도	최저속도
주거지역·상업지역·공업지역	• 매시 50km 이내 • 시·도경찰청장이 지정한 노선 또는 구간 : 매시 60km 이내	제한 없음
주거지역·상업지역·공업지역 외	• 매시 60km 이내 • 편도 2차로 이상의 도로 : 매시 80km 이내	

② 고속도로

도로 구분		최고속도	최저속도
편도 2차로 이상	모든 고속도로	• 매시 100km • 적재중량 1.5톤을 초과하는 화물자동차, 특수자동차, 위험물운반자동차, 건설기계 : 매시 80km	매시 50km
	경찰청장이 지정·고시한 노선 또는 구간의 고속도로	• 매시 120km 이내 • 적재중량 1.5톤을 초과하는 화물자동차·특수자동차·위험물운반자동차 및 건설기계 : 매시 90km 이내	
편도 1차로		80km 매시	

③ 자동차 전용도로

도로 구분	최고속도	최저속도
자동차 전용도로	• 매시 90km	매시 30km

④ 보행자우선도로 : 시·도경찰청장이나 경찰서장은 보행자우선도로에서 보행자를 보호하기 위하여 필요하다고 인정하는 경우에는 차마의 통행속도를 시속 20킬로미터 이내로 제한할 수 있다.

(2) 이상 기후 시의 운행 속도

이상기후 상태	운행속도
• 비가 내려 노면이 젖어있는 경우 • 눈이 20밀리미터 미만 쌓인 경우	최고속도의 100분의 20을 줄인 속도
• 폭우·폭설·안개 등으로 가시거리가 100미터 이내인 경우 • 노면이 얼어붙은 경우 • 눈이 20밀리미터 이상 쌓인 경우	최고속도의 100분의 50을 줄인 속도

---

05 서행 및 일시정지 등

(1) 서행

① 서행해야 할 경우

ㄱ 교차로에서 좌·우회전할 때 각각 서행

ㄴ 회전교차로에 진입하려는 경우에는 서행

ㄷ 교통정리를 하고 있지 아니하는 교차로에 들어가려고 하는 차의 운전자는 그 차가 통행하고 있는 도로의 폭보다 교차하는 도로의 폭이 넓은 경우에는 서행

ㄹ 도로에 설치된 안전지대에 보행자가 있는 경우와 차로가 설치되지 아니한 좁은 도로에서 보행자의 옆을 지나는 경우에는 안전한 거리를 두고 서행

② 서행해야 할 장소

ㄱ 교통정리를 하고 있지 아니하는 교차로

ㄴ 도로가 구부러진 부근

ㄷ 비탈길의 고갯마루 부근

ㄹ 가파른 비탈길의 내리막

ㅁ 시·도경찰청장이 필요하다고 인정하여 안전표지로 지정한 곳

(2) 일시정지 및 정지

① 일시정지 해야 할 경우

ㄱ 회전교차로에 진입하려는 경우에는 서행하거나 일시정지

ㄴ 보도를 횡단하기 직전에 일시정지하여 좌측과 우측 부분 등을 살핀 후 보행자의 통행을 방해하지 아니하도록 횡단

ㄷ 철길 건널목을 통과하려는 경우에는 건널목 앞에서 일시정지

ㄹ 보행자(자전거에서 내려서 자전거를 끌고 통행하는 자전거 운전자 포함)가 횡단보도를 통행하고 있을 때에는 보행자의 횡단을 방해하거나 위험을 주지 아니하도록 그 횡단보도 앞(정지선이 설치되어 있는 곳에서는 그 정지선)에서 일시정지

ㅁ 보행자가 횡단보도가 설치되어 있지 아니한 도로를 횡단하고 있을 때에는 안전거리를 두고 일시정지

ㅂ 어린이 보호구역 내에 설치된 횡단보도 중 신호기가 설치되지 아니한 횡단보도 앞(정지선이 설치된 경우에는 그 정지선)에서는 보행자의 횡단 여부와 관계없이 일시정지

ㅅ 보행자전용도로의 통행이 허용된 차의 운전자는 보행자를 위험하게 하거나 보행자의 통행을 방해하지 아니하도록 차마를 보행자의 걸음 속도로 운행하거나 일시정지

ㅇ 교차로나 그 부근에서 긴급자동차가 접근하는 경우에는 교차로를 피하여 일시정지

ㅈ 교통정리를 하고 있지 아니하고 좌우를 확인할 수 없거나 교통이 빈번한 교차로

ㅊ 시·도경찰청장이 필요하다고 인정하여 안전표지로 지정한 곳

ㅋ 어린이가 보호자 없이 도로를 횡단할 때

ㅌ 어린이가 도로에서 앉아 있거나 서 있을 때 또는 어린이가 도로에서 놀이를 할 때 등 어린이에 대한 교통사고의 위험이 있는 것을 발견한 경우

ㅍ 앞을 보지 못하는 사람이 흰색 지팡이를 가지거나 장애인보조견을 동반하는 등의 조치를 하고 횡단하고 있는 경우

ㅎ 지하도나 육교 등 도로 횡단시설을 이용할 수 없는 지체장애인이나 노인 등이 도로를 횡단하고 있는 경우에는 일시정지

㉮ 어린이통학버스가 도로에 정차하여 어린이나 영유아가 타고 내리는 중임을 표시하는 점멸등 등의 장치를 작동 중일 때에는 어린이통학버스가 정차한 차로와 그 차로의 바로 옆 차로로 통행하는 차의 운전자는 어린이통학버스에 이르기 전에 일시정지

⑭ 차량신호등이 적색등화의 점멸인 경우 차마는 정지선이나 횡단보도가 있을 때에는 그 직전이나 교차로의 직전에 일시정지

⑰ 전거등이 자전거횡단도를 통행하고 있을 때에는 자전거등의 횡단을 방해하거나 위험하게 하지 아니하도록 그 자전거횡단도 앞(정지선이 설치되어 있는 곳에서는 그 정지선)에서 일시정지

⑱ 보도와 차도가 구분되지 아니한 도로 중 중앙선이 없는 도로, 보행자우선도로, 도로 외의 곳에서 보행자의 옆을 지나는 경우에는 안전한 거리를 두고 서행하여야 하며, 보행자의 통행에 방해가 될 때에는 서행하거나 일시정지

② 정지해야 할 경우

㉠ 정지선이 있거나 횡단보도가 있을 때에는 그 직전이나 교차로의 직전에 정지하여야 하며, 이미 교차로에 차마의 일부라도 진입한 경우에는 신속히 교차로 밖으로 진행하여야 한다.

㉡ 정지선, 횡단보도 및 교차로의 직전에서 정지하여야 한다. 다만, 신호에 따라 진행하는 다른 차마의 교통을 방해하지 아니하고 우회전할 수 있다.

06 교차로 통행방법

(1) 통행방법

① 교차로 통행방법

㉠ 우회전 하려는 경우
- 미리 도로의 우측 가장자리를 서행하면서 우회전하여야 한다.
- 이 경우 우회전하는 차의 운전자는 신호에 따라 정지하거나 진행하는 보행자 또는 자전거등에 주의하여야 한다.

㉡ 좌회전 하려는 경우
- 미리 도로의 중앙선을 따라 서행하면서 교차로의 중심 안쪽을 이용하여 좌회전하여야 한다.
- 시·도경찰청장이 교차로의 상황에 따라 특히 필요하다고 인정하여 지정한 곳에서는 교차로의 중심 바깥쪽을 통과할 수 있다.

㉢ 우회전이나 좌회전을 하기 위하여 손이나 방향지시기 또는 등화로써 신호를 하는 차가 있는 경우에 그 뒤차의 운전자는 신호를 한 앞차의 진행을 방해하여서는 아니 된다.

㉣ 신호기로 교통정리를 하고 있는 교차로에 들어가려는 경우에는 진행하려는 진로의 앞쪽에 있는 차 또는 노면전차의 상황에 따라 교차로(정지선이 설치되어 있는 경우에는 그 정지선을 넘은 부분을 말한다)에 정지하게 되어 다른 차 또는 노면전차의 통행에 방해가 될 우려가 있는 경우에는 그 교차로에 들어가서는 아니 된다.

㉤ 교통정리를 하고 있지 아니하고 일시정지나 양보를 표시하는 안전표지가 설치되어 있는 교차로에 들어가려고 할 때에는 다른 차의 진행을 방해하지 아니하도록 일시정지하거나 양보하여야 한다.

② 회전교차로 통행방법

㉠ 회전교차로에서는 반시계방향으로 통행하여야 한다.

㉡ 회전교차로에 진입하려는 경우에는 서행하거나 일시정지하여야 하며, 이미 진행하고 있는 다른 차가 있는 때에는 그 차에 진로를 양보하여야 한다.

㉢ 회전교차로 통행을 위하여 손이나 방향지시기 또는 등화로써 신호를 하는 차가 있는 경우 그 뒤차의 운전자는 신호를 한 앞차의 진행을 방해하여서는 아니 된다.

(2) 교통정리가 없는 교차로에서의 양보운전

① 교통정리를 하고 있지 아니하는 교차로에 들어가려고 하는 차의 운전자는 이미 교차로에 들어가 있는 다른 차가 있을 때에는 그 차에 진로를 양보하여야 한다.

② 교통정리를 하고 있지 아니하는 교차로에 들어가려고 하는 차의 운전자는 그 차가 통행하고 있는 도로의 폭보다 교차하는 도로의 폭이 넓은 경우에는 서행하여야 하며, 폭이 넓은 도로로부터 교차로에 들어가려고 하는 다른 차가 있을 때에는 그 차에 진로를 양보하여야 한다.

③ 교통정리를 하고 있지 아니하는 교차로에 동시에 들어가려고 하는 차의 운전자는 우측도로의 차에 진로를 양보하여야 한다.

④ 교통정리를 하고 있지 아니하는 교차로에서 좌회전하려고 하는 차의 운전자는 그 교차로에서 직진하거나 우회전하려는 다른 차가 있을 때에는 그 차에 진로를 양보하여야 한다.

07 통행의 우선순위

(1) 긴급자동차의 우선통행 등

① 긴급하고 부득이한 경우에는 도로의 중앙이나 좌측 부분을 통행할 수 있다.

② 도로교통법에 따라 정지하여야 하는 경우에도 불구하고 긴급하고 부득이한 경우에는 정지하지 아니할 수 있다.

③ 긴급자동차의 운전자는 위의 ①과 ②의 경우에 교통안전에 특히 주의하면서 통행하여야 한다.

④ 교차로나 그 부근에서 긴급자동차가 접근하는 경우에는 차마와 노면전차의 운전자는 교차로를 피하여 일시정지하여야 한다.

⑤ 교차로나 그 부근 외의 곳에서 긴급자동차가 접근한 경우에는 긴급자동차가 우선통행할 수 있도록 진로를 양보하여야 한다.

⑥ 소방차·구급차·혈액 공급차량 등의 자동차 운전자는 해당 자동차를 그 본래의 긴급한 용도로 운행하지 아니하는 경우에는 경광등을 켜거나 사이렌을 작동하여서는 아니 된다.

　※ 다만, 대통령령으로 정하는 바에 따라 범죄 및 화재 예방 등을 위한 순찰·훈련 등을 실시하는 경우에는 그러하지 아니하다.

(2) 긴급자동차에 대한 특례

① 긴급자동차에 대하여 적용 예외 사항
　㉠ 자동차의 속도 제한(다만, 긴급자동차에 대하여 속도를 제한한 경우에는 속도제한 규정을 적용)
　㉡ 앞지르기 금지
　㉢ 끼어들기 금지

② 소방차, 구급차, 혈액 공급차량과 대통령령으로 정하는 경찰용 자동차에 대해서 적용 예외
　㉠ 신호위반
　㉡ 보도침범
　㉢ 중앙선침범
　㉣ 횡단 등의 금지

　㉤ 안전거리 확보 등
　㉥ 앞지르기 방법 등
　㉦ 정차 및 주차의 금지
　㉧ 주차금지
　㉨ 고장 등의 조치

08 자동차의 정비 및 점검

(1) 자동차의 정비

① 모든 차의 사용자, 정비책임자 또는 운전자는 자동차관리법·건설기계관리법이나 그 법에 따른 명령에 의한 장치가 정비되어 있지 아니한 차를 운전하도록 시키거나 운전하여서는 아니 된다.

② 운송사업용 자동차, 화물자동차 및 노면전차 등의 운전자의 금지행위
　㉠ 운행기록계가 설치되어 있지 아니하거나 고장 등으로 사용할 수 없는 운행기록계가 설치된 자동차를 운전하는 행위
　㉡ 운행기록계를 원래의 목적대로 사용하지 아니하고 자동차를 운전하는 행위
　㉢ 승차를 거부하는 행위(사업용 승합자동차와 노면전차 운전자에 한정)

(2) 자동차의 점검

① 경찰공무원은 정비불량차에 해당한다고 인정하는 차가 운행되고 있는 경우에는 운전자에게 그 차의 자동차등록증 또는 자동차운전면허증을 제시하도록 요구하고 그 차의 장치를 점검할 수 있다.

② 경찰공무원은 점검한 결과 정비불량 사항이 발견된 경우에는 정비불량 상태의 정도에 따라 그 차의 운전자로 하여금 응급조치를 하게 한 후에 운전을 하도록 하거나 도로 또는 교통 상황을 고려하여 통행구간, 통행로와 위험방지를 위한 필요한 조건을 정한 후 그에 따라 운전을 계속하게 할 수 있다.

③ 시·도경찰청장은 ②에도 불구하고 정비상태가 불량하여 위험발생 우려가 있는 경우에는 그 차의 자동차등록증을 보관하고 10일 범위에서 운전의 일시정지를 명할 수 있다.

운전면허

(1) 운전할 수 있는 차의 종류

① 제1종

면허구분	운전할 수 있는 차량
대형면허	• 승용자동차, 승합자동차, 화물자동차 • 건설기계 -덤프트럭, 아스팔트살포기, 노상안정기 -콘크리트믹서트럭, 콘크리트펌프 -천공기(트럭 적재식) -콘크리트믹서트레일러 -아스팔트콘크리트재생기 -도로보수트럭 -3톤 미만의 지게차 • 특수자동차(대형견인차, 소형견인차 및 구난차등은 제외) • 원동기장치자전거
보통면허	• 승용자동차 • 승차정원 15명 이하의 승합자동차 • 적재중량 12톤 미만의 화물자동차 • 건설기계(도로를 운행하는 3톤 미만의 지게차로 한정한다) • 총중량 10톤 미만의 특수자동차(구난차등은 제외한다) • 원동기장치자전거
소형면허	• 3륜화물자동차 • 3륜승용자동차 • 원동기장치자전거
특수면허	대형 견인차 : • 견인형 특수자동차 • 제2종 보통면허로 운전할 수 있는 차량 소형 견인차 : • 총중량 3.5톤 이하의 견인형 특수자동차 • 제2종 보통면허로 운전할 수 있는 차량 구난차 : • 구난형 특수자동차 • 제2종보통면허로 운전할 수 있는 차량

② 제2종

면허구분	운전할 수 있는 차량
보통면허	• 승용자동차 • 승차정원 10명 이하의 승합자동차 • 적재중량 4톤 이하의 화물자동차 • 총중량 3.5톤 이하의 특수자동차(구난차등은 제외한다) • 원동기장치자전거
소형면허	• 이륜자동차(운반차를 포함한다) • 원동기장치자전거
원동기장치 자전거면허	원동기장치자전거

③ 연습면허

면허구분	운전할 수 있는 차량
제1종 보통	• 승용자동차 • 승차정원 15명 이하의 승합자동차 • 적재중량 12톤 미만의 화물자동차
제2종 보통	• 승용자동차 • 승차정원 10명 이하의 승합자동차 • 적재중량 4톤 이하의 화물자동차

※ 위험물 등을 운반하는 적재중량 3톤 이하 또는 적재용량 3천리터 이하의 화물자동차는 제1종 보통면허가 있어야 운전을 할 수 있고, 적재중량 3톤 초과 또는 적재용량 3천리터 초과의 화물자동차는 제1종 대형면허가 있어야 운전할 수 있다.

※ 피견인자동차는 제1종 대형면허, 제1종 보통면허 또는 제2종 보통면허를 가지고 있는 사람이 그 면허로 운전할 수 있는 자동차(이륜자동차는 제외)로 견인할 수 있다. 이 경우, 총중량 750킬로그램을 초과하는 3톤 이하의 피견인자동차를 견인하기 위해서는 견인하는 자동차를 운전할 수 있는 면허와 소형견인차면허 또는 대형견인차면허를 가지고 있어야 하고, 3톤을 초과하는 피견인자동차를 견인하기 위해서는 견인하는 자동차를 운전할 수 있는 면허와 대형견인차면허를 가지고 있어야 한다.

(2) 운전면허취득 응시기간의 제한

제한기간	위반 내용
1년	• 무면허운전금지 또는 국제운전면허증 또는 상호 인정외국면허증에 의한 자동차등의 운전금지를 위반하여 자동차등을 운전한 경우에는 그 위반한 날(운전면허효력 정지기간에 운전하여 취소된 경우에는 그 취소된 날)부터 1년 • 위의 규정과 아래 2년~5년까지의 규정에 따른 경우가 아닌 다른 사유로 운전면허가 취소된 경우에는 운전면허가 취소된 날부터 1년 ※ 다만, 적성검사를 받지 아니하여 운전면허가 취소된 경우에는 그러하지 아니하다.
2년	• 무면허운전금지 또는 국제운전면허증 또는 상호 인정외국면허증에 의한 자동차등의 운전금지를 3회 이상 위반하여 자동차 등을 운전한 경우에는 그 위반한 날부터 2년 • 음주운전 또는 경찰공무원의 음주측정을 2회 이상 위반(무면허운전 금지 등 위반 포함)한 경우에는 운전면허가 취소된 날(무면허운전 금지 등을 위반한 경우 그 위반한 날)부터 2년 • 음주운전 또는 경찰공무원의 음주측정을 위반(무면허운전 금지 등 위반 포함)하여 교통사고를 일으킨 경우 • 공동 위험행위의 금지를 2회 이상 위반(무면허운전 금지 등 위반 포함)한 경우에는 운전면허가 취소된 날(무면허운전 금지 등을 위반한 경우 그 위반한 날)부터 2년 • 운전면허를 받을 수 없는 사람이 운전면허를 받거나 운전면허효력의 정지기간 중 운전면허증 또는 운전면허증을 갈음하는 증명서를 발급받은 사실이 드러나 운전면허가 취소된 경우 취소된 날(무면허운전 금지 또는 국제운전면허 금지규정을 함께 위반한 경우에는 그 위반한 날)부터 2년 • 다른 사람의 자동차 등을 훔치거나 빼앗은 경우에는 운전면허가 취소된 날(무면허운전 금지 등을 위반한 경우 그 위반한 날)부터 2년 • 다른 사람이 부정하게 운전면허를 받도록 하기 위하여 운전면허시험에 대신 응시한 경우에는 운전면허가 취소된 날(무면허운전 금지 등을 위반한 경우 그 위반한 날)부터 2년
3년	• 음주운전 또는 경찰공무원의 음주측정을 위반하여 운전을 하다가 2회 이상 교통사고를 일으킨 경우에는 운전면허가 취소된 날부터 3년 • 자동차 등을 이용하여 범죄행위를 하거나 다른 사람의 자동차 등을 훔치거나 빼앗은 사람이 무면허운전 금지 규정을 위반하여 그 자동차 등을 운전한 경우에는 그 위반한 날부터 3년
4년	• 무면허운전 금지, 음주운전 금지, 과로·질병·약물의 영향과 그 밖의 사유로 정상적으로 운전하지 못할 우려가 있는 상태에서 자동차 등 또는 노면전차 운전금지, 공동 위험행위의 금지 규정 외의 사유로 사람을 사상한 후 구호조치 및 사고발생에 따른 신고를 하지 아니한 경우에는 운전면허가 취소된 날부터 4년
5년	• 무면허운전금지 또는 국제운전면허증 또는 상호 인정외국면허증에 의한 자동차등의 운전금지를 위반하여 사람을 사상한 후 구호조치 및 사고발생에 따른 신고를 하지 아니한 경우에는 그 위반한 날부터 5년 • 술에 취한 상태에서의 운전 금지, 과로·질병·약물의 영향과 그 밖의 사유로 정상적으로 운전하지 못할 우려가 있는 상태에서의 운전금지, 공동위험행위의 금지를 위반(무면허운전 금지 등 위반 포함)하여 사람을 사상한 후 필요한 조치 및 신고를 하지 아니한 경우에는 운전면허가 취소된 날(무면허운전 금지 등을 위반한 경우 그 위반한 날)부터 5년 • 음주운전의 금지를 위반(무면허운전 금지 등 위반 포함)하여 운전을 하다가 사람을 사망에 이르게 한 경우에는 운전면허가 취소된 날(무면허운전 금지 등을 위반한 경우 그 위반한 날)부터 5년
기타	• 운전면허효력 정지처분을 받고 있는 경우에는 그 정지기간

(3) 운전면허 행정처분기준의 감경

① 감경사유

　㉠ 음주운전으로 운전면허 취소처분 또는 정지처분을 받은 경우 : 운전이 가족의 생계를 유지할 중요한 수단이 되거나, 모범운전자로서 처분당시 3년 이상 교통봉사활동에 종사하고 있거나, 교통사고를 일으키고 도주한 운전자를 검거하여 경찰서장 이상의 표창을 받은 사람으로서 다음의 어느 하나에 해당되는 경우가 없어야 한다.

- 혈중알코올농도가 0.1퍼센트를 초과하여 운전한 경우
- 음주운전 중 인적피해 교통사고를 일으킨 경우
- 경찰관의 음주측정요구에 불응하거나 도주한 때 또는 단속경찰관을 폭행한 경우
- 과거 5년 이내에 3회 이상의 인적피해 교통사고의 전력이 있는 경우
- 과거 5년 이내에 음주운전의 전력이 있는 경우

ⓛ 벌점·누산점수 초과로 인하여 운전면허 취소처분을 받은 경우 : 운전이 가족의 생계를 유지할 중요한 수단이 되거나, 모범운전자로서 처분당시 3년 이상 교통봉사활동에 종사하고 있거나, 교통사고를 일으키고 도주한 운전자를 검거하여 경찰서장 이상의 표창을 받은 사람으로서 다음의 어느 하나에 해당되는 경우가 없어야 한다.
- 과거 5년 이내에 운전면허 취소처분을 받은 전력이 있는 경우
- 과거 5년 이내에 3회 이상 인적피해 교통사고를 일으킨 경우
- 과거 5년 이내에 3회 이상 운전면허 정지처분을 받은 전력이 있는 경우
- 과거 5년 이내에 운전면허행정처분 이의심의위원회의 심의를 거치거나 행정심판 또는 행정소송을 통하여 행정처분이 감경된 경우

ⓒ 그 밖에 정기 적성검사에 대한 연기신청을 할 수 없었던 불가피한 사유가 있는 등으로 취소처분 개별기준 및 정지처분 개별기준을 적용하는 것이 현저히 불합리하다고 인정되는 경우

② 감경기준

㉠ 위반행위에 대한 처분기준이 운전면허의 취소처분에 해당하는 경우에는 해당 위반행위에 대한 처분벌점을 110점으로 하고, 운전면허의 정지처분에 해당하는 경우에는 처분 집행일수의 2분의 1로 감경한다.

㉡ 벌점·누산점수 초과로 인한 면허취소에 해당하는 경우에는 면허가 취소되기 전의 누산점수 및 처분벌점을 모두 합산하여 처분벌점을 110점으로 한다.

(4) 취소처분 개별기준

① 교통사고로 사람을 죽게 하거나 다치게 하고, 구호조치를 하지 아니한 때

② 술에 취한 상태에서 운전한 때
㉠ 술에 취한 상태의 기준(혈중알코올농도 0.03퍼센트 이상)을 넘어서 운전을 하다가 교통사고로 사람을 죽게 하거나 다치게 한 때
㉡ 혈중알코올농도 0.08퍼센트 이상의 상태에서 운전한 때
㉢ 술에 취한 상태의 기준을 넘어 운전하거나 술에 취한 상태의 측정에 불응한 사람이 다시 술에 취한 상태(혈중알코올농도 0.03퍼센트 이상)에서 운전한 때

③ 술에 취한 상태에서 운전하거나 술에 취한 상태에서 운전하였다고 인정할 만한 상당한 이유가 있음에도 불구하고 경찰공무원의 측정 요구에 불응한 때

④ 다른 사람에게 운전면허증 대여(도난, 분실 제외)
㉠ 면허증 소지자가 다른 사람에게 면허증을 대여하여 운전하게 한 때
㉡ 면허 취득자가 다른 사람의 면허증을 대여 받거나 부정한 방법으로 입수한 면허증으로 운전한 때

⑤ 결격사유에 해당
㉠ 교통상의 위험과 장해를 일으킬 수 있는 정신질환자 또는 뇌전증환자로서 정상적인 운전을 할 수 없다고 해당 분야 전문의가 인정하는 사람
㉡ 앞을 보지 못하는 사람(한쪽 눈만 보지 못하는 사람의 경우에는 제1종 운전면허 중 대형면허·특수면허로 한정한다)
㉢ 듣지 못하는 사람(제1종 운전면허 중 대형면허·특수면허로 한정한다)
㉣ 양 팔의 팔꿈치 관절 이상을 잃은 사람, 또는 양 팔을 전혀 쓸 수 없는 사람
㉤ 다리, 머리, 척추 그 밖의 신체장애로 인하여 앉아 있을 수 없는 사람

ⓑ 교통상의 위험과 장해를 일으킬 수 있는 마약, 대마, 향정신성 의약품 또는 알코올 중독자로서 정상적인 운전을 할 수 없다고 해당 분야 전문의가 인정하는 사람

⑥ 약물(마약·대마·향정신성 의약품 및 환각물질)의 투약·흡연·섭취·주사 등으로 정상적인 운전을 하지 못할 염려가 있는 상태에서 자동차등을 운전한 때

⑦ 공동위험행위로 구속된 때

⑧ 난폭운전으로 구속된 때

⑨ 최고속도보다 100km/h를 초과한 속도로 3회 이상 운전한 때

⑩ 정기적성검사에 불합격하거나 적성검사기간 만료일 다음 날부터 적성검사를 받지 아니하고 1년을 초과한 때

⑪ 수시적성검사에 불합격하거나 수시적성검사 기간을 초과한 때

⑫ 운전면허 행정처분 기간중에 운전한 때

⑬ 허위 또는 부정한 수단으로 운전면허를 받은 경우
　ⓐ 허위·부정한 수단으로 운전면허를 받은 때
　ⓑ 결격사유에 해당하여 운전면허를 받을 자격이 없는 사람이 운전면허를 받은 때
　ⓒ 운전면허 효력의 정지기간 중에 면허증 또는 운전면허증에 갈음하는 증명서를 교부받은 사실이 드러난 때

⑭ 등록되지 아니하거나 임시운행 허가를 받지 아니한 자동차(이륜자동차를 제외한다)를 운전한 때

⑮ 자동차등을 이용하여 형법상 특수상해, 특수폭행, 특수협박, 특수손괴를 행하여 구속된 때

⑯ 운전면허를 가진 사람이 다른 사람을 부정하게 합격시키기 위하여 운전면허 시험에 응시한 때

⑰ 단속하는 경찰공무원 등 및 시·군·구 공무원을 폭행하여 형사입건된 때

⑱ 제1종 보통 및 제2종 보통면허를 받기 이전에 연습면허의 취소사유가 있었던 때(연습면허에 대한 취소절차 진행 중 제1종 보통 및 제2종 보통면허를 받은 경우를 포함한다.)

(5) 정지처분 개별기준

벌점	위반사항
100	• 속도위반(100km/h 초과) • 술에 취한 상태의 기준을 넘어서 운전한 때(혈중알코올농도 0.03퍼센트 이상 0.08퍼센트 미만) • 자동차등을 이용하여 형법상 특수상해 등(보복운전)을 하여 입건된 때
80	• 속도위반(80km/h 초과 100km/h 이하)
60	• 속도위반(60km/h 초과 80km/h 이하)
40	• 정차·주차위반에 대한 조치불응(단체에 소속되거나 다수인에 포함되어 경찰공무원의 3회 이상의 이동명령에 따르지 아니하고 교통을 방해한 경우에 한한다.) • 공동위험행위로 형사입건된 때 • 난폭운전으로 형사입건된 때 • 안전운전의무위반(단체에 소속되거나 다수인에 포함되어 경찰공무원의 3회 이상의 안전운전 지시에 따르지 아니하고 타인에게 위험과 장해를 주는 속도나 방법으로 운전한 경우에 한한다.) • 승객의 차내 소란행위 방치운전 • 출석기간 또는 범칙금 납부기간 만료일부터 60일이 경과될 때까지 즉결심판을 받지 아니한 때
30	• 통행구분 위반(중앙선침범에 한함) • 속도위반(40km/h 초과 60km/h 이하) • 철길건널목 통과방법위반 • 회전교차로 통행방법 위반(통행 방향 위반에 한정한다.) • 어린이통학버스 특별보호 위반 • 어린이통학버스 운전자의 의무위반(좌석안전띠를 매도록 하지 아니한 운전자는 제외한다.) • 고속도로·자동차전용도로 갓길통행 • 고속도로 버스전용차로·다인승전용차로 통행위반 • 운전면허증 등의 제시의무위반 또는 운전자 신원확인을 위한 경찰공무원의 질문에 불응
15	• 신호·지시위반 • 속도위반(20km/h 초과 40km/h 이하) • 속도위반(어린이보호구역 안에서 오전 8시부터 오후 8시까지 사이에 제한속도를 20km/h 이내에서 초과한 경우에 한정한다.) • 앞지르기 금지시기·장소위반 • 적재 제한 위반 또는 적재물 추락 방지 위반 • 운전 중 휴대용 전화 사용 • 운전 중 운전자가 볼 수 있는 위치에 영상 표시

벌점	내용
10	• 운전 중 영상표시장치 조작 • 운행기록계 미설치 자동차 운전금지 등의 위반 • 통행구분 위반(보도침범, 보도 횡단방법 위반) • 차로통행 준수의무 위반, 지정차로 통행위반(진로변경 금지장소에서의 진로변경 포함) • 일반도로 전용차로 통행위반 • 안전거리 미확보(진로변경 방법위반 포함) • 앞지르기 방법위반 • 보행자 보호 불이행(정지선위반 포함) • 승객 또는 승하차자 추락방지조치위반 • 안전운전 의무 위반 • 노상 시비 · 다툼 등으로 차마의 통행 방해행위 • 자율주행자동차 운전자의 준수사항 위반 • 돌 · 유리병 · 쇳조각이나 그 밖에 도로에 있는 사람이나 차마를 손상시킬 우려가 있는 물건을 던지거나 발사하는 행위 • 도로를 통행하고 있는 차마에서 밖으로 물건을 던지는 행위

※ 범칙금 납부기간 만료일부터 60일이 경과될 때까지 즉결심판을 받지 아니하여 정지처분 대상자가 되었거나, 정지처분을 받고 정지처분 기간중에 있는 사람이 위반 당시 통고받은 범칙금액에 그 100분의 50을 더한 금액을 납부하고 증빙서류를 제출한 때에는 정지처분을 하지 아니하거나 그 잔여기간의 집행을 면제한다. 다만, 다른 위반행위로 인한 벌점이 합산되어 정지처분을 받은 경우 그 다른 위반행위로 인한 정지처분 기간에 대하여는 집행을 면제하지 아니한다.

(6) 인적피해 교통사고 결과에 따른 벌점기준

구분	벌점	내용
사망 1명마다	90	• 사고발생 시부터 72시간 이내에 사망한 때
중상 1명마다	15	• 3주 이상의 치료를 요하는 의사의 진단이 있는 사고
경상 1명마다	5	• 3주 미만 5일 이상의 치료를 요하는 의사의 진단이 있는 사고
부상신고 1명마다	2	• 5일 미만의 치료를 요하는 의사의 진단이 있는 사고

※ 교통사고 발생 원인이 불가항력이거나 피해자의 명백한 과실인 때에는 행정처분을 하지 아니한다.

※ 자동차등 내 사람 교통사고의 경우 쌍방과실인 때에는 그 벌점을 2분의 1로 감경한다.

※ 자동차등 대 자동차등 교통사고의 경우에는 그 사고원인 중 중한 위반행위를 한 운전자만 적용한다.

(7) 교통사고 야기시 조치 불이행에 따른 벌점기준

벌점	내용
15	• 물적 피해가 발생한 교통사고를 일으킨 후 도주한 때
30	• 고속도로, 특별시 · 광역시 및 시의 관할구역과 군(광역시의 군을 제외한다)의 관할구역 중 경찰관서가 위치하는 리 또는 동 지역에서 교통사고를 일으킨 즉시(그때, 그 자리에서 곧)사상자를 구호하는 등의 조치를 하지 아니하였으나 3시간(그 밖의 지역에서는 12시간) 이내에 자진신고를 한 때
60	• 위의 벌점 30점 항목에 따른 시간 후 48시간 이내에 자진신고를 한 때

(8) 자동차등 이용 범죄시의 운전면허 취소처분 기준

위반사항	내용
자동차등을 다음 범죄의 도구나 장소로 이용한 경우 • 「국가보안법」 중 증거를 날조 · 인멸 · 은닉한 죄 • 다음 어느 하나의 범죄 -살인, 사체유기, 방화 -강도, 강간, 강제추행 -약취 · 유인 · 감금 -상습절도(절취한 물건을 운반한 경우에 한정한다) -교통방해(단체 또는 다중의 위력으로써 위반한 경우에 한정한다)	• 자동차등을 법정형 상한이 유기징역 10년을 초과하는 범죄의 도구나 장소로 이용한 경우 • 자동차등을 범죄의 도구나 장소로 이용하여 운전면허 취소 · 정지 처분을 받은 사실이 있는 사람이 다시 자동차등을 범죄의 도구나 장소로 이용한 경우. 다만, 일반교통방해죄의 경우는 제외한다.
다른 사람의 자동차등을 훔치거나 빼앗은 경우	• 다른 사람의 자동차등을 빼앗아 이를 운전한 경우 • 다른 사람의 자동차등을 훔치거나 빼앗아 이를 운전하여 운전면허 취소 · 정지 처분을 받은 사실이 있는 사람이 다시 자동차등을 훔치고 운전한 경우

02 교통사고처리특례법

01 처벌의 특례

(1) 특례의 적용 및 배제

① 특례의 적용 및 벌칙

⊙ 차의 운전자가 교통사고로 인하여 형법 제268조의 죄를 범한 경우 : 5년 이하의 금고 또는 2천만 원 이하의 벌금

⊙ 차의 교통으로 업무상과실치상죄 또는 중과실치상죄와 도로교통법 제151조의 죄를 범한 운전자 : 피해자의 명시적인 의사에 반하여 공소를 제기할 수 없음

> **tip 형법 및 도로교통법 규정**
>
> • 형법 제268조(업무상과실·중과실 치사상) : 업무상과실 또는 중대한 과실로 사람을 사망이나 상해에 이르게 한 자는 5년 이하의 금고 또는 2천만 원 이하의 벌금에 처한다.
> • 도로교통법 제151조(벌칙) : 차의 운전자가 업무상 필요한 주의를 게을리하거나 중대한 과실로 다른 사람의 건조물이나 그 밖의 재물을 손괴한 때에는 2년 이하의 금고나 500만 원 이하의 벌금에 처한다.

② 특례의 적용 배제

⊙ 차의 운전자가 업무상과실치상죄 또는 중과실치상죄를 범하고도 피해자를 구호하는 등의 조치를 하지 아니하고 도주하거나 피해자를 사고 장소로부터 옮겨 유기하고 도주한 경우

⊙ 차의 운전자가 업무상과실치상죄 또는 중과실치상죄를 범하고도 음주측정 요구에 따르지 아니한 경우(운전자가 채혈측정을 요청·동의한 경우 제외)

⊙ 신호·지시위반사고

⊙ 중앙선침범, 고속도로나 자동차전용도로에서의 횡단·유턴 또는 후진 위반 사고

⊙ 속도위반(20km/h 초과) 과속사고

⊙ 앞지르기의 방법·금지시기·금지장소 또는 끼어들기 금지 위반사고

⊙ 철길 건널목 통과방법 위반사고

⊙ 보행자보호의무 위반사고

⊙ 무면허운전사고

⊙ 주취운전·약물복용운전 사고

⊙ 보도침범·보도횡단방법 위반사고

⊙ 승객추락방지의무 위반사고

⊙ 어린이 보호구역내 안전운전의무 위반으로 어린이의 신체를 상해에 이르게 한 사고

⊙ 자동차의 화물이 떨어지지 아니하도록 필요한 조치를 하지 아니하고 운전한 경우

(2) 처벌의 가중

① 사망사고

⊙ 교통사고가 주된 원인이 되어 교통사고 발생 시부터 30일 이내에 사람이 사망한 사고

⊙ 사망사고는 그 피해의 중대성과 심각성으로 말미암아 사고차량이 보험이나 공제에 가입되어 있더라도 이를 반의사불벌죄의 예외로 규정하여 형법 제268조에 따라 처벌

⊙ 도로교통법령상 교통사고 발생 후 72시간내 사망하면 벌점 90점이 부과

> **tip 중상사고와 경상사고**
>
> • 중상사고 : 교통사고로 인하여 다친 사람이 의사의 최초 진단 결과 3주 이상의 치료가 필요한 상해를 입은 사고
> • 경상사고 : 교통사고로 인하여 다친 사람이 의사의 최초 진단 결과 5일 이상 3주 미만의 치료가 필요한 상해를 입은 사고

② 도주사고

⊙ 사고운전자가 피해자를 구호(救護)조치를 하지 아니하고 도주한 경우

• 피해자를 사망에 이르게 하고 도주하거나, 도주 후에 피해자가 사망한 경우 : 무기 또는 5년 이상의 징역

- 피해자를 상해에 이르게 한 경우 : 1년 이상의 유기징역 또는 500만 원 이상 3천만 원 이하의 벌금
- ㉡ 사고운전자가 피해자를 사고 장소로부터 옮겨 유기하고 도주한 경우
  - 피해자를 사망에 이르게 하고 도주하거나, 도주 후에 피해자가 사망한 경우에는 : 사형, 무기 또는 5년 이상의 징역
  - 피해자를 상해에 이르게 한 경우 : 3년 이상의 유기징역
- ㉢ 도주(뺑소니)사고의 성립요건

```
┌──────────────┐   ┌──────────┐   ┌────────────┐
│ 피해자의 사상사실 │ → │ 병원 후송 등 │ → │ 피해자를 방치한 │
│ 인식(예견됨에도) │   │ 적절한 조치  │   │      채      │
│              │   │   없이   │   │ 현장을 이탈한 │
│              │   │          │   │    경우     │
└──────────────┘   └──────────┘   └────────────┘
          ┌──────────────────────────────┐
          │ 사고 야기자로써 확정될 수 없는 상태를 초래 │
          └──────────────────────────────┘
```

③ 도주사고 적용사례
  - ㉠ 사상 사실을 인식하고도 가버린 경우
  - ㉡ 피해자를 방치한 채 사고현장을 이탈 도주한 경우
  - ㉢ 사고현장에 있었어도 사고사실을 은폐하기 위해 거짓진술·신고한 경우
  - ㉣ 부상피해자에 대한 적극적인 구호조치 없이 가버린 경우
  - ㉤ 피해자가 이미 사망했다고 하더라도 사체 안치 후송 등 조치없이 가버린 경우
  - ㉥ 피해자를 병원까지만 후송하고 계속 치료 받을 수 있는 조치 없이 도주한 경우
  - ㉦ 운전자를 바꿔치기 하여 신고한 경우

④ 도주가 적용되지 않는 경우
  - ㉠ 피해자가 부상 사실이 없거나 극히 경미하여 구호조치가 필요치 않는 경우
  - ㉡ 가해자 및 피해자 일행 또는 경찰관이 환자를 후송 조치하는 것을 보고 연락처 주고 가버린 경우
  - ㉢ 교통사고 가해운전자가 심한 부상을 입어 타인에게 의뢰하여 피해자를 후송 조치한 경우
  - ㉣ 교통사고 장소가 혼잡하여 도저히 정지할 수 없어 일부 진행한 후 정지하고 되돌아와 조치한 경우

02 중대 법규위반 교통사고

(1) 신호·지시 위반 사고

① 신호·지시의 위반
  - ㉠ 신호기가 표시하는 신호 또는 교통정리를 하는 경찰공무원 등의 신호를 위반하여 운전한 경우
  - ㉡ 통행금지 또는 일시정지를 내용으로 하는 안전표지가 표시하는 지시를 위반하여 운전한 경우

② 신호위반의 종류
  - ㉠ 사전 출발 신호위반
  - ㉡ 주의(황색)신호에 무리한 진입
  - ㉢ 신호를 무시하고 진행한 경우

(2) 중앙선침범, 횡단·유턴 또는 후진 위반 사고

① 중앙선침범이 적용되는 사례
  - ㉠ 고의 또는 의도적인 중앙선침범 사고
  - ㉡ 현저한 부주의로 중앙선 침범 이전에 선행된 중대한 과실 사고
  - ㉢ 고속도로, 자동차전용도로에서 횡단, U턴 또는 후진 중 사고 발생 시 중앙선침범 적용
    - ※ 예외 차량… 긴급자동차, 도로보수 유지 작업차, 사고 응급조치 작업차

② 중앙선침범이 적용되지 않은 사례
  - ㉠ 불가항력적 중앙선침범 사고
  - ㉡ 사고피양 등 부득이한 중앙선침범 사고(안전운전 불이행 적용)
  - ㉢ 중앙선침범이 성립되지 않는 사고
    - 중앙선이 없는 도로나 교차로의 중앙부분을 넘어서 난 사고
    - 중앙선의 도색이 마모되었을 경우 중앙부분을 넘어서 난 사고
    - 눈 또는 흙더미에 덮여 중앙선이 보이지 않는 경우 중앙부분을 넘어서 발생한 사고
    - 전반적 또는 완전하게 중앙선이 마모되어 식별이 곤란한 도로에서 중앙부분을 넘어서 발생한 사고
    - 공사장 등에서 임시로 차선규제봉 또는 오뚜기 등 설치물을 넘어 사고 발생된 경우

- 운전부주의로 핸들을 과대 조작하여 반대편 도로의 갓길을 충돌한 자피사고
- 학교, 군부대, 아파트 등 단지내 사설 중앙선침범 사고
- 중앙분리대가 끊어진 곳에서 회전하다가 사고 야기된 경우
- 중앙선이 없는 굽은 도로에서 중앙부분을 진행 중 사고 발생된 경우
- 중앙선을 침범한 동일방향 앞차를 뒤따르다가 그 차를 추돌한 사고의 경우

(3) 속도위반(20km/h초과) 과속 사고

① 일반적인 과속 : 도로교통법에서 규정된 법정속도와 지정속도를 초과한 경우

② 교통사고처리특례법상의 과속 : 도로교통법에 규정된 법정속도와 지정속도를 20㎞/h 초과된 경우

(4) 앞지르기 방법 · 금지, 시기 및 장소 위반 사고

① 중앙선침범 : 중앙선을 넘어서거나 걸친 행위

② 차로변경 : 차로를 바꿔 곧바로 진행하는 행위

③ 앞지르기 : 앞차 좌측 차로로 바꿔 진행하여 앞차의 앞으로 나아가는 행위

(5) 철길 건널목 통과방법 위반 사고

① 1종 건널목 : 차단기, 건널목경보기 및 교통안전표지가 설치되어 있는 경우

② 2종 건널목 : 경보기와 건널목 교통안전표지만 설치하는 건널목

③ 3종 건널목 : 건널목 교통안전표지만 설치하는 건널목

(6) 보행자 보호의무 위반 사고

① 이륜차를 타고 횡단보도 통행 중 사고

② 이륜차를 끌고 횡단보도 보행 중

③ 이륜차를 타고가다 멈추고 한 발을 페달에, 한 발을 노면에 딛고 서 있던 중 사고

(7) 무면허 운전 사고

① 면허를 취득하지 않고 운전하는 경우

② 유효기간이 지난 운전면허증으로 운전하는 경우

③ 면허 취소처분을 받은 자가 운전하는 경우

④ 면허정지 기간 중에 운전하는 경우

⑤ 시험합격 후 면허증 교부 전에 운전하는 경우

⑥ 면허종별 외 차량을 운전하는 경우

⑦ 위험물을 운반하는 화물자동차가 적재중량 3톤을 초과함에도 제1종 보통 운전면허로 운전한 경우

⑧ 건설기계(덤프트럭, 아스팔트살포기, 노상안정기, 콘크리트믹서트럭, 콘크리트펌프, 트럭적재식 천공기)를 제1종 보통운전면허로 운전한 경우

⑨ 면허 있는 자가 도로에서 무면허자에게 운전연습을 시키던 중 사고를 야기한 경우

⑩ 군인(군속인 자)이 군면허만 취득 소지하고 일반차량을 운전한 경우

⑪ 유효기간이 지난 임시운전증명서로 운전하다 사고를 야기한 경우

⑫ 외국인으로 국제운전면허를 받지 않고 운전하는 경우

⑬ 외국인으로 입국하여 1년이 지난 국제운전면허증을 소지하고 운전하는 경우

(8) 음주운전 · 약물복용 후 운전 사고

① 도로에서 운전한 경우

② 불특정 다수의 사람 또는 차마 통행을 위하여 공개된 장소

③ 공개되지 않는 통행로(공장, 관공서, 학교, 사기업 등 정문 안쪽 통행로)와 같이 문, 차단기에 의해 도로와 차단되고 관리되는 장소의 통행로

④ 술을 마시고 주차장 또는 주차선 안 등 도로가 아닌 곳에서의 운전

(9) 보도침범 · 보도횡단방법 위반 사고

① 보도가 설치된 도로를 차체의 일부분만이라도 보도에 침범한 경우

② 보도통행방법을 위반하여 운전한 경우

(10) 승객추락 방지의무 위반 사고(개문발차 사고)

① 개요 : '모든 차의 운전자는 운전 중 타고 있는 사람 또는 내리는 사람이 떨어지지 아니하도록 하기 위하여 문을 정확히 여닫는 등 필요한 조치를 하여야 한다'는 도로교통법 제39조 제3항에 의한 승객의 추락 방지 의무를 위반하여 인사사고를 일으킨 경우

② 승객추락 방지의무 위반 사고 사례
- ㉠ 운전자가 출발하기 전 그 차의 문을 제대로 닫지 않고 출발함으로써 탑승객이 추락, 부상을 당하였을 경우
- ㉡ 택시의 경우 승하차시 출입문 개폐는 승객자신이 하게 되어 있으므로, 승객탑승 후 출입문을 닫기 전에 출발하여 승객이 지면으로 추락한 경우
- ㉢ 개문발차로 인한 승객의 낙상사고의 경우

(11) 어린이 보호구역 내 어린이 보호의무 위반 사고

① 유치원, 초등학교 또는 특수학교로 지정된 경우

② 보육시설 중 정원 100명 이상의 보육시설로 지정된 경우
※ 관할 경찰서장과 협의된 경우에는 정원이 100명 미만의 보육시설 주변도로에 지정된 곳

③ 학원 수강생이 100명 이상인 학원으로 지정된 경우
※ 관할 경찰서장과 협의된 경우에는 정원이 100명 미만의 학원 주변도로에 지정된 곳

④ 외국인학교 또는 대안학교, 국제학교 및 외국교육기관 중 유치원 · 초등학교 교과과정이 있는 학교로 지정된 경우

(12) 화물추락 방지조치 위반사고

① 화물이 떨어지지 않도록 덮개를 씌우지 않고 운전한 경우

② 화물을 고정해서 묶지 않고 운전한 경우

03 보험 등에 가입된 경우의 특례

(1) 보험가입자의 공소 제기 요건

① 업무상과실치상죄 또는 중과실치상죄를 범하고도 피해자를 구호조치를 하지 아니하고 도주하거나 피해자를 사고 장소로부터 옮겨 유기하고 도주한 경우

② 업무상과실치상죄 또는 중과실치상죄를 범하고도 피해자를 구호 또는 유기하고 도주한 죄를 범하고 음주측정 요구에 따르지 아니한 경우(운전자가 채혈 측정을 요청하거나 동의한 경우는 제외)

③ 제3조제2항 12대 중대 법규위반 교통사고

④ 피해자가 신체의 상해로 인하여 생명에 대한 위험이 발생하거나 불구가 되거나 불치 또는 난치의 질병이 생긴 경우

⑤ 보험계약 또는 공제계약이 무효로 되거나 해지되거나 계약상의 면책 규정 등으로 인하여 보험회사, 공제조합 또는 공제사업자의 보험금 또는 공제금 지급의무가 없어진 경우

(2) 보험 또는 공제

① 보험 또는 공제 : 교통사고의 경우 보험회사나 공제조합 또는 공제사업자가 인가된 보험약관 또는 승인된 공제약관에 따라 피보험자와 피해자 간 또는 공제조합원과 피해자 간의 손해배상에 관한 합의 여부와 상관없이 피보험자나 공제조합원을 갈음하여 피해자의 치료비에 관하여는 통상비용의 전액을, 그 밖의 손해에 관하여는 보험약관이나 공제약관으로 정한 지급기준액을 대통령령으로 정하는 바에 따라 우선 지급하되, 종국적으로는 확정판결이나 그 밖에 이에 준하는 집행권원상 피보험자 또는 공제조합원의 교통사고로 인한 손해배상금 전액을 보상하는 보험 또는 공제를 말한다.

② 보험 또는 공제에 가입된 사실은 보험회사, 공제조합 또는 공제사업자가 취지를 적은 서면에 의하여 증명되어야 한다.

PART

02 안전운행

01 자동차 관리

01 자동차 점검

(1) 예방정비 및 점검

① 개요
  ㉠ 자동차 및 부품의 수명감축이나 정비 비용 손실을 예방하기 위하여 사전에 미리 고장 개소를 찾아내어 일상적, 정기적인 정비 관리함을 말한다.
  ㉡ 자동차는 운행되어 시간이 지남에 따라 각 구조 장치가 정해진 내구성이 소멸된다.
  ㉢ 내구성이 소멸로 인한 고장이 발생되어 교통사고가 발생할 수 있다.

② 예방정비 · 점검
  ㉠ 예방정비 · 점검의 구분
    • 운행 전 점검
    • 운행 후 점검
    • 정기점검
  ㉡ 의무사항 : 예방정비 · 점검는 운수종사자의 필수 의무사항 이기도 하다.

③ 자동차 예방 정비의 중요성
  ㉠ 차량의 고장을 사전에 예방하여 고장으로 인한 사고를 대비할 수 있다.
  ㉡ 정기적인 예방정비로 인하여 차량의 수명을 연장시킬 수 있다.
  ㉢ 사전 예방정비를 통하여 정비비용을 절감시킬 수 있다.

(2) 자동차 일상 점검

① 일상점검 : 일상점검은 자동차를 운행하는 사람이 매일 자동차를 운행하기 전에 점검하는 것을 말한다.

② 일상점검의 생활화
  ㉠ 차량 주위에 사람이나 물건 등이 없는지 확인한다.
  ㉡ 타이어의 적정 공기압 유지여부를 확인한다.
  ㉢ 차량 하부에 누유, 누수 등이 있는지 확인한다.
  ㉣ 차량 외관의 이상 유무를 확인한다.

③ 일상점검 항목 및 내용

점검항목		점검 내용
엔진룸 내부	엔진	• 엔진오일, 냉각수가 충분한가? • 누수, 누유는 없는가? • 구동벨트의 장력은 적당하고, 손상된 곳은 없는가?
	변속기	• 변속기 오일량은 적당한가? • 누유는 없는가?
	기타	• 클러치액, 와셔액 등은 충분한가? • 누유는 없는가?
차의 외관	완충 스프링	• 스프링 연결부위의 손상 또는 균열은 없는가?
	바퀴	• 타이어의 공기압은 적당한가? • 타이어의 이상마모 또는 손상은 없는가? • 휠 볼트 및 너트의 조임은 충분하고 손상은 없는가?
	램프	• 점등이 되고, 파손되지 않았는가?
	등록 번호판	• 번호판이 손상되지 않았는가? • 번호판 식별이 가능한가?
	배기가스	배기가스의 색깔은 깨끗한가?
운전석	핸들	• 흔들림이나 유동은 없는가?
	브레이크	• 페달의 자유 간극과 잔류 간극1)이 적당한가? • 브레이크의 작동이 양호한가? • 주차 브레이크의 작동은 되는가?
	변속기	• 클러치의 자유 간극은 적당한가? • 변속레버의 조작이 용이한가? • 심한 진동은 없는가?
	후사경	• 비침 상태가 양호한가?
	경음기	• 작동이 양호한가?
	와이퍼	• 작동이 양호한가?
	각종계기	• 작동이 양호한가?

- 경사가 없는 평탄한 장소에서 점검한다.
- 변속레버는 P(주차)에 위치시킨 후 주차 브레이크를 당겨 놓는다.
- 엔진 시동 상태에서 점검해야 할 사항이 아니면 엔진 시동을 끄고, 식은 다음에 실시한다.
- 점검은 환기가 잘 되는 장소에서 실시한다.
- 엔진을 점검할 때에는 가급적 엔진을 끄고
- 연료장치나 배터리 부근에서는 불꽃을 멀리 한다.
- 배터리, 전기 배선을 만질 때에는 미리 배터리의 ⊖단자를 분리한다.

(3) 운행 전 자동차 점검

① 운전석에서 점검
  - ㉠ 연료 게이지량
  - ㉡ 브레이크 페달 유격 및 작동상태
  - ㉢ 룸미러 각도, 경음기 작동 상태, 계기 점등상태
  - ㉣ 와이퍼 작동상태
  - ㉤ 스티어링 휠(핸들) 및 운전석 조정

② 엔진점검
  - ㉠ 엔진오일의 양은 적당하며 불순물은 없는지?
  - ㉡ 냉각수의 양은 적당하며 색이 변하지는 않았는가?
  - ㉢ 각종 벨트의 장력은 적당하며 손상된 곳은 없는가?
  - ㉣ 배선은 깨끗이 정리 되어 있으며 배선이 벗겨져 있거나 연결부분에서 합선 등 누전의 염려는 없는가?

③ 외관점검
  - ㉠ 유리는 깨끗하며 깨진 곳은 없는가?
  - ㉡ 차체에 굴곡된 곳은 없으며 후드(보닛)의 고정은 이상이 없는가?
  - ㉢ 타이어의 공기압력 마모 상태는 적절한가?
  - ㉣ 차체가 기울지는 않았는가?
  - ㉤ 후사경의 위치는 바르며 깨끗한가?
  - ㉥ 차체에 먼기가 외관상 바람직하지 않은 것은 없는가?
  - ㉦ 반사기 및 번호판의 오염, 손상은 없는가?

(4) 경고등 및 표시등 확인

(※자동차에 따라 다를 수 있음)

명칭	경고등 및 표시등	내용
주행빔(상향등) 작동 표시등		• 전조등이 주행빔(상향등)일 때 점등
안전벨트 미착용 경고등		• 시동키 「ON」했을 때 안전벨트를 착용하지 않으면 경고등이 점등
연료잔량 경고등		• 연료의 잔류량이 적을 때 경고등이 점등
엔진오일 압력 경고등		• 엔진 오일이 부족하거나 유압이 낮아지면 경고등이 점등
ABS(Anti-Lock Brake System) 표시등	ASR ABS	• ABS 경고등은 키 「ON」하면 약 3초간 점등된 후 소등되면 정상 • ASR은 한쪽 바퀴가 빙판 또는 진흙탕에 빠져 공회전하는 경우 공회전하는 바퀴에 일시적으로 제동력을 가해 회전수를 낮추고 출발이 용이하도록 하는 장치 • ASR 경고등은 차량 속도가 5~7km/h에 도달하여 소등되면 정상
브레이크 에어 경고등		• 키가 「ON」상태에서 AOH 브레이크 장착 차량의 에어 탱크에 공기압이 4.5±0.5kg/㎠ 이하가 되면 점등
비상경고 표시등		• 비상경고등 스위치를 누르면 점멸
배터리 충전 경고등		• 벨트가 끊어졌을 때나 충전장치가 고장났을 때 경고등이 점등
주차 브레이크 경고등		• 주차 브레이크가 작동되어 있을 경우에 경고등이 점등
배기 브레이크 표시등		• 배기 브레이크 스위치를 작동시키면 배기 브레이크가 작동중임을 표시
제이크 브레이크 표시등		• 제이크 브레이크가 작동중임을 표시

엔진 정비 지시등	CHECK ENGINE	• 키를 「ON」하면 약 2~3초간 점등된 후 소등 • 엔진의 전자 제어 장치나 배 기가스 제어에 관계되는 각 종 센서에 이상이 있을 때 점등
엔진 예열작동 표시등	∞	• 엔진 예열상태에서 점등되고 예열이 완료되면 소등
냉각수 경고등	WATER	• 냉각수가 규정 이하일 경우에 경고등 점등

(5) 운행 후 자동차 점검

① 외관 점검
  ㉠ 차체에 굴곡이나 손상된 곳 등 여부 확인
  ㉡ 타이어 공기압 차이에 의한 기울어짐 여부 확인
  ㉢ 보닛의 고리 빠짐 여부 확인
  ㉣ 주차 후 바닥에 오일 · 냉각수가 보이는지 확인

② 짧은 점검 주기가 필요한 주행(가혹) 조건
  ㉠ 짧은 거리를 반복해서 주행
  ㉡ 모래, 먼지가 많은 지역 주행
  ㉢ 과도한 공회전
  ㉣ 33℃ 이상의 온도에서 교통 체증이 심한 도로를
    절반 이상 주행
  ㉤ 험한 길(비포장길)의 주행 빈도가 높은 경우
  ㉥ 산길, 오르막길, 내리막길의 주행 횟수가 많은 경우
  ㉦ 고속 주행(약 180km/h)의 빈도가 높은 경우
  ㉧ 해변, 부식 물질이 있는 곳, 한랭 지역을 주행한
    경우

02 주행 전 · 후 안전 수칙

(1) 주행 전 안전수칙

① 안전벨트의 착용
  ㉠ 짧은 거리의 주행 시에도 안전벨트를 착용한다.

  ㉡ 안전벨트의 꼬임을 방지하고 옷 구김 방지를 위해
    인위적으로 안전벨트를 고정시키지 말아야 한다.
  ㉢ 안전벨트의 마모 상태(특히 끝부분의 균열)를 확
    인하여 사고 시 벨트가 찢어져 안전벨트의 기능을
    못하는 일이 없도록 한다.
  ㉣ 탑승자가 기대거나 구부리지 않고 좌석에 깊게 걸
    터앉아, 등을 등받이에 기대어 똑바로 앉은 상태
    에서 안전벨트를 착용해야 한다.
  ㉤ 안전벨트의 어깨띠 부분은 가슴 부위를 지나도록
    해야 한다.
  ㉥ 안전벨트의 골반띠 부분이 부드럽게 골반 부위를
    지나도록 착용하여 사고 시 장파열 등 신체 손상
    을 방지한다.
  ㉦ 안전벨트를 버클에 '찰칵' 소리가 날 때까지 확실
    하게 밀어 넣는다.
  ㉧ 안전벨트를 착용한 상태로 좌석 등받이를 뒤로 눕
    히면 안전벨트 아래로 신체가 빠져나와 만일의 경
    우, 안전벨트에 목이 걸리거나 심각한 부상을 입
    을 수 있다.

② 안전운전을 위한 청결 유지
  ㉠ 운전석 전면 유리 부근에 위치하여 주의 산만을
    일으키는 장식품과 장식품의 흡착부가 볼록렌즈
    의 역할을 하여 차량 내부 부품의 내구성에 영향
    을 줄 수 있는 장식품은 설치하지 말아야 한다.
  ㉡ 전면 유리창을 과도하게 선팅할 경우 야간 운행이
    나 우천 운행 시 적절한 시야가 확보되지 않아
    예기치 못한 위험을 초래할 수 있다.
  ㉢ 운전석 바닥에 커피 캔 등을 놓아 가속 · 브레이
    크 페달의 정상 작동에 영향을 주지 않도록 차량
    내 청결을 유지한다.
  ㉣ 바닥 매트는 페달의 정상 작동을 방해하지 않도록
    바닥에 고정되는 제품을 사용하고 특히, 일명 "벌
    집 매트"의 사용은 자제하여야 한다.

③ 올바른 운전 자세
  ㉠ 운전자 상체 부분과 핸들 부분이 일치된 상태에서
    주행한다.
  ㉡ 가능한 등을 편 상태로 가까이 붙여서 앉아야 운
    전 시 집중력이 높아진다.

ⓒ 브레이크 페달과 가속 페달, 핸들의 원활한 작동을 기준으로 운전석 시트의 위치를 조절한다.

ⓔ 회사 차량을 수시로 바꿔가며 운전을 할 경우에는 차량 간의 페달 위치를 잘못 인식하여 페달을 오조작할 수 있으므로 반드시 가속 페달과 브레이크(제동) 페달의 위치를 오른발을 중심으로 확인한다.

ⓜ 사고 시 운전자의 목을 보호하기 위한 머리지지대는 뒤통수 중앙에 위치하도록 조절한다.

ⓗ 운전 중에 핸드폰을 사용하여 통화하게 되면 집중력이 저하되므로 핸드폰 사용을 금지하여야 한다.

ⓢ 유리창을 닫을 때는 뒷좌석 탑승자의 손이나 머리가 끼어 있는지 반드시확인 후 닫는다. 특히, 어린이의 머리가 끼는 경우 질식 등을 유발할 수 있다.

④ 핸들, 후사경, 룸 미러 등의 확인
ⓐ 운전석 시트는 출발 전에 조절하고 주행 중에는 절대로 조절하지 않는다.
ⓑ 후사경과 룸 미러를 조절하여 안전 운전을 위한 시계를 확보한다.
ⓒ 높이를 조절하는 핸들은 출발 전에 운전자의 신체에 맞게 조절한다.
ⓓ 모든 게이지 및 경고등을 확인한다.
ⓔ 주차 브레이크 해제 후 끌림 현상이 발생하는지 확인한다.

⑤ 주행 전 건강 체크
ⓐ 주행 전, 감기약 등 운전에 방해가 될 만한 약물을 복용하였는지 확인한다.
ⓑ 주행 전·후 현기증, 흉통, 두근거림 등이 있는지 확인하여 증상이 있는 경우 주행을 즉시 중단한다.
ⓒ 주행 전, 전날 과음으로 인해 술이 덜 깬 상태인지 판단하여 주행 여부를 결정해야 한다.

⑥ 주행 전, 안전한 주행을 위해 충분한 휴식을 취해야 한다.

⑦ 위험 물질의 차내 방치 금지
ⓐ 여름철 차 내부의 실내 온도는 약 70℃ 이상의 고온이므로 화재·폭발 위험이 있는 인화성 물질(라이터 등)의 차내 방치는 금물이다.

ⓑ 시트 커버 및 각종 비닐 커버는 배선의 합선 등으로 인한 화재의 위험성이 있다.

ⓒ 소화기를 비치하여 화재가 발생한 경우 초기에 진화한다.

tip 소화기 사용 방법

• 바람을 등지고 소화기의 안전핀을 제거한다.
• 소화기 노즐의 방향을 화재 발생 장소로 향하게 한다.
• 소화기 손잡이를 움켜쥐고 빗자루로 쓸듯이 분사한다.

(2) 운행 중 안전수칙

① 음주 및 과로한 상태에서의 운전 금지
ⓐ 혈중 알코올농도에 따른 행동적 증후

마신 양	혈중알코올 농도(%)	취한 상태	취하는 기간 구분
2잔	0.02~0.04	• 기분이 상쾌해짐 • 피부가 빨갛게 됨 • 쾌활해짐 • 판단력이 조금 흐려짐	초기
3잔~5잔	0.05~0.10	• 얼큰히 취한 기분 • 압박에서 탈피하여 정신이완 • 체온상승 • 맥박이 빨라짐	중기, 손상 가능기
6잔~7잔	0.11~0.15	• 마음이 관대해짐 • 상당히 큰소리를 냄 • 화를 자주 냄 • 서면 휘청거림	완취기
8잔~14잔	0.16~0.30	• 갈지자걸음 • 같은 말을 반복해서 함 • 호흡이 빨라짐 • 매스꺼움을 느낌	구토, 만취기
15잔~20잔	0.31~0.40	• 똑바로 서지 못함 • 같은 말을 반복해서 함 • 말할 때 갈피를 잡지 못함	혼수 상태
21잔 이상	0.41~0.50	• 흔들어도 일어나지 않음 • 대소변을 무의식 중에 함 • 호흡을 천천히 깊게 함	사망 가능

주 : 65kg의 건강한 성인남자 기준, 맥주의 경우 캔을 기준으로 함

ⓒ 피로가 운전에 영향을 미치는 영향

구분		피로현상	운전과정에 미치는 영향
정신력	주의력	• 주의가 산만해진다. • 집중력이 저하된다.	• 교통표지를 간과하거나 보행자를 알아보지 못한다.
	사고력 판단력	• 정신활동이 둔화된다. • 사고 및 판단력이 저하된다.	• 긴급 상황에 필요한 조치를 제대로 하지 못한다.
	지구력	• 긴장이나 주의력이 감소한다.	• 운전에 필요한 몸과 마음 상태를 유지할 수 없다.
	감정 조절 능력	• 사소한 일에도 필요 이사의 신경질적인 반응을 보인다.	• 사소한 일에도 당황하며, 판단을 잘못하기 쉽다. • 준법정신의 결여로 법규를 위반하게 된다.
	의지력	• 자발적인 행동이 감소한다.	• 당연히 해야 할 일을 태만하게 된다. • 방향지시등을 작동하지 않고 회전하게 된다.
신체적	감각 능력	• 빛에 민감하고, 작은 소음에도 과민반응을 보인다.	• 교통신호를 잘못보거나 위험신호를 제대로 파악하지 못한다.
	운동 능력	• 손 또는 눈꺼풀이 떨리고, 근육이 경직된다.	• 필요할 때에 손과 발이 제대로 움직이지 못해 신속성이 결여된다.
	졸음	• 시계변화가 없는 단조로운 도로를 운행하면 졸게 된다.	• 평상시보다 운전능력이 현저하게 저하되고, 심하면 졸음운전을 하게 된다.

ⓒ 운전 중 피로를 푸는 방법
- 차안에는 항상 신선한 공기가 충분히 유입되도록 한다. 차가 너무 덥거나 환기 상태가 나쁘면, 쉽게 피로감과 졸음을 느끼게 된다.
- 태양빛이 강하거나 눈의 반사가 심할 때는 선바이저(햇빛 가리개)를 내리거나 선글라스를 착용한다.
- 지루하게 느껴지거나 졸음이 올 때는 승객이 없는 시간을 이용하여 라디오를 틀거나, 노래 부르기 등의 방법을 써 본다.
- 정기적으로 차를 멈추어 차에서 나와, 몇 분 동안 산책을 하거나 가볍게 체조를 한다.
- 운전 중에 계속 피곤함을 느끼게 된다면, 운전을 지속하기보다는 차를 멈추어 휴식을 취한다.

ⓔ 졸음운전의 징후와 대처
- 눈이 스르르 감기거나 전방을 제대로 주시할 수 없어진다.
- 머리를 똑바로 유지하기가 힘들어 진다.
- 하품이 자주 난다.
- 이 생각 저 생각이 나면서 생각이 단절된다.
- 지난 몇 km를 어떻게 운전해 왔는지 가물가물하다.
- 차선을 제대로 유지하지 못하고 차가 좌우로 조금씩 왔다 갔다 하는 것을 느낀다.
- 앞차에 바짝 붙는다거나 교통신호를 놓친다.
- 순간적으로 차도에서 갓길로 벗어나가거나 거의 사고 직전에 이르기도 한다.
- 이런 증상들이 나타나면 우선적으로 신선한 공기 흡입이 중요하다. 창문을 연다든가 에어컨의 외부 환기 시스템을 가동해서 신선한 공기를 마시도록 한다.

② 운행 중 금지 행위
ⓐ 창문 밖으로 손이나 얼굴 등을 내밀지 않도록 주의한다.
ⓑ 주행 중에는 엔진을 정지시키지 않는다.
ⓒ 도어 개방상태에서의 운행을 금지한다.

③ 주행 중 주의사항
ⓐ 터널 출구나 다리 위를 통행할 때에는 돌풍에 주의한다.
ⓑ 높이 제한이 있는 도로를 주행할 때에는 항상 차량의 높이에 주의해야 한다.

(3) 운행 후 안전수칙

① 주행 종료 후 안전 확인
ⓐ 주행 종료 후에도 긴장을 늦추지 않는다.
ⓑ 주행 종료 후 주차 시 가능한 편평한 곳에 주차하고 경사가 있는 곳에 주차할 경우 변속 기어를 "P"에 놓고 주차 브레이크를 작동시키고 바퀴를 좌·우측 방향으로 조향 핸들을 작동시킨다.
ⓒ 차에서 내리거나 후진할 때에는 차 밖의 안전을 확인한다.
ⓓ 차량 관리를 위해 습기가 많고 통풍이 잘되지 않는 차고에는 주차하지 않는 것이 바람직하다.

ⓜ 휴식을 위해 장시간 주·정차 시 반드시 시동을 끈다.

ⓑ 휴식을 위해 장시간 주·정차 시 반드시 창문을 열어 놓는다.

ⓢ 밀폐된 공간에서의 워밍업 또는 자동차 점검은 금지한다.

② 주·정차 시 화재 예방

ⓐ 주정차 시 배기관 주변에 연소되기 쉬운 것(낙엽, 지푸라기, 종이, 오일 등)이 가까이 있으면 화재의 위험이 있다.

ⓛ 차량 후면 부분이 벽 등에 닿은 상태에서 공회전을 하게 되면 배기가스의 열에 의해 화재의 위험이 있으니 차량 후면 부분과 차 밑면의 거리를 충분히 유지한다.

03 자동차 관리 요령

(1) 세차

① 세차시기

ⓐ 겨울철에 동결 방지제(염화칼슘, 모래 등)가 뿌려진 도로를 주행하였을 경우

ⓛ 해안 지대를 주행하였을 경우

ⓒ 진흙 및 먼지 등으로 심하게 오염되었을 경우

ⓡ 옥외에서 장시간 주차하였을 경우

ⓜ 아스팔트 공사 도로를 주행하였을 경우

ⓑ 새의 배설물, 벌레 등이 붙어 도장이 손상되었을 가능성이 있는 경우

② 세차할 때의 주의 사항

ⓐ 세차할 때 낸신둠은 에어를 이용하여 세척한다.

ⓛ 겨울철에 세차하는 경우에는 물기를 완전히 제거한다.

ⓒ 기름 또는 왁스가 묻어 있는 걸레로 전면 유리를 닦지 않는다.

③ 외장 손질

ⓐ 차량 표면에 녹이 발생하거나, 부식되는 것을 방지하도록 깨끗이 세척한다.

ⓛ 차량의 도장보호를 위해 소금, 먼지 또는 다른 이물질들이 퇴적되지 않도록 깨끗이 제거한다.

ⓒ 자동차의 더러움이 심할 경우 고무 제품의 변색을 예방하기 위해 가정용 중성 세제 대신 자동차 전용 세척제를 사용한다.

ⓡ 범퍼나 차량 외부를 세차 시 부드러운 브러시나 스펀지를 사용하여 닦아낸다.

ⓜ 차량 외부의 합성수지 부품에 엔진 오일, 방향제 등이 묻은 경우 변색이나 얼룩이 발생하므로 즉시 깨끗이 닦아낸다.

ⓑ 도장의 보호를 위해 차체의 먼지나 오물을 마른걸레로 닦아내지 않는다.

④ 내장 손질

ⓐ 차량 내장을 아세톤, 에나멜 및 표백제 등으로 세척할 경우 변색되거나 손상이 발생할 수 있다.

ⓛ 액상 방향제가 유출되어 계기판 부분이나 인스트루먼트 패널 및 공기 통풍구에 묻으면 액상 방향제의 고유 성분으로 인해 손상될 수 있다.

(2) 타이어 관리

① 타이어 관리의 필요성

ⓐ 자동차 타이어는 자동차 사고의 예방과 안전을 위하여 꾸준한 관리와 유지보수가 필요하다.

ⓛ 고속도로 사망사고의 절반 이상이 타이어 관련 사고로 일어나는 만큼 아주 중요하며 단순 공기압 차이로 대형사고가 일어날 수 있는 부품이다.

② 타이어의 관리 방법

ⓐ 타이어의 공기 압력을 규정된 범위 내에서 적절하게 유지한다.

ⓛ 타이어의 마모 성노를 수시로 확인하고 석설한 시기에 교체한다.

ⓒ 타이어의 균형을 조절하여 진동을 최소화한다.

ⓡ 타이어는 주행 중 앞뒤, 좌우로 균등하게 회전해야 한다.

(3) 타이어 마모에 영향을 주는 요소

① 타이어 공기압
- ㉠ 타이어의 공기압이 낮으면 승차감은 좋으나, 타이어 숄더 부분에 마찰력이 집중되어 타이어 수명이 짧아지게 된다.
- ㉡ 타이어의 공기압이 높으면 승차감이 나빠지며, 트레드 중앙부분의 마모가 촉진 된다.

② 차의 하중
- ㉠ 타이어에 걸리는 차의 하중이 커지면 공기압이 부족한 것처럼 타이어는 크게 굴곡되어 타이어의 마모를 촉진하게 된다.
- ㉡ 타이어에 걸리는 차의 하중이 커지면 마찰력과 발열량이 증가하여 타이어의 내마모성을 저하시키게 된다.

③ 차의 속도
- ㉠ 타이어가 노면과의 사이에서 발생 하는 마찰력은 타이어의 마모를 촉진시킨다.
- ㉡ 속도가 증가하면 타이어의 내부온도도 상승하여 트레드 고무의 내마모성이 저하된다.

④ 커브(도로의 굽은 부분)
- ㉠ 차가 커브를 돌 때에는 관성에 의한 원심력과 타이어의 구동력 간의 마찰력 차이에 의해 미끄러짐 현상이 발생하면 타이어 마모를 촉진하게 된다.
- ㉡ 커브의 구부러진 상태나 커브구간이 반복될수록 타이어 마모는 촉진된다.

⑤ 브레이크
- ㉠ 고속주행 중에 급제동한 경우는 저속주행 중에 급제동한 경우보다 타이어 마모는 증가한다.
- ㉡ 브레이크를 밟는 횟수가 많으면 많을수록 또는 브레이크를 밟기 직전의 속도가 빠르면 빠를수록 타어의 마모량은 커진다.

⑥ 노면
- ㉠ 포장도로는 비포장도로를 주행하였을 때보다 타이어 마모를 줄일 수 있다.
- ㉡ 콘크리트 포장도로는 아스팔트 포장도로보다 타이어 마모가 더 발생한다.

⑦ 기타
- ㉠ **정비불량** : 타이어 휠의 정렬 불량이나 차량의 서스펜션 불량 등은 타이어의 자연스런 회전을 방해하여 타이어 이상마모 등의 원인이 된다.
- ㉡ **기온** : 기온이 올라가는 여름철은 타이어 마모가 촉진되는 경향이 있다.
- ㉢ **운전습관 등** : 운전자의 운전습관, 타이어의 트레드 패턴 등도 타이어 마모에 영향을 미친다.

> **tip 타이어 교체시기**
> - 타이어 마모한계선이라는 부분까지 타이어의 마모가 진행된 경우
> - 4~5년 된 노후 타이어

---

04 LPG 자동차

(1) 자동차용 LPG의 성분

① 일반적 특성
- ㉠ LPG의 주성분은 부탄과 프로판의 흡합체로 구성되어 있다.
- ㉡ LPG는 감압 또는 가열 시 쉽게 기화되며 발화하기 쉬우므로 취급 주의를 요한다.
- ㉢ 화학적으로 순수한 LPG는 상온과 상압하에서 무색무취의 가스이나 가스누출 시 위험을 감지할 수 있도록 부취제를 첨가하여 독특한 냄새가 난다.
- ㉣ LPG 충전은 과충전 방지 장치가 내장되어 있어 85% 이상 충전되지 않으나 약 80%가 적정하다.

② 부탄과 프로판의 구성 비율
- ㉠ LPG는 온도와 압력에 따라 기화점이 다른 부탄(C_4H_{10})과 프로판(C_3H_8)을 주성분으로 하는 혼합물이다.
- ㉡ 겨울에는 낮은 온도에서 쉽게 기화할 수 있도록 프로판의 비율을 높이는 것이 바람직하다.

(2) LPG 자동차의 장단점

① 장점

㉠ 연료비가 적게 들어 경제적이다.

㉡ 유해 배출 가스량이 줄어든다.

㉢ 연료의 옥탄가가 높아 노킹현상이 발생하지 않는다.

㉣ 엔진 관련 부품의 수명이 길어 경제적이다.

② 단점

㉠ LPG 충전소가 적어 연료 충전이 불편하다.

㉡ 겨울철에 시동이 잘 걸리지 않는다.

㉢ 가스가 누출되는 경우 잔류하여 점화원에 의해 폭발의 위험성이 있다.

(3) LPG 차량 관리 요령

① LPG 차량의 특징

㉠ LPG는 공기에 비해 약 두 배 정도 무거운 특징을 가진다.

㉡ 가스 누출량이 많은 부위는 LPG 기화열로 인해 하얗게 서리가 형성된다.

㉢ 가스가 누출되었을 경우 LPG는 바닥에 체류하기 쉬우며, 화기나 점화원에 노출 시 화재·폭발이 발생할 수 있다.

② LPG 차량 관리 요령

㉠ 장시간 주차 시 연료 충전 밸브를 잠가야 한다.

㉡ LPG 탱크의 수리는 절대로 해서는 안 되며, 고장 시 신품으로 교환하고 정비 시 공인된 업체에서 수행해야 한다.

㉢ LPG 누출 확인 방법은 비눗물을 이용한다.

㉣ 화기 옆에서 LPG 관련 부품을 점검하거나 수리하지 말아야 한다.

㉤ 가스 누출 부위를 손으로 접촉하면 동상에 걸릴 위험성이 있다.

(4) LPG 차량 시동 전 점검 및 시동요령

① 시동 전 점검

㉠ LPG 탱크 밸브(적색, 녹색)의 열림 상태를 점검한다.

㉡ LPG 탱크 고정벨트의 풀림 여부를 점검한다.

㉢ 연료 파이프 연결 상태 및 연료 누기 여부를 점검한다.

㉣ 가스 누출 시, 화기를 멀리하고 모든 창문을 개방한 후 전문 정비업체에 연락하여 조치를 취한다.

㉤ 엔진에서 베이퍼라이저로 가는 냉각수 호스 연결 상태, 누수 여부를 점검한다.

㉥ 냉각수 적정 여부를 점검한다.

② 시동 요령

㉠ 엔진 시동 전에 반드시 안전벨트를 착용한다.

㉡ 주차 브레이크 레버를 당긴다.

㉢ 모든 전기 장치는 "OFF" 시킨다.

㉣ 점화 스위치를 "ON" 모드로 변환시킨다.

㉤ 저온(겨울철) 조건에서는 계기판에 PCT(LPG 연료를 예열하는 기능) 작동 지시등이 점등된다.

㉥ PTC 작동 지시등이 점등되는 동안에는 엔진 시동이 걸리지 않는다.

㉦ PTC 작동 지시등이 소등되었는지 확인 후, 엔진 시동을 건다.

㉧ 점화 스위치를 이용하여 엔진 시동을 걸 경우, 브레이크 페달을 밟고 키를 돌린다.

㉨ Start/Stop 버튼으로 엔진 시동을 걸 경우, 브레이크 페달을 밟고 시동 버튼을 누른다.

(5) LPG 충전

① LPG 충전 방법

㉠ 연료를 충전하기 전에 반드시 시동을 끈다.

㉡ 연료 주입구의 도어를 연다.

㉢ 결빙 등으로 인해 도어가 열리지 않을 경우, 연료 주입구 도어를 가볍게 두드리면 열린다.

㉣ LPG 충전량이 85%를 초과하지 않도록 충전하여야 한다.

㉤ 연료 주입구 도어를 닫은 뒤 확인한다.

② 겨울철 LPG 충전

㉠ 겨울철 추운 지방으로 이동 시, 전날 충전소에서 완전 충전하면 다음날 시동이 보다 용이하다.

㉡ 지역별로 외기 온도에 따라 시동성 향상을 위한 LPG 내에 포함된 프로판의 비율이 다르며 추운 지역의 LPG의 경우에는 프로판의 비율이 높다.

(1) 자동차의 브레이크

① 브레이크의 구분
  ㉠ 풋 브레이크
    • 주행 중 발을 이용하여 조작하는 주 제동 장치
    • 휠 실린더의 피스톤이 브레이크 라이닝을 밀어주
      어 마찰력을 이용하여 타이어와 함께 회전하는 드
      럼을 잡아 감속, 정지시킴
  ㉡ 주차 브레이크
    • 자동차를 주차 또는 정차시킬 때 사용하는 제동
      장치
    • 풋브레이크와 달리 좌우의 뒷바퀴가 고정
  ㉢ ABS
    • 제동 시에 바퀴를 잠그지 않음으로써 브레이크가
      작동하는 동안에도 조향이 용이하고 제동 거리를
      짧게 하는 제동 장치
    • 미끄러운 도로에서는 미끄러지기 직전의 상태로
      각 바퀴의 제동력을 "ON", "OFF" 시켜 제어
  ㉣ 엔진 브레이크
    • 저단 기어로 바꾸거나 가속 페달에서 발을 놓으면
      엔진 브레이크가 작동되어 감속이 이루어짐
    • 내리막길에서 풋브레이크만 사용하게 되면 브레이
      크 패드와 라이닝의 마찰에 의해 제동력이 감소하
      므로 엔진 브레이크를 사용하는 것이 안전

② 브레이크 조작 방법
  ㉠ 풋 브레이크를 밟을 때 약 2~3회에 걸쳐 밟게
    되면 안정적으로 제동할 수 있고, 뒤따라오는 차
    량 운전자에게 안전 조치를 취할 수 있는 시간을
    주게 되어 후미 추돌을 방지할 수 있다.
  ㉡ 길이가 긴 내리막 도로에서 계속해서 풋브레이크
    만을 작동시키면 브레이크 파열 등 제동력에 영향
    을 미칠 수 있기 때문에 저단 기어로 변속하여
    엔진 브레이크가 작동되게 한다.
  ㉢ 주행 중에 브레이크를 작동시킬 때는 핸들을 안정
    적으로 잡고 변속 기어가 들어가 있는 상태에서
    제동한다.

  ㉣ 내리막길에서 운행할 때 연료 절약 등을 위해 기
    어를 N(중립)에 두고 운행하지 않는다(현저한 제
    동력의 감소로 이어질 수 있다).
③ ABS(Anti-lock Brake System) 조작
  ㉠ 급제동할 때 ABS가 정상적으로 작동하기 위해서
    는 브레이크 페달을 차량이 완전히 정지할 때까지
    힘껏 밟고 있어야 한다.
  ㉡ ABS 차량이라도 옆으로 미끄러지는 위험은 방지
    할 수 없으며, 자갈길이나 평평하지 않은 도로
    등 접지면이 부족한 경우에는 일반 브레이크보다
    제동 거리가 더 길어질 수 있다.
  ㉢ 키 스위치를 ON 했을 때 ABS가 정상일 경우 ABS
    경고등은 3초 동안 점등(자가 진단)된 후 소등된
    다. 만약 계속 점등된다면 점검이 필요하다.

(2) 선회 특성과 방향 안정성

① 언더 스티어(Under steer)
  ㉠ 코너링 상태에서 구동력이 원심력보다 작아 타이
    어가 그립의 한계를 넘어서 핸들을 돌린 각도만큼
    라인을 타지 못하고 코너 바깥쪽으로 밀려나가는
    현상이다.
  ㉡ 언더 스티어 현상은 흔히 전륜구동 차량에서 주로
    발생한다.
  ㉢ 핸들을 지나치게 꺾거나 과속, 브레이크 잠김 등
    이 원인이 되어 발생할 수 있다.
  ㉣ 타이어 그립이 더 떨어질수록 언더 스티어가 심하
    고(바깥쪽으로 밀려나갈수록) 경우에 따라선 스핀
    이나 그와 유사한 사고를 초래한다.
  ㉤ 커브길을 돌 때에 속도가 너무 높거나, 가속이 진
    행되는 동안에는 원심력을 극복 할 수 있는 충분
    한 마찰력이 발생하기 어렵다.
  ㉥ 앞바퀴와 노면과의 마찰력 감소에 의해 슬립각이
    커지면 언더 스티어 현상이 발생할 수 있으므로
    앞바퀴의 마찰력을 유지하기 위해 커브길 진입 전
    에 가속페달에서 발을 떼거나 브레이크를 밟아 감
    속한 후 진입하면 앞바퀴의 마찰력이 증대되어 언
    더 스티어 현상을 방지할 수 있다.

② 오버 스티어(Over steer)
- ㉠ 코너링 시 운전자가 핸들을 꺾었을 때 그 꺾은 범위보다 차량 앞쪽이 진행 방향의 안쪽(코너 안쪽)으로 더 돌아가려고 하는 현상이다.
- ㉡ 오버 스티어 현상은 흔히 후륜구동 차량에서 주로 발생한다.
- ㉢ 구동력을 가진 뒷 타이어는 계속 앞으로 나아가려고 하고 차량 앞은 이미 꺾인 핸들 각도로 인해 그 꺾인 쪽으로 빠르게 진행하게 되므로 코너 안쪽으로 말려들어오게 되는 현상이다.
- ㉣ 오버 스티어 예방을 위해서는 커브길 진입 전에 충분히 감속하여야 한다.
- ㉤ 오버 스티어 현상이 발생할 때는 가속페달을 살짝 밟아 뒷바퀴의 구동력을 유지하면서 동시에 감은 핸들을 살짝 풀어줌으로서 방향을 유지하도록 한다.

(3) 전조등

① 전조등을 켜야하는 경우
- ㉠ 밤에 도로에서 자동차를 운행·고장 또는 정차·주차하는 경우
- ㉡ 안개가 끼거나 비 또는 눈이 올 때 자동차를 운행·고장 또는 정차·주차하는 경우
- ㉢ 터널 안을 운행·고장 또는 터널 안 도로에서 정차·주차하는 경우

② 전조등 스위치 조절
- ㉠ 1단계 : 차폭등, 미등, 번호판 등, 계기판등
- ㉡ 2단계 : 차폭등, 미등, 번호판 등, 계기판등, 전조등

③ 전조등 사용 시기
- ㉠ **변환빔(하향)** : 마주 오는 차가 있거나 앞차를 따라갈 경우
- ㉡ **주행빔(상향)** : 야간 및 안갯길 운행 시 시야 확보를 위한 경우(마주 오는 차 또는 앞차가 없을 때에 한하여 사용)
- ㉢ **상향 점멸** : 중앙선을 침범하는 상대 차량 등 다른 차의 주의를 환기시키는 경우(스위치를 2~3회 정도 당겨 올린다)

(4) 와이퍼(wiper)

① 와이퍼 조절
- ㉠ 와이퍼의 작동 속도는 차량에 따라서 몇 단계로 조절할 수 있다.
- ㉡ 최근에는 간헐식 와이퍼 스위치라고 하여 1단 와이퍼 타이밍을 몇 단계로 조정하여 강수량에 따라서 와이퍼 움직임 속도를 조절할 수 있다.

② 와이퍼 조작요령
- ㉠ 워셔액 탱크가 비어 있을 경우에 와이퍼를 작동시키면 와이퍼 모터가 손상된다.
- ㉡ 겨울철에 와이퍼가 얼어붙어 있는 경우, 와이퍼를 작동시키면 와이퍼 모터가 손상될 수 있다.
- ㉢ 겨울철에 워셔액을 사용하면 유리창에 워셔액이 얼어붙어 안전 운전에 지장을 줄 수 있다.

(5) 차바퀴가 빠져 헛도는 경우

① 원인
- ㉠ 눈이 내렸거나 진흙탕 또는 웅덩이에 자동차 바퀴가 빠지게 되면 차바퀴가 헛도는 경우가 생긴다.
- ㉡ 차바퀴가 빠져 헛도는 경우 급가속을 하게 되면 바퀴가 헛돌면서 더 깊이 빠진다.

② 조치방법
- ㉠ 변속 레버를 '전진'과 'R(후진)' 위치로 번갈아 두며 가속 페달을 부드럽게 밟으면서 탈출을 시도한다.
- ㉡ 납작한 돌, 나무 또는 바퀴의 미끄럼을 방지할 수 있는 물건을 타이어 밑에 놓은 다음 자동차를 앞뒤로 반복하여 움직이면서 탈출을 시도한다.
- ㉢ 타이어 밑에 물건을 놓은 상태에서 갑자기 출발함으로써 타이어 밑에 놓았던 물건이 튀어나오거나 타이어의 회전 또는 갑작스러운 움직임으로 자동차 주위에 서 있던 사람들이 다칠 수 있으므로 주위 사람들을 안전지대로 피하게 한 뒤 시동을 건다.
- ㉣ 진흙이나 모래 속을 빠져나오기 위해 무리하게 엔진 회전수를 올리게 되면 엔진 손상, 과열, 변속기 손상 및 타이어의 손상을 초래할 수 있다

02 자동차 응급조치요령

01 응급처치

(1) 개요

① **응급처치** : 자동차가 주행 중 갑작스럽게 고장이 발생하게 되면 도로상에서 꼼짝없이 멈출 수밖에 없고, 교통사고나 화물의 손괴로 이어지기도 한다.

② **응급조치** : 긴급하고 위급한 일이 발생하였을 때 우선적 임시로 처리함을 말하여, 교통사고로부터 안전하게 대피하도록 하거나 주변 정비업소 까지 이동하기 위한 응급조치는 운전자가 갖추어야할 기본이며 평상시에 학습과 경험을 통해 필수적으로 익혀야 한다.

(2) 상황별 응급조치

① **팬 벨트**
   ㉠ 가속 페달을 힘껏 밟는 순간 '끼익'하는 소리 발생
   ㉡ 팬 벨트 등이 이완되어 걸려 있는 풀리와의 미끄러짐 여부 점검

② **엔진의 점화 장치**
   ㉠ 주행 시작 전 특이한 진동이 느껴질 때
   ㉡ 엔진에서의 고장이 주요 원인
   ㉢ 플러그 배선의 빠짐 여부와 플러그 불량 여부 확인

③ **클러치**
   ㉠ 클러치를 밟고 있을 때 '달달달' 떨리는 소리와 함께 차체에서 진동이 발생
   ㉡ 클러치 릴리스 베어링 고장 여부 확인

④ **브레이크**
   ㉠ 브레이크 페달을 밟아 정지하려고 할 때 바퀴에서 '끼익'하는 소리 발생
   ㉡ 브레이크 라이닝의 마모 정도나 라이닝의 결함 여부 확인

⑤ **조향장치**
   ㉠ 운행 중 매우 심한 핸들의 흔들림 발생
   ㉡ 전륜의 정열(휠 얼라이먼트)의 부조화 여부 및 바퀴의 휠 밸런스 확인

⑥ **바퀴 부분**
   ㉠ 주행 중 차량 하체 부분에서 비틀거리는 흔들림 발생
   ㉡ 특히 커브를 돌았을 때 휘청거리는 현상 발생
   ㉢ 바퀴의 휠 너트의 이완 및 바퀴의 공기 부족 확인

⑦ **완충(현가) 장치**
   ㉠ 비포장도로의 울퉁불퉁하고 험한 노면을 달릴 때 '딱각딱각'하는 소리 발생
   ㉡ '쿵쿵'하는 소리 발생
   ㉢ 충격 완충 장치인 쇽업소버의 고장 여부 확인

02 상황별 점검사항

(1) 냄새와 열이 날 때의 점검사항

① **전기 장치**
   ㉠ 고무 같은 것이 타는 냄새 발생
   ㉡ 가급적 빨리 차를 세운다.
   ㉢ 엔진실 내의 전기 배선 등의 피복이 벗겨져 합선에 의해 전선이 타는지 확인
   ㉣ 보닛을 열고 잘 살펴보면 그 부위를 발견할 수 있다.

② **바퀴 부분**
   ㉠ 각 바퀴의 드럼에 손을 대보았을 때 어느 한쪽만 뜨거울 경우
   ㉡ 브레이크 라이닝 간격이 좁아 브레이크가 끌리는지 확인

③ 브레이크 부분

   ㉠ 치과에서 이을 갈아낼 때 나는 냄새가 나는 경우

   ㉡ 풋브레이크가 너무 좁지는 않는지 확인

   ㉢ 주차 브레이크를 당겼다 풀었으나 완전히 풀리지 않았는지 확인

   ㉣ 긴 언덕길을 내려갈 때 계속 풋브레이크를 밟았을 경우 현상이 발생

(2) 배출 가스에 의한 점검사항

① 무색

   ㉠ 완전 연소된 경우이다.

   ㉡ 완전 연소시 정상 배출 가스의 색은 무색 또는 약간 엷은 청색을 띤다.

② 검은색

   ㉠ 농후한 혼합 가스가 들어가 불완전하게 연소되는 경우이다.

   ㉡ 초크 고장이나 에어 클리너 엘리먼트의 막힘, 연료 장치 고장 등을 확인

③ 백색

   ㉠ 엔진 안에서 다량의 엔진 오일이 실린더 위로 올라와 연소되는 경우

   ㉡ 헤드 개스킷 파손, 밸브의 오일 씰 노후 또는 피스톤 링의 마모 등 확인

(3) 엔진 시동이 걸리지 않는 경우 대처 및 점검사항

① 대처방법 및 점검사항

   ㉠ 대처방법

     • 동승자 또는 주위의 도움을 받아 차를 안전한 장소로 이동시킨다.

     • 철길 건널목에서 엔진 시동이 꺼지고 차가 움직이지 않을 경우 즉시 동승자를 피난시키고 비상사태를 알린다.

   ㉡ 점검사항

     • 시동 모터가 회전하지 않을 경우 : 배터리의 방전 상태, 배터리 단자의 연결 상태 확인

     • 시동 모터는 회전하나 시동이 걸리지 않을 경우 : 연료의 유무 확인

② 배터리가 방전되어 있을 경우

   ㉠ 주차 브레이크를 작동시켜 차량이 움직이지 않도록 한다.

   ㉡ 변속기는 '중립'에 위치시킨다.

   ㉢ 보조 배터리를 사용하는 경우 점프 케이블을 연결한 후 시동을 건다.

   ㉣ 타 차량의 배터리에 점프 케이블을 연결하여 시동을 거는 경우에는 타 차량의 시동을 먼저 건 후 방전된 차량의 시동을 건다.

   ㉤ 시동이 걸린 후 배터리가 일부 충전되면 먼저 점프 케이블의 '−' 단자를 분리한 후 '+' 단자를 분리한다.

   ㉥ 방전된 배터리가 충분히 충전되도록 일정 시간 시동을 걸어둔다.

> **tip 배터리 주의사항**
>
> • 점프 케이블의 양극(+)과 음극(−)이 서로 닿는 경우에는 불꽃이 발생하여 위험하므로 서로 닿지 않도록 한다.
> • 방전된 배터리가 얼었거나 배터리액이 부족한 경우에는 점프 도중에 배터리의 파열 및 폭발이 발생할 수 있다.

③ 전기 장치에 고장이 있는 경우

   ㉠ 퓨즈의 단선 여부 확인

   ㉡ 규정된 용량의 퓨즈만을 사용하여 교체

   ㉢ 높은 용량의 퓨즈로 교체한 경우에는 전기 배선 손상 및 화재 발생의 원인이 된다.

(4) 엔진 오버히트가 발생하는 경우 점검 사항

① 오버히트가 발생하는 경우

   ㉠ 냉각수의 부족 여부 확인

   ㉡ 엔진 내부가 얼어 냉각수가 순환하지 않는 경우인지 확인

② 엔진 오버히트가 발생할 때의 징후

   ㉠ 운행 중 수온계가 H 부분을 가리키는 경우

   ㉡ 엔진 출력이 갑자기 떨어지는 경우

   ㉢ 노킹 소리가 들리는 경우

※ 노킹(Knocking) … 압축된 공기와 연료 혼합물의 일부가 내연 기관의 실린더에서 비정상적으로 폭발할 때 나는 날카로운 소리를 말한다.

③ 엔진 오버히트가 발생할 때의 안전 조치 사항
  ㉠ 비상 경고등을 작동시킨 후 도로의 가장자리로 안전하게 이동하여 정차한다.
  ㉡ 여름에는 에어컨, 겨울에는 히터의 작동을 중지시킨다.
  ㉢ 엔진이 작동하는 상태에서 보닛(Bonnet)을 열어 엔진을 냉각시킨다.
  ㉣ 엔진을 충분히 냉각시킨 다음에는 냉각수의 양을 점검하고 라디에이터 호스의 연결 부위 등의 누수 여부를 확인한다.
  ㉤ 특이한 사항이 없다면 냉각수를 보충하여 운행하고, 누수나 오버히트가 발생할 만한 문제가 발견된다면 점검을 받아야 한다.
  ※ 차를 길 가장자리로 이동하여 엔진 시동을 즉시 끄게 되면 수온이 급상승하여 엔진이 고착될 수 있다.

03 상황별 조치사항

(1) 타이어 펑크 및 구덩이에 빠진 경우

① 타이어에 펑크가 난 경우 조치 사항
  ㉠ 운행 중 타이어가 펑크 났을 경우에는 핸들이 돌아가지 않도록 견고하게 잡고, 비상 경고등을 작동시킨다.
  ㉡ 가속 페달에서 발을 떼어 속도를 서서히 감속시키면서 길 가장자리로 이동한다.
  ㉢ 브레이크를 밟아 차를 도로 옆 평탄하고 안전한 장소에 주차한 후 주차 브레이크를 당겨 놓는다.
  ㉣ 자동차의 운전자가 고장난 자동차의 표지를 직접 설치하는 경우 그 자동차의 후방에서 접근하는 차량들의 운전자들이 확인할 수 있는 위치에 설치하여야 한다. 밤에는 사방 500m 지점에서 식별할 수 있는 적색의 섬광 신호, 전기제등 또는

불꽃 신호를 추가로 설치한다.
  ㉤ 잭을 사용하여 차체를 들어 올릴 때 자동차가 밀려 나가는 현상을 방지하기 위해 교환할 타이어의 대각선에 위치한 타이어에 고임목을 설치한다.

> **tip 잭 사용시 주의사항**
> • 잭을 사용할 때에는 평탄하고 안전한 장소에서 사용한다.
> • 잭을 사용하는 동안에 시동을 걸면 위험하다.
> • 잭으로 차량을 올린 상태에서 차량 하부로 들어가면 위험하다.
> • 잭을 사용할 때에 후륜의 경우에는 리어 액슬 아래 부분에 설치한다.

② 차가 구덩이에 빠진 경우 조치 사항
  ㉠ 눈이나 진흙 구덩이 등에 바퀴가 빠졌을 경우 수동 변속기는 2단으로, 자동 변속기는 '+' '-' 모드를 이용하여 2단을 선택, 눈길 2단 출발할 수 있는 기능을 가진 차량은 HOLD, SLOW 모드 스위치를 눌러 선택하여 핸들을 좌·우로 빨리 움직이면서 빠져나온다.
  ㉡ 갑작스러운 급가속은 더욱 미끄러질 수 있으므로 하지 아니한다. 다. 바퀴 밑에 돌이나 나무 등을 집어넣어서 마찰력을 높여 빠져나온다.

(2) 연료 및 가스누출 시 조치사항

① 연료파이프가 깨졌거나 구멍으로 연료가 누출되는 경우
  ㉠ 시동을 끈다.
  ㉡ 검은 테이프로 감은 뒤 철사나 철로 묶어준다.
  ㉢ 비누나 밥풀을 뭉개 새는 곳에 단단히 뭉쳐준 후 비닐이나 젖은 헝겊으로 표피를 감싸준다.

② 가스가 누출되는 경우
  ㉠ 시동을 끈다.
  ㉡ LPG 스위치를 끈다.
  ㉢ 트렁크 안에 있는 용기의 연료 출구 밸브(황색, 적색) 2개를 모두 잠근다.
  ㉣ 필요한 정비를 전문 업체에 맡긴다.

(3) 운행 중 충전 경고등이 점멸되는 경우

① 발전기의 역할

　㉠ 엔진이 회전하는 상태에서 모든 전원의 공급은 발전기에서 담당한다.

　㉡ 배터리는 발전기에 남는 전기를 저장해두었다가 시동을 걸 때 시동 모터를 회전시키는 역할을 한다.

　㉢ 충전 경고등에 불이 들어온다는 것은 발전기에서 전기가 발생되지 않았을 경우이다.

　㉣ 충전 경고등에 불이 들어온 상태에서 계속 운행을 하게 되면 남은 전기를 사용하게 되어 배터리가 방전되어 시동이 꺼질 가능성이 매우 높아진다.

② 충전 경고등이 점멸되는 경우 조치사항

　㉠ 충전 경고등이 들어오면 우선 안전한 장소로 이동하여 주차하고 시동을 끈다.

　㉡ 보닛(Bonnet)을 열어 구동 벨트가 끊어지거나 헐거워졌는지 확인한다.

　㉢ 수리할 조건이 안 되면 가까운 정비업소에서 정비를 받고 운행한다.

(4) 기타 응급조치사항

① 풋브레이크가 작동하지 않는 경우

　㉠ 즉시 엑셀러레이터에서 발을 뗀다.

　㉡ 고단 기어에서 저단 기어로 한 단씩 줄여 감속한 뒤에 주차 브레이크를 이용하여 정지한다.

> **tip 엔진브레이크 사용방법**
>
> • 자동변속기 차량 : 기어를 N(중립)에 둔 다음에 'ㄴ' 저단으로 낮춘다.
> • 수동변속기 : 1단씩 저속으로 점차 낮춘다.

② 견인자동차로 견인하는 경우

　㉠ 구동되는 바퀴를 들어 올려 견인되도록 한다.

　㉡ 견인되기 전에 주차 브레이크를 해제한 후 변속 레버를 N(중립)에 놓는다.

(5) 교통사고 발생 시 조치사항

① 교통사고가 발생한 경우

　㉠ LPG 스위치를 끈 후 엔진을 정지시킨다.

　㉡ 동행 승객을 빨리 대피시킨다.

　㉢ 트렁크 안에 있는 용기의 연료 출구 밸브(황색, 적색) 2개를 모두 잠근다.

　㉣ 누출 부위에 불이 붙었을 경우 신속하게 소화기 또는 물로 불을 끈다.

② 응급조치가 불가능할 경우

　㉠ 부근의 화기를 신속하게 제거한다.

　㉡ 소방서, 경찰서 등에 신고한다.

　㉢ 차량에서 일정 부분 떨어진 후 주변 차량의 접근을 막는다.

04 장치별 응급조치요령

(1) 엔진 계통

① 시동 모터가 작동되나 시동이 걸리지 않는 경우

　㉠ 추정 원인

　　• 연료가 떨어졌다.

　　• 예열작동이 불충분하다.

　　• 연료 필터가 막혀 있다.

　㉡ 조치 사항

　　• 연료를 보충한 후 공기 빼기를 한다.

　　• 예열시스템을 점검한다.

　　• 연료 필터를 교환한다.

② 시동 모터가 작동되지 않거나 천천히 회전하는 경우

　㉠ 추정 원인

　　• 배터리가 방전되었다.

　　• 배터리 단자의 부식, 이완, 빠짐 현상이 있다.

　　• 접지 케이블이 이완되어 있다.

　　• 엔진 오일의 점도가 너무 높다

　㉡ 조치 사항

　　• 배터리를 충전하거나 교환한다.

　　• 배터리 단자의 부식된 부분을 깨끗하게 처리하고 단단하게 고정한다.

　　• 접지 케이블을 단단하게 고정한다.

　　• 적정 점도의 오일로 교환한다.

③ 저속 회전하면 엔진이 쉽게 꺼지는 경우
  ㉠ 추정 원인
    • 공회전 속도가 낮다.
    • 에어 클리너 필터가 오염되었다.
    • 연료 필터가 막혀 있다.
    • 밸브 간극이 비정상이다
  ㉡ 조치 사항
    • 공회전 속도를 조절한다.
    • 에어 클리너 필터를 청소 또는 교환한다.
    • 연료 필터를 교환한다.
    • 밸브 간극을 조정한다

④ 엔진 오일의 소비량이 많다.
  ㉠ 추정 원인
    • 사용하는 오일이 부적당하다.
    • 엔진 오일이 누유되고 있다.
  ㉡ 조치 사항
    • 규정에 맞는 엔진 오일로 교환한다.
    • 오일 계통을 점검하여 풀려 있는 부분은 다시 조인다.

⑤ 연료 소비량이 많다.
  ㉠ 추정 원인
    • 연료 누출이 있다.
    • 타이어 공기압이 부족하다.
    • 클러치가 미끄러진다.
    • 브레이크가 제동된 상태에 있다
  ㉡ 조치 사항
    • 연료 계통을 점검하고 누출 부위를 정비한다.
    • 적정 공기압으로 조정한다.
    • 클러치의 간극을 조정하거나 클러치 디스크를 교환한다.
    • 브레이크 라이닝 간극을 조정한다.

⑥ 배기가스의 색이 검다.
  ㉠ 추정 원인
    • 에어 클리너 필터가 오염되었다.
    • 밸브 간극이 비정상이다.
  ㉡ 조치 사항
    • 에어 클리너 필터를 청소 또는 교환한다.
    • 밸브 간극을 조정한다.

⑦ 오버히트 되었다(엔진이 과열되었다).
  ㉠ 추정 원인
    • 냉각수가 부족하거나 누수되고 있다.
    • 팬벨트의 장력이 지나치게 느슨하다(워터펌프 작동이 원활하지 않아 냉각수의 순환이 불량해지고 엔진이 과열됨).
    • 냉각팬이 작동되지 않는다.
    • 라디에이터 캡의 장착이 불완전하다.
    • 서모스탯(온도조절기)이 정상 작동하지 않는다.
  ※ 서모스탯(온도조절기) … 밀폐된 공간의 온도를 일정하게 유지시키기 위해 온도변화를 감지하여 그 차이를 자동으로 조정해 주는 장치를 말한다.
  ㉡ 조치 사항
    • 냉각수를 보충하거나 누수 부위를 수리한다.
    • 팬벨트 장력을 조정한다.
    • 냉각팬, 전기배선 등을 수리한다.
    • 라디에이터 캡을 확실하게 장착한다.
    • 서모스탯을 교환한다.

(2) 조향 계통

① 핸들이 무겁다.
  ㉠ 추정 원인
    • 앞바퀴의 공기압이 부족하다.
    • 파워스티어링 오일이 부족하다.
  ㉡ 조치 사항
    • 적정 공기압으로 조정한다.
    • 파워스티어링 오일을 보충한다.

② 스티어링 휠(핸들)이 떨린다.
  ㉠ 추정 원인
    • 타이어의 무게 중심이 맞지 않는다.
    • 휠 너트(허브 너트)가 풀려 있다.
    • 타이어의 공기압이 타이어마다 다르다.
    • 타이어가 편마모 되어 있다.
  ㉡ 조치 사항
    • 타이어를 점검하여 무게 중심을 조정한다.
    • 규정 토크(주어진 회전축을 중심으로 회전시키는 능력)로 조인다.
    • 적정 공기압으로 조정한다.
    • 편마모된 타이어를 교환한다.

(3) 제동 계통

① 브레이크의 제동 효과가 나쁘다.

　㉠ 추정 원인
- 공기압이 과다하다.
- 공기누설(타이어 공기가 빠져나가는 현상)이 있다.
- 라이닝 간극 과다 또는 마모상태가 심하다.
- 타이어 마모가 심하다.

　㉡ 조치 사항
- 적정 공기압으로 조정한다.
- 브레이크 계통을 점검하여 풀려 있는 부분은 다시 조인다.
- 라이닝 간극을 조정 또는 라이닝을 교환한다.
- 타이어를 교환한다.

② 브레이크가 편제동된다.

　㉠ 추정 원인
- 좌·우 타이어 공기압이 다르다.
- 타이어가 편마모 되어 있다.
- 좌·우 라이닝 간극이 다르다.

　㉡ 조치 사항
- 적정 공기압으로 조정한다.
- 편마모된 타이어를 교환한다.
- 라이닝 간극을 조정한다.

(4) 전기계통(배터리가 자주 방전된다)

① 추정 원인

　㉠ 배터리 단자의 벗겨짐, 풀림, 부식이 있다.
　㉡ 팬벨트가 느슨하게 되어 있다.
　㉢ 배터리액이 부족하다.
　㉣ 배터리의 수명이 다 되었다.

② 조치 사항

　㉠ 배터리 단자의 부식 부분을 제거하고 조인다.
　㉡ 팬벨트의 장력을 조정한다.
　㉢ 배터리액을 보충한다.
　㉣ 배터리를 교환한다.

(5) 운행 중 전조등 및 와이퍼 고장 시

① 운행 중 전조등 고장 시 응급조치요령

　㉠ 야간 운행 중 전조등이 고장 나면 안개등을 자동 점등시켜 운행한다.
　㉡ 퓨즈가 단락되었는지 확인하고 단락된 경우 예비용 퓨즈로 교체한다.
　㉢ 안개등만으로 장거리 운행 시 시야의 확보가 어려워 사고가 일어날 가능성이 높아진다.
　㉣ 임시로 전조등 바로 위 보닛(Bonnet) 부분을 쳐 주면 전조등이 켜질 가능성이 있다.
　㉤ 안전한 장소로 주차한 후 수리를 요청한다.

② 와이퍼 고장 시 응급조치요령

　㉠ 눈이나 비가 많이 오는 날에 와이퍼는 필수 장치이다.
　㉡ 운행 중 와이퍼가 고장이 난다면 시야의 확보가 어려워 사고를 유발할 수 있다.
　㉢ 와이퍼 고장 시 차량을 안전한 곳으로 이동시킨 후, 담배 가루나 나뭇잎, 비눗물로 차량 유리를 문질러주면 일정 시간 동안 시야가 확보된다.

(6) 겨울철 주차 브레이크가 풀리지 않을 경우

① 추정 원인

　㉠ 겨울철 옥외 주차 시 주차 브레이크를 작동하면 시동은 정상적으로 걸리나 바퀴가 잠기는 경우가 발생할 수 있다.
　㉡ 케이블을 감싸고 있는 고무가 찢어져 수분이 들어가면 잘 마르지 않는데, 날씨가 추울 경우 결빙되어 해제되지 않는다.

② 조치 사항

　㉠ 주차 브레이크를 해제하고 앞·뒤로 이동하거나 뜨거운 물을 이용하여 동결된 부분을 녹여준다.
　㉡ 주차 브레이크 동결 현상을 예방하기 위해서는 변속 기어를 수동은 1단이나 후진으로, 자동은 P(주차) 상태로 주차하고 경사가 있는 지역이라면 고임목을 단단히 받히고 주차한다.

01 자동차의 개념과 구조

(1) 자동차의 개념

① **자동차의 정의** : 자동차라 함은 차체에 설치된 기관(엔진)의 동력을 이용하여, 레일이나 가선에 의하지 않고, 노상을 자유로이 운전·주행할 수 있는 차량을 말한다.

② **자동차의 범위** : 자동차의 범주에 포함되는 것은 승용차, 승합자동차(버스), 화물자동차(트럭), 특수자동차, 이륜자동차를 비롯하여 견인차에 의해 견인되는 차량, 트레일러트럭, 트레일러버스 등이 있다.

(2) 자동차의 구조

① 보디(body)

　㉠ 개념 : 보디(차체)란 사람이나 화물을 싣는 객실과 적재함 부분 및 외피(外皮)를 말하는데, 용도에 따라 승용차·버스·화물차 등이 있다.

　㉡ **모노코크 보디** : 최근 중소형 승용차의 보디는 위, 아래, 옆면이 일체로 된 상자 모양의 모노코크 보디가 일반적으로 사용된다. 이 형식은 프레임을 따로 두고 있지 않으므로 가볍고 견고하며 실내의 유효공간을 넓게 할 수 있는 장점이 있다.

② 섀시

　㉠ 개념 : 섀시(차대)는 자동차의 보디를 제외한 부분으로서 엔진, 동력전달장치, 조향장치, 현가장치, 프레임 등을 포함한 자동차의 주행에 필요한 일체의 장치를 말한다.

　㉡ 구성

　　• 엔진 : 자동차를 주행시키는데 필요로 하는 동력발생장치로 가솔린엔진, 디젤엔진 등 주로 내연엔진이 사용된다. 엔진은 엔진본체, 윤활·연료·냉각·흡배기장치 등 여러 가지 부속장치로 구성된다.

　　• 동력전달장치 : 엔진에서 발생한 동력을 주행상태에 알맞도록 변화시켜 구동바퀴에 전달하는 장치로 클러치, 변속기, 드라이브 라인, 자동차기어, 종감속 기어, 차축 등으로 구성된다.

　　• 조향장치 : 자동차의 진행방향을 임의로 바꾸기 위한 장치로, 일반적으로 핸들을 돌려서 앞바퀴를 조향한다.

　　• 현가장치 : 프레임(또는 보디)과 차축 사이에 완충기구를 설치하여 노면으로부터의 진동이나 충격 등을 완화시킴으로서 승차감을 좋게 하며, 자동차 각 부분의 손상을 방지한다.

　　• 제동장치 : 주행 중인 자동차의 속도를 감속·정지시키거나 또는 언덕길 등에서 자동차의 주차상태를 유지하기 위한 장치이다.

　　• 주행장치 : 섀시에서 동력발생, 동력전달, 조향, 현가, 제동장치를 제외한 것으로 프레임, 휠 등이 이에 해당한다.

　　• 전기장치 : 엔진의 시동, 점화, 충전 등 지속적인 운전을 위한 전기장치와 안전을 위한 각종 등화 및 계기장치 등이 이에 해당한다.

　※ 트렁크는 섀시에 해당되지 않는다.

(3) 자동차의 분류

① 사용용도에 따른 분류

　㉠ **승용자동차** : 10인 이하를 운송하기에 적합하게 제작된 자동차를 말한다.

　㉡ **승합자동차(버스)** : 11인 이상을 운송하기에 적합하게 제작된 자동차를 말한다.

　㉢ **화물자동차(트럭)** : 화물을 운송하기에 적합한 화물적재공간을 갖추고, 화물적재공간의 총적재화물의 무게가 운전자를 제외한 승객이 승차공간에 모두 탑승했을 때의 승객의 무게보다 많은 자동차를 말한다.

② 특수자동차 : 다른 자동차를 견인하거나 구난작업 또는 특수한 용도로 사용하기에 적합하게 제작된 자동차로서 승용자동차나 승합자동차 또는 화물자동차가 아닌 자동차를 말한다.

⑩ 스포츠카 : 스포츠카는 운전을 일종의 스포츠로서 즐기는데 목적을 둔 자동차를 말한다.

⑪ 이륜자동차 : 총배기량 또는 정격출력의 크기와 관계없이 1인 또는 2인의 사람을 운송하기에 적합하게 제작된 이륜의 자동차 및 그와 유사한 구조로 되어 있는 자동차를 말한다.

② 엔진과 구동방식에 따른 분류

㉠ 앞 엔진 앞바퀴 구동식(FF구동식) : 기관, 클러치, 트랜스액슬(변속기+종감속기어 및 차동기어) 등이 앞쪽에 설치된 형식으로서, 앞바퀴가 구동 및 조향바퀴가 된다.

㉡ 앞 엔진 뒷바퀴 구동식(FR 구동식) : 자동차의 앞쪽에 기관, 클러치, 변속기가 설치되고 뒤쪽에는 종감속기어 및 차동 기어장치, 차축, 구동바퀴를 두고 앞쪽과 뒤쪽 사이에 드라이브라인으로 연결한 방식이다.

㉢ 뒤 엔진 뒷바퀴 구동식(RR구동식) : 기관과 동력전달장치가 뒤쪽에 설치된 형식으로서 뒷바퀴에 의해 구동된다.

㉣ 뒤 엔진 앞 구동식(RF구동식) : 자동차의 뒷부분에 기관을 장착하고 앞바퀴를 구동하는 방식으로 이 방식은 거의 채용하지 않는다.

㉤ 전륜 구동방식(4WD) : 자동차의 앞부분에 기관과 변속기를 장착하고 앞, 뒷바퀴를 구동시키는 방식으로 그 특징은 구동력이 커서 산악로, 진흙길, 험로 주행시 탁월한 효과를 발휘한다.

(4) 자동차의 제원과 용어

① 자동차의 제원

㉠ 제원의 정의 : 제원이란 자동차에 대한 전반적인 치수, 무게, 기계적인 구조, 성능 등을 일정한 기준에 의거하여 수치로 나타낸 것을 말한다.

㉡ 전장 · 전폭 · 전고

• 전장(옆면) : 자동차의 중심과 접지면이 서로 평행하게 하여 측정한 치수로서 앞뒤범퍼 및 후미전등과 같은 부속물이 포함되는 차량의 최대길이를 말한다.

• 전폭(앞면) : 자동차의 가장 넓은 폭의 수평거리로서 사이드미러는 포함되지 않는다.

• 전고(높이) : 자동차의 접지면에서 가장 높은 곳까지의 수직거리이다.

㉢ 축거와 윤거

• 축거(축간거리) : 자동차의 앞차축 중심과 뒤차축 중심간의 수평거리로서 자동차의 회전반경을 결정한다.

• 윤거(바퀴간의 거리) : 윤거는 바퀴 간의 거리로 트레드라고도 표현하며 좌우 타이어의 접지면 중심 사이의 거리이다. 좌우 타이어가 지면을 접촉하는 지점에서 좌우 두 개의 타이어 중심선 사이의 거리라고 할 수 있다.

㉣ 앞오버행과 뒤오버행

• 앞오버행 : 앞바퀴 중심에서 자동차 앞부분까지의 수평거리를 말한다.

• 뒤오버행 : 뒷바퀴 중심에서 자동차 뒷부분까지의 수평거리를 말한다.

㉤ 차량 중량

• 정의 : 자동차의 공차상태에서 측정된 무게를 말한다.

• 공차상태 : 자동차가 정상적으로 수행할 수 있는 상태, 즉 연료 · 오일 · 냉각수 등 운행에 필요한 제 규정량을 다 갖춘 상태를 말한다.

※ 중량에는 운전자 · 화물 · 예비공구 · 예비타이어 등 부속물은 포함되지 않는다.

㉥ 최대 적재량과 차량 총 중량

• 최대 적재량 : 자동차의 공차상태에서 적재할 수 있는 최대 적재량의 무게를 말하며, 안전운행에 지장을 주지 않는 한도 내로 규정되어 있다.

• 차량 총 중량 : 승차자와 화물 등 최대 적재량을 실었을 때 자동차의 총 무게를 말한다. 이때 법령으로 총 중량이 20t을 초과하지 못하도록 규정하고 있다.

② 구동력과 주행저항
  ㉠ **구동력** : 자동차를 추진시키는 힘을 말한다.
  ㉡ **주행저항** : 자동차가 구동력을 받아서 주행할 때 주행을 방해하는 힘을 말한다.
    • 구름저항 : 자동차가 수평 노면 위를 굴러 이동할 때, 받는 저항의 총합으로 타이어를 변형시키는 저항, 자동차 각부의 마찰, 노면을 변형시키는 저항 등으로 구성된다.
    • 공기저항 : 공기유동 중에 노출된 물체가 운동할 때는 공기력의 영향을 받게 된다. 주행 중인 자동차의 진행방향에 반대방향으로 작용하는 공기력을 공기저항(Fair)이라 한다.
    • 등판저항 : 자동차가 비탈길을 오를 때, 중력의 진행 반대방향 분력에 의해 자동차의 무게중심에 뒤 방향으로 작용하는 일종의 저항을 말한다. 구배저항 또는 기울기저항이라고도 한다.
    • 가속저항 : 주행 중인 자동차의 속도를 증가시키는 데 필요한 힘을 가속저항이라고 한다. 일반적으로 물체의 운동속도를 상승시키려면, 그 물체의 관성력을 극복해야 한다. 따라서 가속저항을 관성저항이라고도 한다.
③ 제동거리와 공주거리
  ㉠ **제동거리** : 자동차가 주행 중 제동장치의 제동력을 받아 감속이 시작되는 시점부터 정지할 때까지의 거리를 말한다.
  ㉡ **공주거리** : 운전자가 자동차를 정지하려고 생각하고 브레이크를 걸려는 순간부터 실제로 브레이크가 걸리기 직전까지의 거리를 말한다.
  ㉢ **정지거리** : 제동거리에 공주거리를 합한 거리를 말하며, 운전자가 정지할 상황을 인식한 순간부터 차가 완전히 멈출 때까지 자동차가 진행한 거리이다.
④ 배기량과 마력
  ㉠ **배기량** : 엔진(기관)의 실린더 내에서 배출되는 용적을 말한다. 즉 실린더 내의 피스톤이 하사점에서 상사점까지 이동하면서 배출되는 동작을 말하며, 주로 엔진의 크기를 나타낸다.
  ㉡ **마력** : 마력은 일의 크기를 표시하는 것으로 일정한 시간 내에 얼마의 일을 할 수 있는가를 나타낸 것이다. 1초 동안에 $75kg \cdot m$의 일을 1마력이라 한다.

  ㉢ **회전력** : 자동차의 핸들을 돌리거나 볼트를 조이거나 회전시킬 때 필요한 힘을 말한다.

(5) 자동차의 엔진
① 개요
  ㉠ 실린더 내에 혼합기를 흡입, 압축하여 전기점화나 고온에 의한 자기착화로 연소시켜 열에너지를 얻으며, 이 열에너지는 피스톤을 움직여 기계적 에너지를 얻는다.
  ㉡ 기관은 열에너지를 만들고 이를 기계적 에너지로 변화시켜 바퀴까지 전달되어 운동에너지로 자동차가 주행하게 된다.
  ㉢ 엔진은 열기관이고 연소기관이며 열에너지가 동력으로 이용되는 효율은 30 ~ 40% 가량이다.
② 엔진의 구성
  ㉠ **엔진본체** : 엔진본체는 동력을 발생하는 부분으로 크게 실린더 헤드, 실린더 블록, 크랭크 케이스로 구성된다.
  ㉡ **실린더** : 실린더는 일반적으로 직렬 또는 V자형으로 나열한 것이 많다. 각 실린더 안에는 피스톤이 있으며 커넥팅 로드와 연결되어 있다.
  ㉢ **실린더 헤드** : 실린더 블록의 위쪽에는 실린더 헤드가 설치되며, 내부는 연소실이 되고 이 부분에 흡기밸브와 배기밸브가 설치되어 있다.
  ㉣ **밸브** : 밸브는 캠축에 의해 작동되며, 흡입구와 배기구를 열고 닫아 혼합기를 실린더 내로 흡입되게 하고 연소가스를 배출한다.
③ 동력의 종류에 따른 자동차분류
  ㉠ **가솔린(휘발유) 기관 자동차**
    • 오토(otto) 기관을 원동기로 하는 자동차이다.
    • 압축점화 방식의 휘발유 연소기관 이다.
  ㉡ **디젤(경유)기관 자동차**
    • 디젤기관을 원동기로 하는 자동차이다.
    • 압축착화 연소방식의 저속 경유자동차로 버스, 트럭 등 상용차에 널리 사용하고 있으며 현재는 고속용 소형승용차에도 사용되고 있다.
  ㉢ **액화가스 기관 자동차**
    • 메탄 · 에탄 · 프로판 · 부탄 등 탄화수소 화합물의

액화 석유가스(LPG)와 천연가스인 LNG를 연료로 한다.
- 불꽃점화 연소방식의 오토(otto) 기관을 그대로 사용한다.

ⓔ 하이브리드 자동차
- 휘발유 기관을 병용하는 복합기관(전기차 + 엔진)의 자동차이다.
- 출발이나 시내의 저속운전에는 전기를 이용한 모터 주행을 하고, 보통 때는 휘발유 기관을 사용하며 최고속도를 낼 때는 전기모터와 휘발유 기관을 같이 사용하는 방식이다.

ⓜ 전기 자동차
- 전동기(motor)를 원동기로 하는 자동차로 축전지에 충전한 전기를 사용한다.
- 소형·경량·고성능의 배터리가 개발되고 태양전지·연료전지와 같은 획기적인 전원 장치가 실용화 되면 머지않아 현재 주종을 이루고 있는 내연기관 자동차를 대체할 것으로 전망된다.

ⓗ 수소 자동차
- 수소 연료가 연료전지를 통해 전기를 발생하고 발생된 전기로 구동전동기를 가동시켜 동력을 발생하는 전기자동차이다.
- 연료전지 외에 전기자동차와 같은 시스템으로 전기자동차에 비해 수소충전에 소비되는 시간이 짧고 친환경 무공해 경제적 연료방식이나 전국에 충전인프라가 부족한 실정이다.
- 동력원 엔진(내연기관)이 없어 전기자동차와 유사한 구조다.

02 동력전달 장치

(1) 개념

① 동력발생장치(엔진)는 자동차의 주행과 주행에 필요한 보조 장치들을 작동시키기 위한 동력을 발생시키는 장치를 말한다.

② 동력전달장치는 동력발생장치에서 발생한 동력을 주행상황에 맞는 적절한 상태로 변화를 주어 바퀴에 전달하는 장치이다.

(2) 클러치

① 클러치의 기능
- 클러치는 수동 변속기 자동차에 적용되는 구조로서 엔진의 동력을 변속기에 전달하거나 차단하는 역할을 한다.
- 엔진 시동을 작동시킬 때나 기어를 변속할 때에는 동력을 끊고, 출발할 때에는 엔진의 동력을 서서히 연결하는 일을 한다.

② 클러치의 필요성
- 엔진을 작동시킬 때 엔진을 무부하 상태로 유지한다.
- 변속기의 기어를 변속할 때 엔진의 동력을 일시 차단한다.
- 속도에 따른 변속기의 기어를 저속 또는 고속으로 바꾸는데 필요하며 관성운전, 고속운전, 저속운전, 등판운전, 내리막길 엔진브레이크 등 운전자의 의사대로 변속을 자유롭게 할 수 있게 한다.

③ 클러치의 구비조건
- 냉각이 잘 되어 과열하지 않아야 한다.
- 구조가 간단하고, 다루기 쉬우며 고장이 적어야 한다.
- 회전력 단속 작용이 확실하며, 조작이 쉬워야 한다.
- 회전부분의 평형이 좋아야 한다.
- 회전관성이 적어야 한다.

④ 클러치가 미끄러지는 원인
- 클러치 페달의 자유간극(유격)이 없다.
- 클러치 디스크의 마멸이 심하다.
- 클러치 디스크에 오일이 묻어 있다.
- 클러치 스프링의 장력이 약하다.

⑤ 클러치가 미끄러질 때의 영향
- 연료 소비량이 증가한다.
- 엔진이 과열한다.
- 등판능력이 감소한다.

ㄹ 구동력이 감소하여 출발이 어렵고, 증속이 잘 되지 않는다.

⑥ 클러치 차단이 잘 안되는 원인
　㉠ 클러치 페달의 자유간극이 크다.
　㉡ 릴리스 베어링이 손상되었거나 파손되었다.
　㉢ 클러치 디스크의 흔들림이 크다.
　㉣ 유압장치에 공기가 혼입되었다.
　㉤ 클러치 구성부품이 심하게 마멸되었다.

(3) 변속기

① 기능
　㉠ 변속기는 도로의 상태, 주행속도, 적재 하중 등에 따라 변하는 구동력에 대응하기 위해 엔진과 추진축 사이에 설치되어 있다.
　㉡ 엔진의 출력을 자동차 주행속도에 알맞게 회전력과 속도로 바꾸어서 구동바퀴에 전달하는 장치이다.
　㉢ 변속기에는 수동변속기와 자동변속기가 있다.

② 변속기의 필요성
　㉠ 엔진과 차축 사이에서 회전력을 변환시켜 전달한다.
　㉡ 엔진을 시동할 때 엔진을 무부하 상태로 한다.
　㉢ 자동차를 후진시키기 위하여 필요하다.

③ 변속기의 구비조건
　㉠ 가볍고, 단단하며, 다루기 쉬워야 한다.
　㉡ 조작이 쉽고, 신속 · 확실하며, 작동 시 소음이 적어야 한다.
　㉢ 연속적으로 또는 자동적으로 변속이 되어야 한다.
　㉣ 동력전달 효율이 좋아야 한다.

(4) 자동변속기

① 기능
　㉠ 자동변속기란 클러치와 변속기의 작동이 자동차의 주행속도나 부하에 따라 자동적으로 이루어지는 장치를 말한다.
　㉡ 최근 대부분의 자동차에는 자동변속기가 장착되어 있다.

② 장점
　㉠ 기어변속이 자동으로 이루어져 운전이 편리하다.
　㉡ 발진과 가 · 감속이 원활하여 승차감이 좋다.
　㉢ 조작 미숙으로 인한 시동 꺼짐이 없다.
　㉣ 유체가 댐퍼 역할을 하기 때문에 충격이나 진동이 적다.

③ 단점
　㉠ 구조가 복잡하고 가격이 비싸다.
　㉡ 차를 밀거나 끌어서 시동을 걸 수 없다.
　㉢ 연료소비율이 약 10% 정도 많아진다.

④ 자동변속기의 오일 색깔
　㉠ 정상 : 투명도가 높은 붉은 색
　㉡ 갈색 : 가혹한 상태에서 사용되거나, 장시간 사용한 경우
　㉢ 투명도가 없어지고 검은 색을 띨 때 : 자동변속기 내부의 클러치 디스크의 마멸분말에 의한 오손, 기어가 마멸된 경우
　㉣ 니스 모양으로 된 경우 : 오일이 매우 높은 고온에 노출된 경우
　㉤ 백색 : 오일에 수분이 다량으로 유입된 경우

03　타이어

(1) 바퀴와 타이어의 기능

① 바퀴의 구성과 기능
　㉠ 구성 : 바퀴는 휠(wheel)과 타이어(tire)로 구성되어 있다.
　㉡ 기능 : 바퀴는 차량의 하중을 지지하고, 제동 및 주행할 때의 회전력, 노면에서의 충격, 선회할 때의 원심력, 차량이 경사졌을 때의 옆방향 작용을 지지한다.
※ 휠 및 타이어 … 하중의 부담, 완충, 구동력과 제동력 등 주행 시에 발생하는 여러 응력에 견디는 구조로 되어 있다.

② 타이어의 기능
　㉠ 자동차의 하중을 지탱하는 기능을 한다.

ⓛ 엔진의 구동력 및 브레이크의 제동력을 노면에 전달하는 기능을 한다.

ⓒ 노면으로부터 전달되는 충격을 완화시키는 기능을 한다.

ⓡ 자동차의 진행방향을 전환 또는 유지시키는 기능을 한다.

(2) 타이어의 종류

① 튜브리스 타이어(튜브 없는 타이어)

ⓖ 튜브 타이어에 비해 공기압을 유지하는 성능이 좋다.

ⓛ 못에 찔려도 공기가 급격히 새지 않는다.

ⓒ 타이어 내부의 공기가 직접 림에 접촉하고 있기 때문에 주행 중에 발생하는 열의 발산이 좋아 발열이 적다.

ⓡ 튜브 물림 등 튜브로 인한 고장이 없다.

ⓜ 튜브 조립이 없으므로 펑크 수리가 간단하고, 작업능률이 향상된다.

ⓗ 림이 변형되면 타이어와의 밀착이 불량하여 공기가 새기 쉽다.

ⓢ 유리 조각 등에 의해 손상되면 수리하기가 어렵다.

② 바이어스 타이어

ⓖ 바이어스 타이어의 카커스는 1 플라이씩 서로 번갈아 가면서 코드의 각도가 다른 방향으로 엇갈려 있어 코드가 교차하는 각도는 지면에 닿는 부분에서 원주방향에 대해 40도 전후로 되어 있다.

ⓛ 바이어스 타이어는 오랜 연구기간의 연구 성과에 의해 전반적으로 안정된 성능을 발휘하고 있다.

③ 레디얼 타이어

ⓖ 접지면적이 크다.

ⓛ 타이어 수명이 길다.

ⓒ 트레드가 하중에 의한 변형이 적다.

ⓡ 회전할 때에 구심력이 좋다.

ⓜ 스탠딩웨이브 현상이 잘 일어나지 않는다.

ⓗ 고속으로 주행할 때에는 안전성이 크다.

ⓢ 충격을 흡수하는 강도가 적어 승차감이 좋지 않다.

ⓞ 저속으로 주행할 때에는 조향 핸들이 다소 무겁다.

④ 스노타이어

ⓖ 눈길에서 미끄러짐이 적게 주행할 수 있도록 제작된 타이어로 바퀴가 고정되면 제동거리가 길어진다.

ⓛ 스핀을 일으키면 견인력이 감소하므로 출발을 천천히 해야 한다.

ⓒ 구동 바퀴에 걸리는 하중을 크게 해야 한다.

ⓡ 트레드 부가 50% 이상 마멸되면 제 기능을 발휘하지 못한다.

(3) 타이어의 규격표시

① 타이어의 규격표시

ⓖ 타이어의 규격 표시는 메트릭 표기법, 알파뉴메릭 표기법, 뉴메릭 표기법 등 여러 가지로 사용되어 왔으나, 최근에는 국제표준화기구(ISO)에서 정한 표기법을 사용하고 있다.

ⓛ 타이어 규격
• 단면폭 : 지면과 맞닿는 면의 가로 폭
• 편평비 : 타이어 단면 폭에 대한 단면 높이의 비율
• 인치 : 타이어 내경(=림 직경)

② 타이어의 호칭치수

ⓖ 고압 타이어의 호칭치수

타이어 외경(inch) × 타이어 단면폭(inch) − 플라이 수(PR : ply rating)

ⓛ 저압 타이어의 호칭치수

타이어 단면폭(inch) − 타이어 내경(inch) − 플라이 수(PR : ply rating)

ⓒ 레이디얼 타이어 호칭치수

<u>225</u> / <u>60</u> <u>R</u> <u>16</u> <u>94</u> <u>H</u>
    ⓖ   ⓛ ⓒ ⓡ ⓜ ⓗ

ⓖ 225 : 타이어 단면폭(mm)
ⓛ 60 : 편평비(%)
ⓒ R : 레디안 구조
ⓡ 16 : 타이어 내경(림 직경)(inch)
ⓜ 94 : 하중지수(허용 최대하중 kg)
ⓗ H : 속도기호(허용 최고속도 km/h)

(4) 타이어에서 발생하는 이상 현상

① 스탠딩웨이브 현상(standing wave)

㉠ 타이어 공기압이 낮은 상태에서 자동차가 고속으로 달릴 때 일정속도 이상이 되면 타이어 접지부 바로 뒷부분이 부풀어 물결처럼 주름이 접히는 현상이다.

㉡ 타이어 접지면에서의 찌그러짐이 생기게 되면 공기압력에 의해 곧 회복이 된다. 이 회복되는 힘은 저속에서는 공기압력에 의해 지배되지만, 고속에서는 트레드가 받는 원심력으로 말미암아 큰 영향을 준다. 또 타이어 내부의 고열로 인해 트레드부분이 원심력을 견디지 못하고 분리되며 파손된다.

㉢ 스탠딩웨이브의 방지방법은 타이어 공기압력을 표준보다 15 ~ 20% 높여 주거나 강성이 큰 타이어를 사용하면 된다.

② 수막현상(하이드로플래닝 ; hydro planing)

㉠ 물이 고인 도로를 고속으로 주행할 때 일정 속도 이상이 되면 타이어의 트레드가 노면의 물을 완전히 밀어내지 못하고 타이어는 얇은 수막에 의해 노면으로부터 떨어져 제동력 및 조향력을 상실하는 현상이다.

㉡ 수막현상 방지법

• 트레드 마멸이 적은 타이어를 사용한다.

• 타이어 공기압력을 높이고, 주행속도를 낮춘다.

• 리브 패턴의 타이어를 사용한다. 러그 패턴의 경우는 하이드로 플래닝을 일으키기 쉽다.

• 트레드 패턴을 카프(calf)형으로 세이빙(shaving) 가공한 것을 사용한다.

---

04 현가장치

(1) 현가장치의 개념과 기능

① 현가장치의 개념과 구성

㉠ 현가장치의 개념 : 현가장치는 주행 중 노면으로부터 발생하는 진동이나 충격을 완화시켜 차체나 각 장치에 직접 전달하는 것을 방지하여 자동차를 보호하며 화물의 손상을 방지하고, 승차감과 자동차의 주행 안전성을 향상시키는 역할을 담당한다.

㉡ 현가장치의 구성 : 현가장치는 노면에서 받는 충격을 완화시키는 스프링과 스프링의 자유 진동을 억제하여 승차감을 향상시키는 쇽업소버, 자동차가 옆으로 흔들리는 것을 방지하는 스태빌라이저 등으로 구성된다.

② 현가장치의 주요기능

㉠ 적정한 자동차의 높이를 유지한다.

㉡ 상·하 방향이 유연하여 차체가 노면에서 받는 충격을 완화시킨다.

㉢ 올바른 휠 밸런스 유지한다.

㉣ 차체의 무게를 지탱한다.

㉤ 타이어의 접지상태를 유지한다.

㉥ 주행방향을 일부 조정한다

(2) 현가장치의 구성

① 스프링

㉠ 판 스프링

• 판 스프링은 적당히 구부린 띠 모양의 스프링 강을 몇 장 겹쳐 그 중심에서 볼트로 조인 것을 말한다. 버스나 화물차에 사용한다.

• 스프링 자체의 강성으로 차축을 정해진 위치에 지지할 수 있어 구조가 간단하다.

• 판간 마찰에 의한 진동의 억제작용이 크다.

• 내구성이 크다.

• 판간 마찰이 있기 때문에 작은 진동은 흡수가 곤란하다.

㉡ 코일 스프링

• 코일 스프링은 스프링 강을 코일 모양으로 감아서 제작한 것으로 외부의 힘을 받으면 비틀려진다.

• 코일 스프링은 판 스프링과 같이 판간 마찰작용이 없기 때문에 진동에 대한 감쇠작용을 못하며, 옆 방향 작용력에 대한 저항력도 없다.

• 차축을 지지할 때는 링크기구나 쇽업소버를 필요

로 하고 구조가 복잡하다. 그러나 단위중량당 에너지 흡수율이 판 스프링보다 크고 유연하기 때문에 승용차에 많이 사용된다.

ⓒ 토션바 스프링
• 토션바 스프링은 비틀었을 때 탄성에 의해 원위치하려는 성질을 이용한 스프링 강의 막대이다.
• 스프링의 힘은 바의 길이와 단면적에 따라 결정되며 코일 스프링과 같이 진동의 감쇠작용이 없어 쇽업소버를 병용하며 구조가 간단하다.

ⓔ 공기스프링
• 공기의 탄성을 이용한 스프링으로 다른 스프링에 비해 유연한 탄성을 얻을 수 있고, 노면으로부터의 작은 진동도 흡수할 수 있다.
• 승차감이 우수하기 때문에 장거리 주행 자동차 및 대형버스에 사용된다.
• 차량무게의 증감에 관계없이 언제나 차체의 높이를 일정하게 유지할 수 있다.
• 스프링의 세기가 하중에 거의 비례해서 변화하기 때문에 짐을 실었을 때나 비었을 때의 승차감에는 차이가 없다.
• 구조가 복잡하고 제작비가 비싸다.

② 쇽업소버
㉠ 노면에서 발생한 스프링의 진동을 재빨리 흡수하여 승차감을 향상 시키고 동시에 스프링의 피로를 줄이기 위해 설치하는 장치이다.
㉡ 쇽업소버는 움직임을 멈추려고 하지 않는 스프링에 대하여 역 방향으로 힘을 발생시켜 진동의 흡수를 앞당긴다.
㉢ 스프링이 수축하려고 하면 쇽업소버는 수축하지 않도록 하는 힘을 발생시키고, 반대로 스프링이 늘어나려고 하면 늘어나지 않도록 하는 힘을 발생시키는 작용을 하므로 스프링의 상·하 운동에너지를 열에너지로 변환시켜 준다.
㉣ 쇽업소버는 노면에서 발생하는 진동에 대해 일정 상태까지 그 진동을 정지시키는 힘인 감쇠력이 좋아야 한다.

③ 스태빌라이저
㉠ 좌, 우 바퀴가 동시에 상·하 운동을 할 때에는 작용을 하지 않으나 좌·우 바퀴가 서로 다르게 상하 운동을 할 때 작용하여 차체의 기울기를 감소시켜 주는 장치이다.
㉡ 커브 길에서 자동차가 선회할 때 원심력 때문에 차체가 기울어지는 것을 감소시켜 차체가 롤링(좌·우 진동)하는 것을 방지하여 준다.
㉢ 스태빌라이저는 토션바의 일종으로 양끝이 좌·우의 로어 컨트롤 암에 연결되며 가운데는 차체에 설치된다.

05 조향장치

(1) 조향장치의 개념과 구비조건

① 조향장치의 개념
㉠ 조향장치는 자동차의 진행 방향을 운전자가 의도하는 바에 따라서 임의로 조작할 수 있는 장치이다.
㉡ 조향 핸들, 조향축 등으로 구성되어 운전자의 조향력을 기어 장치에 전달하는 조작 기구이다.

② 조향장치의 구비조건
㉠ 조향 조작이 주행 중의 충격에 영향을 받지 않아야 한다.
㉡ 조작이 쉽고, 방향 전환이 원활하게 이루어져야 한다.
㉢ 진행방향을 바꿀 때 섀시 및 바디 각 부에 무리한 힘이 작용하지 않아야 한다.
㉣ 고속주행에서도 조향 조작이 안정적이어야 한다.
㉤ 조향 핸들의 회전과 바퀴 선회 차이가 크지 않아야 한다. 바. 수명이 길고 정비하기 쉬워야 한다.

(2) 조향장치의 고장 원인

① 조향 핸들이 무거운 원인
㉠ 타이어의 공기압이 부족하다.
㉡ 조향기어의 톱니바퀴가 마모되었다.
㉢ 조향기어 박스 내의 오일이 부족하다.
㉣ 앞바퀴의 정렬 상태가 불량하다.

ⓜ 타이어의 마멸이 과다하다.

② **조향 핸들이 한 쪽으로 쏠리는 원인**

　㉠ 타이어의 공기압이 불균일하다.

　㉡ 앞바퀴의 정렬 상태가 불량하다.

　㉢ 쇽업소버의 작동 상태가 불량하다.

　㉣ 허브 베어링의 마멸이 과다하다

(3) 동력조향장치

① **기능**

　㉠ 핸들의 조작력을 가볍게 하는 장치이다.

　㉡ 자동차의 대형화 및 저압 타이어의 사용으로 앞바퀴의 접지압력과 면적이 증가하여 신속한 조향이 어렵게 된다.

　㉢ 가볍고 원활한 조향조작을 위해 엔진의 동력으로 오일펌프를 구동시켜 발생한 유압을 이용하여 조향핸들의 조작력을 경감시키는 역할을 한다.

② **장점**

　㉠ 조향 조작력이 작아도 된다.

　㉡ 노면에서 발생한 충격 및 진동을 흡수한다.

　㉢ 앞바퀴의 시미 현상(바퀴가 좌·우로 흔들리는 현상)을 방지할 수 있다.

　㉣ 조향조작이 신속하고 경쾌하다.

　ⓜ 앞바퀴가 펑크 났을 때 조향핸들이 갑자기 꺾이지 않아 위험도가 낮다.

③ **단점**

　㉠ 기계식에 비해 구조가 복잡하고 값이 비싸다.

　㉡ 고장이 발생한 경우에는 정비가 어렵다.

　㉢ 오일펌프 구동에 엔진의 출력이 일부 소비된다.

(4) 휠 얼라인먼트

① **개념**

　㉠ 자동차의 앞부분을 지지하는 앞바퀴는 어떤 기하학적인 관계를 두고 설치되어 있는데 이와 같은 앞바퀴의 기하학적인 각도 관계를 말한다.

　㉡ 충격이나 사고, 부품 마모, 하체 부품의 교환 등에 따라 이들 각도가 변화하게 되면 주행 중에 각종 문제를 야기할 수 있는데 이러한 각도를 수

정하는 일련의 작업을 휠 얼라인먼트(차륜 정렬)라 한다.

② **휠 얼라인먼트의 역할**

　㉠ **캐스터의 작용** : 조향핸들의 조작을 확실하게 하고 안전성을 준다.

　㉡ **캐스터와 조향축(킹핀) 경사각의 작용** : 조향핸들에 복원성을 부여한다.

　㉢ **캠버와 조향축(킹핀) 경사각의 작용** : 조향핸들의 조작을 가볍게 한다.

　㉣ **토인의 작용** : 타이어 마멸을 최소로 한다.

③ **휠 얼라인먼트가 필요한 시기**

　㉠ 자동차 하체가 충격을 받았거나 사고가 발생한 경우

　㉡ 타이어를 교환한 경우

　㉢ 핸들의 중심이 어긋난 경우

　㉣ 타이어 편마모가 발생한 경우

　ⓜ 자동차가 한 쪽으로 쏠림현상이 발생한 경우

　ⓗ 자동차에서 롤링(좌·우진동)이 발생한 경우

　ⓢ 핸들이나 자동차의 떨림이 발생한 경우

(5) 휠 얼라인먼트의 요소

① **캠버(Camber)**

　㉠ 자동차를 앞에서 보았을 때 앞바퀴가 수직선에 대해 어떤 각도를 두고 설치되어 있는 것을 말한다.

　㉡ 바퀴의 윗부분이 바깥쪽으로 기울어진 상태를 '정의 캠버', 바퀴의 중심선이 수직일 때를 '0의 캠버', 바퀴의 윗부분이 안쪽으로 기울어진 상태를 '부의 캠버'라 한다.

　㉢ 캠버는 조향축(킹핀) 경사각과 함께 조향핸들의 조작을 가볍게 하고, 수직 방향 하중에 의한 앞 차축의 휨을 방지하며, 하중을 받았을 때 앞바퀴의 아래쪽이 벌어지는 것(부의 캠버)을 방지한다.

　㉣ 캠버가 틀어지는 경우는 전면 추돌사고시나 오래된 자동차로 현가장치의 구조 장치가 마모된 경우

② **캐스터(Caster)**

　㉠ 자동차 앞바퀴를 옆에서 보았을 때 앞 차축을 고정하는 조향축(킹핀)이 수직선과 어떤 각도를 두고 설치되어 있는 것을 말한다.

ⓛ 조향축 윗부분이 자동차의 뒤쪽으로 기울어진 상
태를 '정의 캐스터', 조향축의 중심선이 수직선과
일치된 상태를 '0의 캐스터', 조향축의 윗부분이
앞쪽으로 기울어진 상태를 '부의 캐스터'라 한다.
ⓒ 주행 중 조향바퀴에 방향성을 부여한다. 조향하였
을 때에는 직진 방향으로의 복원력을 준다.

③ 토인(Toe-in)
ⓖ 자동차 앞바퀴를 위에서 내려다보면 양쪽 바퀴의
중심선 사이의 거리가 앞쪽이 뒤쪽보다 약간 작
게 되어 있는 것을 말한다.
ⓛ 토인은 앞바퀴를 평행하게 회전시키며, 앞바퀴가
옆 방향으로 미끄러지는 것과 타이어 마멸을 방
지하고, 조향 링키지의 마멸에 의해 토아웃
(Toe-out) 되는 것을 방지한다.
ⓒ 토인이 틀어지는 경우는 조향장치 드래그링크의
휨, 타이로드 앤드의 볼 마모, 추돌사고 등으로
결함이 발생하는 것이며 타이어의 안쪽이나 바깥
쪽 편 마모로 나타난다.

> **tip 토아웃(toe-out)**
> • 자동차의 차체 위에서 앞바퀴를 내려다 보았을 때 좌
> 우 앞바퀴의 앞쪽이 뒤쪽보다 넓어진 것을 토아웃이라
> 한다.
> • 토아웃은 자동차가 진행 방향을 바꿀 때 앞바퀴의 회
> 전축 방향을 바꾸는 조향반응이 빨라 일반적으로 운전
> 에 능숙한 운전자에게 유리하지만 똑바로 나아가고자
> 할 때는 안정성이 떨어져 초보자에게는 불리하다.

④ 조향축(킹핀) 경사각
ⓖ 캠버와 함께 조향핸들의 조작을 가볍게 한다.
ⓛ 캐스터와 함께 앞바퀴에 복원성을 부여하여 직진
방향으로 쉽게 되돌아가게 한다.
ⓒ 앞바퀴가 시미 현상(바퀴가 좌·우로 흔들리는 현
상)을 일으키지 않도록 한다.

06 제동장치

(1) 제동장치의 기능

① 기능
ⓖ 제동장치는 주행 중인 자동차를 감속 또는 정지시
키거나 주차상태를 유지하기 위한 장치이다.
ⓛ 마찰력을 이용하여 자동차의 운동에너지를 열에너
지로 바꾸어 그것을 대기 속으로 방출시켜 제동
작용을 하는 마찰식 브레이크를 사용하고 있다.

② 제동장치가 갖추어야 할 구비조건
ⓖ 차량의 중량과 최고속도에 대하여 제동력이 적당
해야 한다.
ⓛ 신뢰성과 내구력이 뛰어나야 한다.
ⓒ 조작이 간단해야 한다.
ⓔ 점검 및 수리가 쉬워야 한다.
ⓜ 브레이크가 작동하지 않을 때는 각 바퀴의 회전을
방해하지 않아야 한다.

(2) 제동장치의 분류

① 유압식 브레이크
ⓖ 브레이크 페달을 밟으면 : 마스터 실린더 내의 피스
톤이 브레이크액을 휠 실린더로 압송하고, 휠 실린
더는 그 유압을 받아 피스톤을 좌우로 벌려 브레이
크슈를 드럼에 압축시켜 브레이크 작용을 한다.
ⓛ 브레이크 페달을 놓으면 : 마스터 실린더 내의 유압
이 저하하므로 브레이크슈는 리턴스프링의 작용으
로 원래의 위치로 되돌아가고 휠 실린더 내의 브
레이크액은 마스터 실린더로 되돌아온다.

② 디스크 브레이크
ⓖ 드럼 대신에 바퀴와 함께 회전하는 강주철제 디스
그를 설치하여 그 양쪽의 외주에 유입 피스톤으로
작용하는 브레이크 패드(Brake pad)를 밀어붙여
그의 마찰력에 의하여 이루어지는 제동장치로 원
판 브레이크라고도 한다.

ⓛ 초기에는 주로 레이싱카에 사용되었으나 현재는 일반 승용차에 널리 보급되고 있다.

③ 배력식 브레이크 장치

ⓐ 자동차의 대형화·고속화에 따라 큰 제동력이 필요하지만 페달의 조작력만으로는 제동의 한계가 있으므로 이에 대응하는 장치로 배력식 브레이크가 있다.

ⓛ 외력을 이용하여 운전자의 페달 답력을 배가(倍加)시켜 주는 장치로 제동력 증대를 목적으로 유압계통에 보조장치를 설치해 적은 힘으로 큰 제동력을 발생시키는 형식이다.

④ 공기 브레이크

ⓐ 공기 브레이크는 유압이 아닌 브레이크 슈를 압축공기의 압력을 이용하여 드럼에 밀어 붙여서 제동을 하는 장치이다.

ⓛ 브레이크 페달의 조작력이 작아도 되며 큰 제동력이 얻어지므로 대형트럭, 버스, 트레일러 등에 많이 사용되고 있다.

⑤ 제3브레이크(감속 브레이크)

ⓐ 엔진 브레이크 : 언덕길을 내려갈 경우 엔진 스위치를 켠 상태에서 가속페달을 놓으면 엔진이 구동바퀴로부터 반대로 회전되는데 이때의 회전저항에 의해 제동력이 발생되게 하는 브레이크이다.

ⓛ 배기 브레이크 : 배기 브레이크는 배기행정에서 배기 다기관 내에 배기가스 또는 공기를 압축하게 되어 있다.

⑥ 주차 브레이크(핸드 브레이크)

ⓐ 자동차를 정차시켜 두거나 주차(駐車)시킬 때 사용하는 것으로, 손으로 레버를 당겨 조작하는 브레이크이다. 보통 주차 브레이크 또는 사이드브레이크라고도 한다.

ⓛ 파킹 브레이크는 와이어나 링키지(linkage) 등을 써서 기계적으로 앞뒤 바퀴에만 작용하며, 풋브레이크가 고장 났을 때 대신 사용할 수도 있다.

⑦ ABS 브레이크

ⓐ ABS는 잠김 방지 브레이크 시스템이라고 하며 운동 마찰력보다 최대 정지 마찰력이 크다는 원리를 이용한 브레이크 시스템이다.

ⓛ 일반 브레이크의 경우 페달을 밟고 있는 동안 계속해서 브레이크가 작동하지만 ABS는 1초 동안에 여러 번 브레이크를 조였다 놓았다 한다.

tip ABS 브레이크의 장점
- 눈길이나 미끄러운 노면에서 제동거리를 단축시킨다.
- 전륜 고착방지를 통한 조향 능력 상실을 방지한다.
- 제동 시 미끄러짐 방지를 통한 차체의 안전성을 유지한다.
- 후륜 조기 고착 방지로 옆 방향 미끄러짐을 방지한다.
- 후륜 조기 고착 방지로 차체 스핀으로 인한 전복을 방지한다.
- 타이어 미끄럼률이 마찰계수를 초과하지 않도록 방지한다.

ⓒ ABS 브레이크 사용 시 주의사항
- 급제동시 브레이크 페달에서 맥동을 느끼거나 차체나 조향 휠에서 진동을 느낄 수 있다. 이 현상은 ABS가 정상적으로 작동하고 있음을 보여 주는 것이다.
- 주행 시 차량속도가 약 10Km/h에 도달했을 때 정숙한 상태에서는 "윙~"하는 MOTOR 작동 소리가 들릴 수 있다. 이 현상은 ABS가 스스로 자기 진단하고 있음을 보여 주는 것이다.
- 주행 중 경고등 점등이나 KEY ON시 경고등이 점등 되었다가 사라지지 않고 계속 점등될 경우 ABS에 이상이 발생한 것이므로 가급적 빨리 정비공장에 들어가 점검을 받아야 한다.
- 이때, ABS는 작동하지 않지만 BRAKE는 일반 BRAKE와 동일하게 작동하므로 일반 주행에는 문제가 없다.

⑧ VDC, TCS, EBD, ESP

ⓐ VDC : VDC는 차량을 미끄러짐으로부터 안전하게 보호하는 차량 안전 시스템으로 차체자세제어라고도 한다.

ⓛ TCS: 눈길이나 빗길 등 미끄러지기 쉬운 노면에서 차량을 출발하거나 가속할 때 과잉의 구동력이 발생하여 타이어가 공회전하지 않도록 차량의 구동력을 제어하는 시스템이다.

ⓒ EBD : 승차인원이나 적재하중에 맞추어 앞뒤 바퀴에 적절한 제동력을 자동으로 배분함으로써 안정된 브레이크 성능을 발휘할 수 있게 하는 전자식 제동력 분배 시스템이다.

ⓔ ESP : ABS와 TCS 계통을 통합으로 제어하여 차량의 안정을 유지시키는 장치로 주행 중인 차량이 좌우로 미끄러지는 것을 방지하는 시스템이다.

(3) 브레이크 드럼 및 오일의 구비 조건

① 브레이크 드럼의 구비조건
　ⓐ 정적 동적 평형이 잡혀 있어야 한다.
　ⓑ 브레이크가 확장되었을 때 변형되지 않을 만한 충분한 강성이 있어야 한다.
　ⓒ 슈와의 마찰면에 충분한 내마멸성이 있어야 한다.
　ⓓ 방열이 잘되고 가벼워야 한다.

② 브레이크 오일의 구비 조건
　ⓐ 화학적으로 안전하며, 침진물을 만들지 않아야 한다.
　ⓑ 적절한 점도가 있어야 하고 윤활성이 있으며, 온도에 대한 점도변화가 적어야 한다.
　ⓒ 비점(비등점)이 높아야 한다.
　ⓓ 베이퍼 록을 잘 일으키지 않아야 한다.
　ⓔ 빙점(응고점)이 낮고, 인화점이 높아야 한다.
　ⓕ 금속, 고무에 대해서 부식, 연화, 팽창 등의 영향을 주지 않아야 한다.

(4) 브레이크의 이상 현상

① 베이퍼 록(Vaper Lock) 현상
　ⓐ 개념 : 연료 회로 또는 브레이크 장치 유압 회로 내에 브레이크액이 온도 상승으로 인하여 기화되어 압력 전달이 원활하게 이루어지지 않아 제동 기능이 저하되는 현상을 말한다.
　ⓑ 원인
　　• 긴 내리막에서 과도한 브레이크 사용
　　• 드럼과 라이닝의 끌림에 의한 과열
　　• 브레이크 슈 리턴 스프링의 장력과 회로내 잔압의 저하

② 페이드(Fade) 현상
　ⓐ 개념 : 운행 중에 계속해서 브레이크를 사용함으로써 온도 상승으로 인해 제동 마찰제의 기능이 저하되어 마찰력이 약해지는 현상을 말한다.
　ⓑ 원인 : 페이드현상은 풋브레이크의 지나친 사용으로 대부분 발생하게 된다.
　ⓒ 응급조치 : 페이드현상 응급조치는 작동을 중지하고 드럼과 라이닝의 열을 식혀야 한다.

③ 스키드 현상
　ⓐ 개념 : 주행 중인 자동차가 급제동을 하게 되면 바퀴는 회전을 멈추지만 자동차 자체는 정지하지 않고 타이어가 미끄러지는 현상을 말한다.
　ⓑ 방지 : 스키드 현상을 방지하기 위해서는 브레이크 페달을 밟았다가 놓는 동작을 반복하여야 하는데 ABS 브레이크 장치는 이런 동작을 자동으로 반복하게 하는 역할을 한다.

④ 모닝 록(Morning Lock) 현상
　ⓐ 개념 : 장마철이나 습도가 높은 날, 장시간 주차 후 브레이크 드럼 등에 미세한 녹이 발생하는 현상을 말한다.
　ⓑ 해소방법 : 아침에 운행을 시작할 때나 장시간 주차한 다음 운행을 시작하는 경우에는 출발시 서행하면서 브레이크를 몇 차례 밟아주면 녹이 자연스럽게 제거되면서 모닝록 현상이 해소된다.

01 자동차 검사

(1) 자동차 검사의 필요성

① 자동차 결함으로 인한 교통사고 예방으로 국민의 생명을 보호한다.

② 자동차 배출가스로 인한 대기환경을 개선시킨다.

③ 불법튜닝 등 안전기준을 위반한 차량을 색출함으로써 운행질서 및 거래질서를 확립한다.

④ 자동차보험 미가입 자동차의 교통사고로부터 국민피해를 예방한다.

(2) 자동차검사의 방법과 구분

① 검사 실시 및 방법
  ㉠ 국토교통부장관이 실시한다.
  ㉡ 국토교통부령으로 정하는 바에 따라 한국교통안전공단이 대행한다.

② 검사의 종류
  ㉠ 정기검사 : 자동차 신규등록 후 일정 기간마다 정기적으로 실시하는 검사
  ㉡ 종합검사 : 배출가스 정밀검사 시행 지역에 등록된 자동차 및 특정경유자동차에 대하여 실시하는 검사
  ㉢ 신규검사 : 자동차를 신규등록을 하려는 경우 실시하는 검사
  ㉣ 튜닝검사 : 자동차관리법에 따라 자동차를 튜닝한 경우에 실시하는 검사
  ㉤ 임시검사 : 자동차관리법 또는 동법에 따른 명령이나 자동차 소유자의 신청을 받아 비정기적으로 실시하는 검사
  ㉥ 수리검사 : 전손 처리 자동차를 수리한 후 운행하려는 경우에 실시하는 검사

㉦ 이륜차검사 : 운행차배출허용기준에 적합한지 확인하기 위해 일정 기간마다 실시하는 검사

tip 자동차검사 대행 기관

• 자동차검사 : 한국교통안전공단이 대행
• 정기검사 : 지정정비사업자도 대행할 수 있다.

(3) 자동차 정기검사 유효기간

차종			차령	검사 유효기간
비사업용 승용자동차 및 피견인자동차			모든 차령	2년(최초4년)
사업용 승용자동차			모든 차령	1년(최초2년)
승합 자동차	비사업용	경형·소형	4년 이하	2년
			4년 초과	1년
		중형·대형	8년 이하	1년(길이 5.5미터 미만인 자동차는 최초 2년)
			8년 초과	6개월
	사업용	경형·소형	4년 이하	2년
			4년 초과	1년
		중형·대형	8년 이하	1년
			8년 초과	6개월
화물 자동차	비사업용	경형·소형	4년 이하	2년
			4년 초과	1년
		중형·대형	5년 이하	1년
			5년 초과	6개월
	사업용	경형·소형	모든 차령	1년(최초 2년)
		중형	5년 이하	1년
			5년 초과	6개월
		대형	2년 이하	1년
			2년 초과	6개월

특수 자동차	비사업용 및 사업용	경형·소형 ·중형·대형	5년 이하	1년
			5년 초과	6개월

(4) 자동차종합검사

① 실시 및 대상
  ㉠ **시행기관** : 국토교통부장관과 환경부장관이 공동 실시
  ㉡ **자동차종합검사 대상**
  • 운행차 배출가스 정밀검사 시행지역에 등록한 자동차 소유자 : 정밀검사
  • 특정경유자동차 소유자 : 특정경유자동차검사
  ㉢ **종합검사 실시 분야**
  • 자동차의 동일성 확인 및 배출가스 관련 장치 등의 작동 상태 확인을 관능검사(官能檢查 : 사람의 감각기관으로 자동차의 상태를 확인하는 검사) 및 기능검사로 하는 공통 분야
  • 자동차 안전검사 분야
  • 자동차 배출가스 정밀검사 분야

② 종합검사의 대상과 유효기간

검사대상			차령	검사 유효기간
승용 자동차	비사업용	경형·소형 · 중형·대형	4년 초과	2년
	사업용	경형·소형 · 중형·대형	2년 초과	1년
승합 자동차	비사업용	경형·소형	4년 초과	1년
		중형	3년 초과	8년까지는 1년, 이후부터는 6개월
		대형	3년 초과	8년까지는 1년, 이후부터는 6개월
	사업용	경형·소형	4년 초과	1년
		중형	2년 초과	8년까지는 1년, 이후부터는 6개월
		대형	2년 초과	8년까지는 1년, 이후부터는 6개월
화물 자동차	비사업용	경형·소형	4년 초과	1년
		중형	3년 초과	5년까지는 1년, 이후부터는 6개월
		대형	3년 초과	5년까지는 1년, 이후부터는 6개월
	사업용	경형·소형	2년 초과	1년
		중형	2년 초과	5년까지는 1년, 이후부터는 6개월
		대형	2년 초과	6개월
특수 자동차	비사업용	경형·소형 · 중형·대형	3년 초과	5년까지는 1년, 이후부터는 6개월
	사업용	경형·소형 · 중형·대형	2년 초과	5년까지는 1년, 이후부터는 6개월

※ 검사 유효기간이 6개월인 자동차의 경우 종합검사 중 자동차 배출가스 정밀검사 분야의 검사는 1년마다 받는다.

(5) 튜닝 검사

① 튜닝 검사 신청 서류(자동차관리법 시행규칙 제78조)
  ㉠ 말소등록사실증명서
  ㉡ 발급받은 튜닝 승인서
  ㉢ 튜닝 전, 후의 주요 제원 대비표
  ㉣ 튜닝 전·후의 자동차 외관도(외관의 변경이 있는 경우만 해당)
  ㉤ 튜닝하려는 구조 및 장치의 설계도

② 튜닝승인
  ㉠ **접수처리** : 승인신청 접수일부터 10일 이내에 처리된다.
  ㉡ **반려 또는 취소** : 구조변경승인 신청 시 신청서류의 미비, 기재내용 오류 및 변경내용이 관련 법령에 부적합한 경우 접수가 반려 또는 취소될 수 있다.

02 자동차 보험 및 공제

(1) 자동차보험

① 자동차보험의 개념
   ㉠ 자동차보험은 자동차 사고로 인하여 발생한 법률
   상 배상책임과 자기 신체 및 차량에 발생한 손해
   를 보상하는 보험을 말한다.
   ㉡ 자동차보험은 자동차손해배상보장법에 따라 자동
   차보유자가 반드시 가입해야 하는 의무보험과,
   선택적으로 가입여부를 결정할 수 있는 임의보험
   으로 구분된다.

② 자동차 보험료
   ㉠ 무사고 기간이 누적될수록 할인할증등급이 상승하
   게 되고, 매년 갱신할 때마다 할인율이 늘어나서
   보험료가 감소하게 된다.
   ㉡ 교통 사고를 내면 할증 점수가 부과되어서 보험료
   가 상승하거나 할인 유예 상태가 된다.

(2) 자동차보험의 구분

① 책임보험
   ㉠ 자동차를 소유하고 있으면 불의의 사고로 인한 최
   소한의 피해자 보상을 위해 법으로 가입을 의무화
   하고 있는 보험을 말한다.
   ㉡ 책임보험은 의무적으로 가입해야 하는 보험이기
   때문에 책임보험에 가입하지 않으면 과태료를 부
   과된다.
   ㉢ 책임보험에는 대인배상I과 대물배상이 포함되어
   있으며, 상대방의 치료비 및 차량 수리비, 재물
   파손 등 인적피해만을 보상한다.

② 종합보험
   ㉠ 종합보험은 보다 포괄적인 보장을 원하는 운전자
   를 위한 선택적 보험 상품으로 자신의 차량 및
   개인에 대한 보장을 확장할 수 있습니다.
   ㉡ 책임보험의 보장 범위를 포함하여, 대인배상Ⅱ,
   자기신체사고 · 자동차상해, 무보험자동차에 의한
   상해, 자기차량손해 등 다양한 보장을 제공한다.

   ㉢ 자동차 종합보험에 가입한 경우, 가입한 보험을
   통해 보상이 이루어지므로, 사망사고, 중상해 사
   고, 뺑소니사고, 11대 중과실 사고를 제외하고
   는, 특별법(교통사고처리특례법)에 의해 형사상
   책임을 면할 수 있다.

(3) 자동차보험의 보장대상(담보) 종류

담보명	담보내용
대인배상	• 자동차를 소유 · 사용 · 관리하는 동안에 생긴 자동차의 사고로 다른 사람을 죽게 하거나 다치게 하여 법률상 손해배상책임을 지는 경우 그 손해를 보상해 줍니다. – 대인배상Ⅰ(의무보험) : 자동차손해배상보장법 제3조에 의한 손해배상책임을 짐으로써 입은 손해 보상 – 대인배상Ⅱ(임의보험) : 대인배상Ⅰ에서 보상하는 손해를 초과하는 손해를 보상
대물배상	• 자동차를 소유 · 사용 · 관리하는 동안에 생긴 자동차의 사고로 다른 사람의 재물을 없애거나 훼손하여 법률상 손해배상책임을 지는 경우 그 손해를 보상해 줍니다. – 자동차손해배상보장법에 따라 보상한도 2천만 원까지 의무보험
자기신체손해	• 자동차를 소유 · 사용 · 관리하는 동안에 생긴 자동차의 사고로 운전자 본인 또는 피보험자가 죽거나 다친 경우 그로 인한 손해를 보상해 줍니다.
자기차량손해	• 자동차를 소유 · 사용 · 관리하는 동안에 생긴 자동차의 사고로(접촉, 침수, 화재, 도난 등) 자기차량에 직접적으로 생긴 손해를 보상해 줍니다.
무보험자동차에 의한 상해	• 무보험자동차로 인하여 생긴 사고로 피보험자가 죽거나 다친 때에 배상의무자가 있는 경우 그로 인한 손해를 보상해 줍니다. – 배상의무자 : 해당 사고로 피보험자에게 입힌 손해에 대하여 법률상 손해배상책임을 지는 사람
기타보상	• 다양한 손해를 보상하는 특별약관을 선택하여 가입할 수 있습니다. ※ 긴급출동 서비스 특별약관(배터리 충전, 견인, 급유 등) 법률비용 지원 특별약관(변호사 선임 비용, 형사합의금, 벌금) 등

05 안전운전의 기술

01 인지판단의 기술

(1) 자동차의 운전

① 개요
ㄱ 운전은 도로주행 환경에서 끊임없는 정보의 인지와 판단과 조작을 통한 실행 행위며 실천하는 행동이다.
ㄴ 운전 조작에 따라 차의 움직임에 변화가 생기게 되며, 이는 다시 새로운 교통환경을 유발하게 되고, 다시 인지, 판단, 조작 과정이 반복적으로 시행되는 것이 바로 운전이라 할 수 있다.
ㄷ 교통사고 원인의 대부분은 운전자의 지각 및 판단의 실수라 할 정도로 운전에 있어 지각, 판단과정은 매우 중요하다.

② 운전에 있어서의 중요성
ㄱ 운전에 있어서 정보는 대부분 시각정보를 통해서 수집되고 90% 이상의 교통사고가 운전자의 인적 요인에 의해 발생되고 있다.
ㄴ 운전자는 시시각각으로 변하는 운전 중의 위험 상황을 눈으로 탐색, 확인하고, 필요한 판단을 하여 행동으로 옮기는 과정을 운전 중 끊임없이 되풀이한다. 이러한 과정은 0.5초라도 지체되면 위험으로 바로 이어질 수 있는 과정이다.
ㄷ 효율적인 정보탐색과 정보처리는 운전에 있어 매우 중요하다.

③ 안전운전의 필수 과정
ㄱ 운전의 위험을 다루는 효율적인 정보처리 방법의 하나는 소위 확인, 예측, 판단, 실행 과정을 따르는 것이다.
ㄴ 확인, 예측, 판단, 실행 과정은 안전운전을 하는 데 필수적인 과정이고 운전자의 안전의무로 볼 수 있다.

(2) 확인

① 개요
ㄱ 확인이란 주변의 모든 것을 빠르게 보고 한눈에 파악하는 것을 말한다.
ㄴ 운전자는 주행하는 도로의 상황을 조사하여, 필요한 운전 단서를 찾아낼 필요가 있다. 이때 중요한 것은 가능한 한 멀리까지 시선의 위치를 두는데 전방 200~300m 앞, 시내도로는 앞의 교차로 신호 2개 앞까지 주시할 수 있어야 한다.
ㄷ 후사경과 사이드 미러를 주기적으로 살펴 보면서 좌우와 뒤에서 접근하는 차량들의 상태를 파악한다. 가장 중요한 것은 습관적으로 도로 전방의 한 곳에 고정되기 쉬운 눈동자를 계속 움직여 교통상황을 파악하는 것이다.

② 확인과정에서 실수를 낳는 요인
ㄱ 주의의 고착 : 선택적 주시과정에서 어느 한 물체에 시선을 뺏겨 오래 머문다.
• 좌회전 중 진입방향의 우회전 접근 차량에 시선이 뺏겨, 같이 회전하는 차량에 대해 주의하지 못했다.
• 목적지를 찾느라 전방을 주시하지 못해 보행자와 충돌하였다.
• 교차로 진행신호를 확인하지 않고, 대형차량 뒤를 따라 진행하다 신호위반이나 충돌사고가 발생하였다.
ㄴ 주의의 분산 : 운전과 무관한 물체에 대한 정보 등을 선택적으로 받아들이는 경우
• DMB 시청에 시선을 빼앗겨 앞차와의 안전거리를 확보하지 못해 앞차를 추돌하였다.
• 승객과 대화를 하다가 앞차의 급정지를 늦게 발견하고 제동을 하였으나 추돌을 하였다.

③ 주의해서 보아야할 것
ㄱ 전방 탐색 시 주의해서 보아야 할 것들은 다른 차로의 차량, 보행자, 자전거 교통의 흐름과 신호 등이다. 특히 화물 차량 등 대형차가 있을 때는 대형

차량에 가린 것들에 대한 단서에 주의해야 한다.
ⓛ 주변을 확인할 때는 특별한 단서를 찾는다. 주차 차량이 있을 때는 후진등이나 제동등, 방향지시기의 상태를 살핀다.
ⓒ 운전과 관련된 단서를 효율적으로 찾기 위해서는 적절한 시각 탐색 패턴을 습관화하는 것이 중요하다.

(3) 예측

① 개요
ⓐ 예측한다는 것은 운전 중에 확인한 정보를 모으고, 사고가 발생할 수 있는 지점을 판단하는 것이다.
ⓛ 사고를 예상하는 능력을 키우기 위해서는 지식, 경험, 그리고 꾸준한 훈련이 필요하다. 변화하는 교통환경과 교통법규 및 차량에 대한 지식은 물론이고, 비, 눈, 안개와 같은 다양한 상황에서의 운전경험도 필요하다.

> **tip 운전 중 판단의 기본 요소**
> • 시인성
> • 시간
> • 거리
> • 안전공간 및 잠재적 위험원

② 운전 중 판단 평가의 내용
ⓐ 주행로 : 다른 차의 진행 방향과 거리
ⓛ 행동 : 다른 차의 운전자가 할 것으로 예상되는 행동
ⓒ 타이밍 : 다른 차의 운전자가 행동하게 될 시점
ⓔ 위험원 : 특정 차량, 자전거 이용자 또는 보행자의 잠재적 위험
ⓜ 교차지점 : 교차하는 문제가 발생하는 정확한 지점

(4) 판단

① 개요
ⓐ 운전 중 수집된 정보에 대한 판단과정에서는 운전자의 경험뿐 아니라 성격, 태도, 동기 등 다양한 요인이 작용한다. 이 중 가장 중요한 것은 위험에 대해 어떤 입장에서 판단할 것인가이다.

ⓛ 위험감행성(risk-taking)이란 어떤 행동을 할 때 나타나는 위험성의 주관적 확률이 0이 아님에도 불구하고, 그 행동을 수행하는 것이다.
ⓒ 대중교통 운전자의 경우는 다수 승객의 안전을 책임져야 하기 때문에 누구보다도 판단 과정에서 항상 위험회피자의 관점에 서서 판단할 필요가 있다.

② 운전행동 유형

행동특성	예측회피 운전행동	지연회피 운전행동
적응유형	• 사전 적응적	• 사후 적응적
위험접근속도	• 저속 접근	• 고속 접근
행동통제	• 조급하지 않음	• 조급함
각성수준	• 낮은 각성상태	• 높은 각성상태
사고 관여율	• 낮은 사고 관여율	• 높은 사고 관여율
위험 감내성	• 비 감내성	• 감내성
성격유형	• 내향적	• 외향적
인지 · 정서 취약성	• 인지요인 취약성	• 정서요인 취약성
도로안전 전략 민감성	• 인지적 접근	• 정서적 접근

③ 예측회피 운전의 기본적 방법
ⓐ 속도 가속, 감속
• 때로는 속도를 낮추거나 높이는 결정을 해야 한다.
• 예컨대 동시에 자전거 운전자, 보행자, 앞에서 다가오는 차와 같은 위험상황에 빠질 수 있다.
• 이런 상황에서는 속도를 줄이는 것이 상책이다.
ⓛ 위치 바꾸기(진로변경)
• 현명한 운전자라면 사고 상황이 발생할 경우를 대비해서 주변에 긴급 상황 발생시 회피할 수 있는 완충 공간을 확보하면서 운전한다.
• 필요한 경우는 완충 공간으로 이동한다.
ⓒ 다른 운전자에게 신호하기
• 가다 서고를 반복하고 수시로 차선변경을 필요로 하는 차량의 운전은 자신의 의도를 주변에 등화 신호로 미리 알려 주어야 한다.
• 별 문제가 없다고, 신호를 게을리 하는 경우 다른 사람에게 판단의 부담을 주는 행동이라는 것을 잊어서는 안 된다.

- 차에 설치되어 있는 방향지시등, 전조등, 미등(尾燈), 제동등, 비상등 등의 각종 등화와 경적 등을 활용하는 것을 주저할 필요가 없다.

(5) 실행

① 개요

   ⊙ 결정된 행동을 실행에 옮기는 단계에서 중요한 것은 요구되는 시간 안에 필요한 조작을, 가능한 부드럽고, 신속하게 해내는 것이다.

   ⊙ 상황에 따라서는 핸들, 액셀, 브레이크 등과 관련한 조작의 우선순위가 매우 중요할 수 있다.

   ⊙ 이 과정에서 기본적인 조작기술이지만 가·감속, 제동 및 핸들조작 기술을 제대로 구사하는 것은 매우 중요하다.

② 급제동 및 핸들조작

   ⊙ 급제동시 브레이크 페달을 급하고, 강하게 밟는다고 제동거리가 짧아지는 것은 아니다.

   ⊙ 핸들 조작도 부드러워야 한다. 흔히 핸들 과대 조작, 핸들 과소 조작 등으로 인한 사고는 바로 적절한 핸들 조작의 중요성을 말해준다.

---

02 **안전운전의 5가지 기본기술**

(1) 운전 중에 전방을 멀리 본다.

① 개요

   ⊙ 전방을 멀리 본다는 것은 직진, 회전, 후진 등에 관계없이 항상 진행 방향 멀리 바라보는 것을 말한다. 가능한 한 시선은 전방 먼 쪽에 두되, 바로 앞 도로 부분을 내려다보지 않도록 한다.

   ⊙ 일반적으로 20~30초 전방까지 본다. 20~30초 전방이란 도시에서는 대략 시속 40km~50km의 속도에서 교차로 하나 이상의 거리를 말하며, 고속도로와 국도 등에서는 대략 시속 80km ~ 100km의 속도에서 약 500m ~ 800m 앞의 거리를 살피는 것이다.

   © 전방을 멀리 볼 경우 운전자는 좌우를 더 넓게 관찰할 수 있다. 예를 들어 30m 앞쪽을 보고 있을 경우 좌우 1.5m 정도의 시야를 확보하지만, 300m의 전방을 보고 있을 경우에는 대략 15m 정도의 시야를 확보할 수 있다.

② 전방 가까운 곳을 보고 운전할 때의 징후들

   ⊙ 교통의 흐름에 맞지 않을 정도로 너무 빠르게 차를 운전한다.

   ⊙ 차로의 한편으로 치우쳐서 주행한다.

   © 우회전, 좌회전 차량 등을 인지가 늦어서 급브레이크를 밟는다던가, 회전차량에 진로를 막혀버린다.

   ② 우회전할 때 도로를 필요이상의 거리를 넓게 두고 회전한다.

   ◎ 시인성이 낮은 상황에서 속도를 줄이지 않는다.

(2) 전체적으로 살펴본다.

① 개요

   ⊙ 전체적으로 파악한다는 것은 교통상황을 폭넓게 전반적으로 확인해야 한다는 것을 말한다. 즉 모든 상황을 여유 있는 포괄적으로 바라보고 핵심이 되는 상황만 반복, 확인해서 보는 것을 말한다.

   ⊙ 이때 중요한 것은 어떤 특정한 부분에 사로잡혀 다른 것을 보는 것을 놓쳐서는 안 된다는 것이다. 핵심이 되는 것은 다시 살펴보되 다른 곳을 확인하는 것을 잊어서는 안 된다.

   © 전체를 살피기 위해서는 역시 눈을 움직이는 것이 중요하다.

② 시야 확보가 적은 징후들

   ⊙ 급정거

   ⊙ 앞차에 바짝 붙어 가는 경우

   © 좌, 우회전 등의 차량에 진로를 방해받음

   ② 상황적 사안에 반응이 늦은 경우

   ◎ 빈번하게 놀라는 경우

   ⊕ 급차로 변경 등이 많을 경우

   ⊗ 황색 신호에 꼬리를 자주 무는 경우

   ◉ 신호를 노치는 경우

   ⊗ 목적지를 자주 지나치는 경우

(3) 눈을 계속해서 움직인다.

① 개요
  - ⊙ 많은 운전자들이 앞쪽 차량과의 추돌 회피에만 신경을 집중하는 경향이 있다.
  - ⓒ 운전자가 특정 차량대열 만을 약 2초 정도만 계속해서 바라 볼 경우, 그 운전자의 시선과 시야는 이미 고정되어 다른 것을 놓치게 된다.
  - ⓒ 시야에 따른 운전자의 차이점

구분	차이점
좌우를 살펴보는 운전자	• 좌우를 살피는 운전자는 움직임과 사물, 조명을 파악할 수 있다.
시야가 중앙에 고정된 운전자	• 시선이 한 방향에 고정된 운전자는 주변에서 다른 위험 사태가 발생하더라도 파악할 수 없다.

② 시야 고정이 많은 운전자의 특성
  - ⊙ 위험에 대응하기 위해 경적이나 전조등을 좀처럼 사용하지 않는다.
  - ⓒ 더러운 창이나 안개에 개의치 않는다.
  - ⓒ 거울이 더럽거나 방향이 맞지 않는데도 개의치 않는다.
  - ⓔ 정지선 등에서 정지 후, 다시 출발할 때 좌우를 확인하지 않는다.
  - ⓜ 회전하기 전에 뒤를 확인하지 않는다.
  - ⓫ 자기 차를 앞지르려는 차량의 접근 사실을 미리 확인하지 못한다.

(4) 다른 사람들이 자신을 볼 수 있게 한다.

① 개요
  - ⊙ 회전을 하거나 차로 변경을 할 경우에 다른 사람이 미리 알 수 있도록 신호를 보내야 한다.
  - ⓒ 시내주행 시 30m 전방, 고속도로 주행 시 100m 전방에서 방향지시등을 켠다.
  - ⓒ 추월이나 진로변경시 앞차의 속도·진로와 그 밖의 도로상황에 따라 방향지시기·등화 또는 경음기(警音機)를 사용하여 알려야 한다.

② 야간 또는 비가 오는 경우
  - ⊙ 어두울 때는 주차등이 아니라 전조등을 사용해야 다른 운전자들이 더 잘 볼 수 있다.
  - ⓒ 비가 올 경우에는 항상 전조등을 사용해야 한다.

③ 경적을 울릴 경우
  - ⊙ 보행자나 자전거 운전자에게 경고를 보내기 위해 경적을 사용할 때는 30m 이상의 거리에서 미리 경적을 울려야 한다.
  - ⓒ 가까운 곳에서 경적을 크게 울릴 경우에는 오히려 놀라서 피하지 못할 수도 있다.

(5) 차가 빠져나갈 공간을 확보한다.

① 개요
  - ⊙ 운전자는 주행 시 앞·뒤뿐만 아니라 좌·우로 안전 공간을 확보하도록 노력해야 한다.
  - ⓒ 좌·우로 차가 빠져나갈 공간이 없을 때에는 앞차와의 차간거리를 더 확보해야 한다. 앞차와의 간격은 최소한 2초는 되어야 한다.
  - ⓒ 주변에 완충공간을 확보하고 앞차와 거리를 둘 수 있기 위해서는 가급적 무리를 지은 차량대열의 중간에 끼는 것을 피할 필요가 있다.
  - ⓔ 의심스런 상황이 발생할 경우에는 항상 거리를 유지해야만 한다.

② 방어해야 할 의심스러운 상황
  - ⊙ 주행로 앞쪽으로 고정물체나 장애물이 있는 것으로 심되는 경우
  - ⓒ 전방 신호등이 일정시간 계속 녹색일 경우(신호가 곧 바뀔 것을 알려 줌)
  - ⓒ 주차차량 옆을 지날 때 그 차의 운전자가 운전석에 있는 경우(주차차량이 갑자기 빠져 나올 지도 모른다)
  - ⓔ 반대 차로에서 다가오는 차가 좌회전을 할 수도 있는 경우
  - ⓜ 다른 차가 옆 도로에서 너무 빨리 나올 경우
  - ⓫ 진출로에서 나오는 차가 자신을 보지 못할 경우
  - ⓼ 담장이나 수풀, 빌딩, 혹은 주차 차량들로 인해 시야장애를 받을 경우

③ 뒤차가 바짝 붙어 오는 상황을 피하는 방법
  ㉠ 가능하면 뒤차가 지나갈 수 있도록 차로를 변경한다.
  ㉡ 가능하면 속도를 약간 높여서 뒤차와의 거리를 늘린다.
  ㉢ 브레이크 페달을 가볍게 밟아서 제동등이 들어오게 하여 속도를 줄이려는 의도를 뒤차가 알 수 있게 한다.
  ㉣ 정지할 공간을 확보할 수 있게 점진적으로 속도를 줄인다. 이렇게 해서 뒤차가 추월할 수 있게 만든다.

03 방어운전의 기본기술

(1) 방어운전

① 방어운전의 개념
  ㉠ 방어운전이란 용어는 미국의 전미안전협회(NSC) 운전자 개선 프로그램에서 비롯한 것으로 타인의 부정확한 행동과 악천후 등에 관계없이 사고를 미연에 방지하는 운전을 의미한다.
  ㉡ 방어운전은 자신과 다른 사람을 위험한 상황으로부터 보호하는 운전기술이다.

② 방어 운전자
  ㉠ 방어 운전자는 다른 사람들의 행동을 예상하고 적절한 때에 차의 속도와 위치를 바꿀 수 있는 사람이다.
  ㉡ 방어운전자는 다른 운전자나 보행자가 교통법규를 지키지 않거나 위험한 행동을 하더라도 그에 적절하게 대처하여 사고를 미연에 방지할 수 있도록 하여야 한다.

> **tip 방어운전의 핵심요소 3단계**
> • 위험의 인지
> • 방어의 이해
> • 제시간내의 정확한 행동

(2) 기본적인 사고유형의 회피

① 정면충돌사고 회피 요령
  ㉠ 전방의 도로 상황을 파악한다. 내 차로로 들어오거나 앞지르려고 하는 차나 보행자에 대해 주의한다.
  ㉡ 정면으로 마주칠 때 핸들조작의 기본적 동작은 오른쪽으로 한다. 상대차로 쪽으로 틀지 않도록 하는 것은 상대 운전자 또한 본능적으로 자신의 차로 쪽으로 방향을 틀 것이기 때문이다.
  ㉢ 오른쪽으로 방향을 조금 틀어 공간을 확보한다. 필요하다면 차도를 벗어나 길 가장자리 쪽으로 주행한다. 상대에게 차도를 양보하면 최소한 정면충돌을 회피 할 확률이 클 것이다.
  ㉣ 속도를 줄인다. 속도를 줄이는 것은 주행거리와 충격력을 줄이는 효과가 있다.

② 후미충돌사고 회피 요령
  ㉠ 앞차에 대한 주의를 늦추지 않는다. 앞차의 운전자가 어떻게 행동할 지를 보여주는 징후나 신호를 살핀다. 제동등, 방향지시기 등을 단서로 활용한다.
  ㉡ 상황을 멀리까지 살펴본다. 앞차 너머의 상황을 살핌으로서 앞차 운전자를 갑자기 행동하게 만드는 상황과 그로 인해 자신이 위협받게 되는 상황을 파악한다.
  ㉢ 충분한 거리를 유지한다. 앞차와 최소한 3초 정도의 추종거리를 유지한다.
  ㉣ 상대보다 더 빠르게 속도를 줄인다. 위험상황이 전개될 경우 바로 엑셀에서 발을 떼서 브레이크를 밟는다. 상대보다 제동이 늦어져서 뒤늦게 브레이크를 세게 밟는 것은 방어운전의 자세가 아니다.

③ 단독사고 회피 요령
  ㉠ 단독사고를 야기하지 않기 위해서는 과로를 피하고 심신이 안정된 상태에서 운전해야 한다.
  ㉡ 음주 또는 약물의 영향을 받고 있지 않는 상태에서 운전해야 한다.
  ㉢ 낯선 곳 등의 주행에 있어서는 사전에 주행정보를 수집하여 여유 있는 주행이 가능하도록 해야 한다.

④ 미끄러짐 사고 회피 요령
　　㉠ 다른 차량 주변으로 가깝게 다가가지 않는다.
　　㉡ 수시로 브레이크 페달을 작동해서 제동이 제대로 되는지를 살펴본다.
　　㉢ 제동상태가 나쁠 경우 도로 조건에 맞춰 속도를 낮춘다.
⑤ 차량 결함 및 브레이크와 타이어 결함사고 회피 요령
　　㉠ 차의 앞바퀴가 터지는 경우 핸들을 단단하게 잡아 차가 한 쪽으로 쏠리는 것을 막고, 의도한 방향을 유지한 다음 속도를 줄인다.
　　㉡ 뒷바퀴의 바람이 빠지면 차의 후미가 좌우로 흔들리는 것을 느낄 수 있다. 차가 한쪽으로 미끄러지는 것을 느끼면 핸들 방향을 그 방향으로 틀어주며 대처한다. 이때 핸들을 순간적으로 과도하게 틀면 안 되며, 페달은 수회 반복적으로 나누어 밟아서 안전한 곳에 멈춘다.
　　㉢ 브레이크 고장 시 앞, 뒤 브레이크가 동시에 나가는 경우는 자동차의 구조상 거의 없다. 브레이크 베이퍼록 현상으로 페달이 푹 꺼진 경우라면 브레이크 페달을 반복해서 계속 밟으며 유압계통에 압력이 생기게 하여야 하고, 만일 브레이크 유압계통이 터진 경우라면 빠르고 세게 밟아(계속 여러 차례 밟으면 브레이크액 모두 빠져나갈 수 있음) 속도를 줄이는 순간 변속기 기어를 저단으로 바꾸어 엔진브레이크로 속도를 감속한 후 안전한 장소를 택해 정차한다. 브레이크 액이 모두 빠져나간다면 전·후 제동력이 모두 상실되기 때문이다.
　　㉣ 브레이크를 계속 밟아 열이 발생하여 듣지 않는 페이딩 현상이 일어난 다면 차를 멈추고 브레이크가 식을 때까지 기다려야 한다.

(3) 시인성, 시간, 공간의 관리

① 시인성을 높이는 법
　　㉠ 운전하기 전의 준비
　　　• 차 안팎 유리창을 깨끗이 닦는다.
　　　• 차의 모든 등화를 깨끗이 닦는다.
　　　• 성애제거기, 와이퍼, 워셔 등이 제대로 작동되는지를 점검한다.

　　　• 후사경과 사이드 미러를 조정한다. 운전석의 높이도 적절히 조정한다.
　　　• 선글라스, 점멸등, 창 닦게 등을 준비하여 필요할 때 사용할 수 있도록 한다.
　　　• 후사경에 매다는 장식물이나 시야를 가리는 차내의 장애물을 치운다.
　　㉡ 운전 중 행동
　　　• 낮에도 흐린 날 등에는 하향(변환빔) 전조등을 켠다(운전자, 보행자에게 600~700m 전방에서 좀 더 빠르게 볼 수 있게끔 하는 효과가 있다).
　　　• 자신의 의도를 다른 도로이용자에게 좀 더 분명히 전달함으로써 자신의 시인성을 최대화 할 수 있다.
　　　• 다른 운전자의 사각에 들어가 운전하는 것을 피한다.
　　　• 남보다 시력이 떨어지면 항상 안경이나 콘택트 렌즈를 착용한다.
　　　• 햇빛 등으로 눈부신 경우는 선글라스를 쓰거나 선바이저를 사용한다.
② 시간을 다루는 법과 원칙
　　㉠ 시간을 다루는 법
　　　• 시간을 현명하게 다룸으로서 운전상황에 대한 통제력을 높일 수 있고, 위험도 감소시킬 수 있다.
　　　• 주행속도를 조절하는 것은 바로 시간을 다루는 가장 중요한 방법이다.
　　　• 운전 중에 시간을 효율적으로 사용하기 위해 염두에 두어야 할 것은 시간, 공간, 거리가 서로 밀접하게 관련되어 있다.
　　㉡ 시간을 효율적으로 다루는 기본 원칙
　　　• 안전한 주행경로 선택을 위해 주행 중 20~30초 전방을 탐색한다.
　　　• 위험 수준을 높일 수 있는 장애물이나 조건을 12~15초 전방까지 확인한다.
　　　• 자신의 차와 앞차 간에 최소한 2~3초의 추종거리를 유지한다.
③ 공간을 다루는 법과 요령
　　㉠ 공간을 다루는 법
　　　• 속도와 시간, 거리 관계를 항상 염두에 둔다.
　　　• 차 주위의 공간을 평가하고 조절한다.

ⓛ 공간을 다루는 기본적인 요령
- 앞차와 적정한 추종거리를 유지한다.
- 뒤차가 앞서가도록 길을 터주는 것이 안전하다.
- 가능하면 좌우의 차량과도 차 한대 길이 이상의 거리를 유지한다.
- 차의 앞뒤나 좌우로 공간이 충분하지 않을 때는 공간을 증가시켜야 한다.

(4) 앞지르기 방법과 방어운전

① 앞지르기의 개념
  - ㉠ 앞지르란 뒤차가 앞차의 좌측면을 지나 앞차의 앞으로 진행하는 것을 의미하는 말이다.
  - ㉡ 앞지르기는 교통사고의 원인이 되는 경우가 있으므료 무리한 앞지르기를 하거나 함부로 앞지르기해서는 안 된다.
  - ㉢ 방어운전자로서는 가장 신중해야 할 것이 앞지르기이다.

② 앞지르기 순서 및 방법 주의사항
  - ㉠ 앞지르기 금지장소 여부를 확인한다.
  - ㉡ 전방의 안전을 확인하는 동시에 후사경으로 좌측 및 좌후방을 확인하다.
  - ㉢ 좌측 방향지시등을 켠다.
  - ㉣ 최고속도의 제한범위 내에서 가속하여 진로를 서서히 좌측으로 변경한다.
  - ㉤ 차가 일직선이 되었을 때 방향지시등을 끈 다음 앞지르기 당하는 차의 좌측을 통과한다.
  - ㉥ 앞지르기 당하는 차를 후사경으로 볼 수 있는 거리까지 주행한 후 우측 방향 지시등을 켠다.
  - ㉦ 진로를 서서히 우측으로 변경한 후 차가 일직선이 되었을 때 방향지시등을 끈다.

③ 앞지르기를 해서는 안 되는 경우
  - ㉠ 앞차가 좌측으로 진로를 바꾸려고 하거나 다른 차를 앞지르려고 할 때
  - ㉡ 앞차의 좌측에 다른 차가 나란히 가고 있을 때
  - ㉢ 뒤차가 자기 차를 앞지르려고 할 때
  - ㉣ 마주 오는 차의 진행을 방해하게 될 염려가 있을 때
  - ㉤ 앞차가 교차로나 철길건널목 등에서 정지 또는 서행하고 있을 때

  - ㉥ 앞차가 경찰공무원 등의 지시에 따르거나 위험방지를 위하여 정지 또는 서행하고 있을 때
  - ㉦ 어린이통학버스가 어린이 또는 유아를 태우고 있다는 표시를 하고 도로를 통행할 때

④ 앞지르기할 때 발생하기 쉬운 사고 유형
  - ㉠ 최초 진로를 변경할 때에는 동일방향 좌측 후속 차량 또는 나란히 진행하던 차량과의 충돌
  - ㉡ 중앙선을 넘어 앞지르기할 때에는 반대 차로에서 횡단하고 있는 보행자나 주행하고 있는 차량과의 충돌
  - ㉢ 앞지르기를 하고 있는 중에 앞지르기 당하는 차량이 좌회전하려고 진입하면서 발생하는 충돌
  - ㉣ 앞지르기를 시도하기 위해 앞지르기 당하는 차량과의 근접주행으로 인한 후미 추돌
  - ㉤ 앞지르기한 후 주행차로로 재진입하는 과정에서 앞지르기 당하는 차량과의 충돌

⑤ 앞지르기할 때의 방어운전
  - ㉠ 자신의 차가 다른 차를 앞지르기 할 때
    - 앞지르기에 필요한 속도가 그 도로의 최고속도 범위 이내 일 때 앞지르기를 시도한다(과속은 금물이다).
    - 앞지르기에 필요한 충분한 거리와 시야가 확보되었을 때 앞지르기를 시도한다.
    - 앞차가 앞지르기를 하고 있는 때는 앞지르기를 시도하지 않는다.
    - 앞차의 오른쪽으로 앞지르기하지 않는다.
    - 점선으로 되어있는 중앙선을 넘어 앞지르기 하는 때에는 대향차의 움직임에 주의한다.
  - ㉡ 다른 차가 자신의 차를 앞지르기 할 때
    - 앞지르기를 시도하는 차가 원활하게 주행차로로 진입할 수 있도록 속도를 줄여준다.
    - 앞지르기 금지 장소 등에서도 앞지르기를 시도하는 차가 있다는 사실을 항상 염두에 두고 방어운전을 한다.

04 시가지도로에서의 안전운전

(1) 시가지에서의 시인성, 시간, 공간의 관리

① 시인성 다루기
  ㉠ 1~2블록 전방의 상황과 길의 양쪽 부분을 모두 탐색한다.
  ㉡ 조금이라도 어두울 때는 하향(변환빔) 전조등을 켜도록 한다.
  ㉢ 교차로에 접근할 때나 차의 속도를 늦추든지 멈추려고 할 때는 언제든지 후사경과 사이드 미러를 이용해서 차들을 살펴본다.
  ㉣ 예정보다 빨리 회전하거나 한쪽으로 붙을 때는 자신의 의도를 신호로 알린다.
  ㉤ 전방 차량 후미의 등화에 지속적으로 주의하여, 제동과 회전여부 등을 예측한다.
  ㉥ 주의표지나 신호에 대해서도 감시를 늦추지 말아야 하며, 경찰차, 앰블런스, 소방차 및 기타 긴급차량의 사이렌 소리나 점멸등에 대해서도 주의한다.
  ㉦ 빌딩이나 주차장 등의 입구나 출구에 대해서도 주의한다.

② 시간 다루기
  ㉠ 속도를 낮춘다.
  ㉡ 항상 사고를 회피하기 위해 멈추거나 핸들을 틀 준비를 한다.
  ㉢ 위협적인 상황임을 알아차렸을 때 브레이크를 밟을 준비를 하여 갑작스런 위험상황에 대비한다.
  ㉣ 다른 운전자와 보행자가 자신을 보고 반응할 수 있도록 하기 위해서는 항상 사전에 자신의 의도를 신호로 표시한다.
  ㉤ 도심교통상의 운전에 있어서는 여유시간을 가지고 주행하도록 한다.

③ 공간 다루기
  ㉠ 교통체증으로 서로 근접하는 상황이라도 앞차와는 2초 정도의 거리를 둔다.
  ㉡ 다른 차 뒤에 멈출 때 앞차의 6~9m 뒤에 멈추도록 한다. 뒤에서 2~3대의 차가 다가와 멈추면 그때 가볍게 앞으로 나가도록 한다.
  ㉢ 다른 차로로 진입할 공간의 여지를 남겨둔다.
  ㉣ 항상 앞차가 앞으로 나간 다음에 자신의 차를 앞으로 움직인다.
  ㉤ 주차한 차와는 가능한 한 여유 공간을 넓게 유지한다.
  ㉥ 다차로 도로에서 다른 차의 바로 옆 사각으로 주행하는 것을 피한다.
  ㉦ 대향차선의 차와 자신의 차 사이에는 가능한 한 많은 공간을 유지한다.

(2) 시가지 교차로에서의 방어운전

① 교차로에서의 방어운전
  ㉠ 신호는 운전자의 눈으로 직접 확인한 후 선신호에 따라 진행하는 차가 없는지 확인하고 출발한다.
  ㉡ 신호에 따라 진행하는 경우에도 신호를 무시하고 갑자기 달려드는 차 또는 보행자가 있다는 사실에 주의한다.
  ㉢ 좌·우회전할 때에는 방향지시등을 정확히 점등한다.
  ㉣ 성급한 우회전은 횡단하는 보행자와 충돌할 위험이 증가한다.
  ㉤ 통과하는 앞차를 맹목적으로 따라가면 신호를 위반할 가능성이 높다.
  ㉥ 교통정리가 행하여지고 있지 아니하고 좌·우를 확인할 수 없거나 교통이 빈번한 교차로에 진입할 때에는 일시정지하여 안전을 확인한 후 출발한다.
  ㉦ 내륜차에 의한 사고에 주의한다.

② 교차로 황색신호에서의 방어운전

   ㉠ 황색신호일 때에는 멈출 수 있도록 감속하여 접근한다.

   ㉡ 황색신호일 때 모든 차는 정지선 바로 앞에 정지하여야 한다.

   ㉢ 이미 교차로 안으로 진입하여 있을 때 황색신호로 변경된 경우에는 신속히 교차로 밖으로 빠져 나간다.

   ㉣ 교차로 부근에는 무단 횡단하는 보행자 등 위험요인이 많으므로 돌발 상황에 대비한다.

   ㉤ 가급적 딜레마구간에 도달하기 전에 속도를 줄여 신호가 변경되면 바로정지 할 수 있도록 준비한다.

   ※ 딜레마구간 … 신호기가 설치되어 있는 교차로에서 운전자가 황색신호를 인식하였으나 정지선 앞에 정지할 수 없어 계속 진행하여 황색신호가 끝날 때까지 교차로를 빠져나오지 못한 경우에 황색 신호의 시작 지점에서부터 끝난 지점까지 차량이 존재하고 있는 구간을 말한다.

(3) 시가지 이면도로에서의 방어운전

① 시가지 이면도로에서의 위험성

   ㉠ 주변에 주택 등이 밀집되어 있는 주택가나 동네길, 학교 앞 도로로 보행자의 횡단이나 통행이 많다.

   ㉡ 길가에서 뛰노는 어린이들이 많아 어린이들과의 접촉사고가 발생할 가능성이 높다.

   ※ 이면도로에서 안전하게 운전하려면 항상 위험을 예상하면서 속도를 낮추고 운전하는 것이 중요하다. 특히 어린이 보호구역에서는 시속 30킬로미터 이하로 운전해야 한다.

② 시가지 이면도로에서의주요 주의사항

   ㉠ 항상 보행자의 출현 등 돌발 상황에 대비한 방어운전을 한다.

   ㉡ 위험한 대상물은 계속 주시한다.

05 지방도로에서 안전운전

(1) 지방도로에서의 시인성, 시간, 공간의 관리

① 시인성 다루기

   ㉠ 주간에도 하향(변환빔) 전조등을 켠다. 야간에 주위에 다른 차가 없다면 어두운 도로에서는 상향(주행빔) 전조등을 켜도 좋다.

   ㉡ 도로상 또는 주변에 차, 보행자 또는 동물과 장애물 등이 있는지를 살피며, 20~30초 앞의 상황을 탐색한다.

   ㉢ 문제를 야기할 수 있는 전방 12~15초의 상황을 확인한다.

   ㉣ 언덕 너머 또는 커브 안쪽에 있을 수 있는 위험 조건에 안전하게 반응할 수 있을 만큼의 속도로 주행한다.

   ㉤ 큰 차를 너무 가깝게 따라 감으로써 잠재적 위험원에 대한 시야를 차단당하는 일이 없도록 한다.

   ㉥ 회전 시, 차를 길가로 붙일 때, 앞지르기를 할 때 등에서는 자신의 의도를 신호로 나타낸다.

② 시간 다루기

   ㉠ 천천히 속도를 조절하며 움직이는 차를 주시한다.

   ㉡ 교차로, 특히 교통신호등이 설치되어 있지 않은 곳일수록, 접근하면서 속도를 줄인다.

   ㉢ 낯선 도로를 운전할 때는 여유시간을 허용한다. 미리 갈 노선을 계획한다.

   ㉣ 자갈길, 지저분하거나 도로노면의 표시가 잘 보이지 않는 도로를 주행할 때는 속도를 줄인다.

   ㉤ 도로 상에 또는 도로 근처에 있는 동물에 접근하거나 이를 통과할 때, 동물이 주행로를 가로질러 건너갈 때는 속도를 줄인다.

③ 공간 다루기

   ㉠ 전방을 확인하거나 회피핸들조작을 하는 능력에 영향을 미칠 수 있는 속도, 교통량, 도로 및 도로의 부분 조건 등에 맞춰 추종거리를 조정한다.

   ㉡ 다른 차량이 바짝 뒤에 따라붙을 때 앞으로 나아갈 수 있도록 가능한 한 충분한 공간을 확보해 준다.

   ㉢ 왕복 2차선 도로상에서느 자신의 차와 대향차 간에 가능한 한 충분한 공간 유지한다.

   ㉣ 앞지르기를 완전하게 할 수 있는 전방이 훤히 트인 곳이 아니면 어떤 오르막길 경사로에서도 앞지르기를 해서는 안 된다.

ⓜ 안전에 위협을 가할 수 있는 차량, 동물 또는 기타 물체를 대상으로 도로를 탐색할 때는 사고 위험에 대하여 그 위험 자체를 피할 수 있는 행동의 순서를 가늠해 본다.

(2) 커브길의 방어운전

① 커브길 주행방법

　㉠ 커브길에 진입하기 전에 경사도나 도로의 폭을 확인하고 가속페달에서 발을 떼어 엔진브레이크가 작동되도록 속도를 줄인다.

　㉡ 엔진 브레이크만으로 속도가 충분히 줄지 않으면 풋 브레이크를 사용하여 회전 중에 더 이상 감속하지 않도록 줄인다.

　㉢ 감속된 속도에 맞는 기어로 변속한다.

　㉣ 회전이 끝나는 부분에 도달하였을 때에는 핸들을 바르게 한다.

　㉤ 가속 페달을 밟아 속도를 서서히 높인다.

② 커브길 주행 시의 주의 사항

　㉠ 커브길에서는 급핸들 조작이나 급가속 급제동은 하지 않는다.

　㉡ 회전 중에 발생하는 가속이나 감속은 차량의 무게 중심이 한쪽으로 쏠려 차량의 균형이 쉽게 무너질 수 있어 주의한다.

　㉢ 운전자가 몸의 중심을 잃지 않아야 가속이나 감속의 균형이 깨지지 않아 차선이탈 등의 사고를 예방한다.

　㉣ 중앙선을 침범하거나 도로의 중앙선으로 치우친 운전을 하지 않는다.

　㉤ 시력이 볼 수 있는 범위(시야)가 제한되어 있다면 주간에는 경음기, 야간에는 전조등을 사용하여 내 차의 존재를 반대 차로 운전자에게 알린다.

　㉥ 급커브길 등에서의 앞지르기는 대부분 규제표지 및 노면표시 등 안전표지로 금지하고 있으나, 금지표지가 없어도 전방의 안전이 확인 안 되는 경우에는 절대 하지 않는다.

　㉦ 겨울철 커브길은 노면이 얼어있는 경우가 많으므로 사전에 충분히 감속하여 안전사고가 발생하지 않도록 주의한다.

(3) 언덕길의 방어운전

① 내리막길에서의 방어운전

　㉠ 내리막길을 내려갈 때에는 엔진 브레이크로 속도를 조절하는 것이 바람직하다.

　㉡ 엔진 브레이크를 사용하면 브레이크 의존운전에서 벗어나 브레이크 과열을 예방한다.

　㉢ 도로의 내리막이 시작되는 시점에서 브레이크를 힘껏 밟아 브레이크를 점검한다.

　㉣ 내리막길은 반드시 변속기 저속기어로 자동변속기는 수동모드의 저속기어 상태로 엔진 브레이크로 속도를 줄여 감속운전 한다.

　㉤ 커브길을 주행할 때와 마찬가지로 경사길 주행 중간에 불필요하게 속도를 줄이거나 급제동하는 것은 주의해야 한다.

　㉥ 비교적 경사가 가파르지 않은 긴 내리막길을 내려갈 때에 운전자의 시선은 먼 곳을 바라보고, 무심코 가속 페달을 밟아 순간 속도를 높일 수 있으므로 주의해야 한다.

② 오르막길에서의 안전운전 및 방어운전

　㉠ 정차할 때는 앞차가 뒤로 밀려 충돌할 가능성이 있으므로 충분한 차간거리를 유지한다.

　㉡ 오르막길의 정상 부근은 시야가 제한되는 사각지대로, 반대 차로의 차량이 앞에 다가올 때까지는 보이지 않을 수 있으므로 서행하며 위험에 대비한다.

　㉢ 정차해 있을 때에는 가급적 풋 브레이크와 핸드 브레이크를 동시에 사용한다.

　㉣ 뒤로 미끄러지는 것을 방지하기 위해 정지하였다가 출발할 때에 핸드 브레이크를 사용하면 도움이 된다.

　㉤ 오르막길에서 부득이하게 앞지르기 할 때에는 힘과 가속이 좋은 저단 기어를 사용하는 것이 안전하다.

　㉥ 언덕길에서 올라가는 차량과 내려오는 차량이 교차할 때에는 내려오는 차량에게 통행 우선권이 있으므로 올라가는 차량이 양보하여야 한다.

(4) 철길 건널목 방어운전

① 철길 건널목에서의 방어운전
  ㉠ 철길건널목에 접근할 때에는 속도를 줄여 접근한다.
  ㉡ 일시정지 후에는 철도 좌·우의 안전을 확인한다.
  ㉢ 건널목을 통과할 때에는 기어를 변속하지 않는다.
  ㉣ 건널목 건너편 여유 공간을 확인한 후에 통과한다.

② 철길 건널목 통과 중에 시동이 꺼졌을 때의 조치방법
  ㉠ 즉시 동승자를 대피시키고, 차를 건널목 밖으로 이동시키기 위해 노력한다.
  ㉡ 철도공무원, 건널목 관리원이나 경찰에게 알리고 지시에 따른다.
  ㉢ 건널목 내에서 움직일 수 없을 때에는 열차가 오고 있는 방향으로 뛰어가면서 옷을 벗어 흔드는 등 기관사에게 위급상황을 알려 열차가 정지할 수 있도록 안전조치를 취한다.

06 고속도로에서 안전운전

(1) 고속도로 교통사고 특성

① 고속도로 안전 운전
  ㉠ 고속도로에서는 대부분의 운전자가 주행시작 1시간 30분이 지나면서 지루함과 동시에 피로를 느끼게 된다.
  ㉡ 2시간이상, 200km이상 운전을 자제 및 15분 휴식, 4시간이상 운전 시 30분간 휴식한다.
  ㉢ 단조롭고 지루하지 않게 탑승자는 즐거운 대화를 유도한다.
  ㉣ 인지나 감각이 늦거나 졸음 오는 듯 느끼면 바로 유게소나 졸음쉼터 휴식을 취한다.

② 교통사고의 특성
  ㉠ 고속도로는 빠르게 달리는 도로의 특성상 치사율이 높다.

  ㉡ 운전자 전방주시 태만과 졸음운전으로 인한 2차(후속)사고 발생 가능성이 높다.
  ㉢ 운전자의 장거리 운행으로 인한 과로로 졸음운전이 발생할 가능성이 매우 높다.
  ㉣ 대형차량의 안전운전 불이행으로 대형사고가 발생하고, 화물차의 적재불량과 과적은 도로상에 낙하물을 발생시키고 교통사고의 원인이 되고 있다.
  ㉤ 운전 중 휴대폰 사용, DMB 시청 등 기기사용 증가로 인해 전방 주시에 소홀해지고 이로 인한 교통사고 발생가능성이 더욱 높아지고 있다.
  ㉥ 도로의 특성상 지정차로를 준수하는 운행이 필수고 승용차나 소형차는 대형차의 틈에 끼어 주행은 경계하여야 하는 것은 대형차의 눈높이가 달라 방심 순간 잊혀지는 착각에 대형사고의 원인이 된다.

(2) 고속도로에서의 시인성, 단조로움, 시간 공간의 관리

① 시인성 다루기
  ㉠ 20~30초 전방을 탐색해서 도로주변에 차량, 장애물, 동물, 심지어는 보행자 등이 없는가를 살핀다.
  ㉡ 진출입로 부근의 위험이 있는지에 대해 주의한다. 운전자들이 너무 느린 속도로 또는 살펴보지도 않고 진입해 들어오거나 마지막 순간에 와서 갑자기 여러 차선을 가로질러 빠져나가는 수도 있다.
  ㉢ 주변에 있는 차량의 위치를 파악하기 위해 자주 후사경과 사이드미러를 보도록 한다.
  ㉣ 차로 변경이나, 고속도로 진입, 진출 시에는 진행하기에 앞서 항상 자신의 의도를 신호로 알린다.
  ㉤ 가급적이면 하향(변환빔) 전조등을 켜고 주행한다.
  ㉥ 속도를 늦추거나 앞지르기 또는 차선변경을 하고 있는지를 살피기 위해 앞 차량의 후미등을 살피도록 한다.
  ㉦ 가급적 대형차량이 전방 또는 측방 시야를 가리지 않는 위치를 잡아 주행 한다.
  ㉧ 속도제한이 있음을 알게 하거나 진출로가 다가왔음을 알려주는 도로표지를 항상 신경을 쓰도록 한다.

② 시간 다루기
　㉠ 확인, 예측, 판단 과정을 이용하여 12~15초 전방 안에 있는 위험상황을 확인한다.
　㉡ 항상 속도와 추종거리를 조절해서 비상시에 멈추거나 회피핸들 조작을 하기 위한 적어도 4~5초의 시간을 가져야 한다.
　㉢ 고속도로 등에 진입 시에는 항상 본선 차량이 주행 중인 속도로 차량의 대열에 합류하려고 해야 한다.
　㉣ 고속도로를 빠져나갈 때는 가능한 한 빨리 진출차로로 들어가야 한다.
　㉤ 가깝게 몰려다니는 차 사이에서 주행하는 것을 피하기 위해 속도를 조절하도록 한다.
　㉥ 차의 속도를 유지하는 데 어려움을 느끼는 차를 주의해서 살핀다.
　㉦ 주행하게 될 고속도로 및 진출입로를 확인하는 등 사전에 주행경로 계획을 세운다.

③ 공간 다루기
　㉠ 자신과 다른 차량이 주행하는 속도, 도로, 기상조건 등에 맞도록 차의 위치를 조절한다.
　㉡ 다른 차량과의 합류시, 차로변경시, 진입차선을 통해 고속도로로 들어갈 때, 적어도 4초의 간격을 허용하도록 한다.
　㉢ 차로를 변경하기 위해서는 핸들을 점진적으로 튼다.
　㉣ 만일 여러 차로를 가로지를 필요가 있다면 매번 신호를 하면서 한 번에 한 차로씩 옮겨간다.
　㉤ 차들이 고속도로에 진입해 들어 올 여지를 준다.
　㉥ 차 뒤로 바짝 붙는 차량이 있을 경우는 안전한 경우에 한해 다른 차로로 변경하여 앞으로 가게 한다.
　㉦ 앞지르기를 마무리 할 때 앞지르기 한 차량의 앞으로 너무 일찍 들어가지 않도록 한다.
　㉧ 트럭이나 기타 폭이 넓은 차량을 앞지를 때는 일반 차량과 달리 그 차량과의 사이에 측면의 공간이 좁아진다는 점을 유의할 필요가 있다.
　㉨ 고속도로의 차로수가 갑자기 줄어드는 장소를 조심한다. 특히 교량, 터널 등 차로가 줄어드는 곳에서는 속도를 줄이고 조심스럽게 진입한다.

(3) 고속도로 진출입부에서의 방어운전

① 진입부에서의 안전운전
　㉠ 본선 진입의도를 다른 차량에게 방향지시등으로 알린다.
　㉡ 본선 진입 전 충분히 가속하여 본선 차량의 교통흐름을 방해하지 않도록 한다.
　㉢ 진입을 위한 가속차로 끝부분에서 감속하지 않도록 주의한다.
　㉣ 고속도로 본선을 저속으로 진입하거나 진입 시기를 잘못 맞추면 추돌사고 등 교통사고가 발생할 수 있다.

② 진출부에서의 안전운전
　㉠ 본선 진출의도를 다른 차량에게 방향지시등으로 알린다.
　㉡ 진출부 진입 전에 본선 차량에게 영향을 주지 않도록 주의한다.
　㉢ 본선 차로에서 천천히 진출부로 진입하여 출구로 이동한다.

(4) 고속도로 안전운전 방법

① 전방주시
　㉠ 고속도로 교통사고 원인의 대부분은 전방주시 의무를 게을리 한 탓이다.
　㉡ 운전자는 앞차의 뒷부분만 봐서는 안 되며 앞차의 전방까지 시야를 두면서 운전한다.

② 진입은 안전하게 천천히, 진입 후 가속은 빠르게
　㉠ 고속도로에 진입할 때는 방향지시등으로 진입 의사를 표시한 후 가속차로에서 충분히 속도를 높이고 주행하는 다른 차량의 흐름을 살펴 안전을 확인한 후 진입한다.
　㉡ 진입한 후에는 빠른 속도로 가속해서 교통흐름에 방해가 되지 않도록 한다.

③ 주변 교통흐름에 따라 적정속도 유지
　㉠ 고속도로에서는 주변 차량들과 함께 교통흐름에 따라 운전하는 것이 중요하다.

ⓛ 주변차량들과 다른 속도로 주행하면 다른 차량의 운행과 교통흐름을 방해할 수 있기 때문에 최고속도 하에서 적정 속도를 유지해야 한다.

④ 주행차로로 주행
  ㉠ 느린 속도의 앞차를 추월할 경우 앞지르기 차로를 이용하며 추월이 끝나면 주행차로로 복귀한다.
  ㉡ 복귀할 때에는 뒤차와 거리가 충분히 벌려졌을 때 안전하게 차로를 변경한다.

⑤ 전 좌석 안전띠 착용
  ㉠ 교통사고로 인한 인명피해를 예방하기 위해 전 좌석 안전띠를 착용해야 한다.
  ㉡ 고속도로 및 자동차 전용도로는 전 좌석 안전띠 착용이 의무사항이다.

(5) 교통사고 및 고장 발생 시 대처 요령

① 2차사고의 방지 및 안전행동요령
  ㉠ 2차사고의 방지
   • 2차 사고는 선행 사고나 고장으로 정차한 차량 또는 사람(선행차량 탑승자 또는 사고 처리자)을 후방에서 접근하는 차량이 재차 충돌하는 사고를 말한다.
   • 고속도로는 차량이 고속으로 주행하는 특성 상 2차사고 발생 시 사망사고로 이어질 가능성이 매우 높다.(고속도로 2차사고 치사율은 일반사고 보다 6배 높음)
  ㉡ 2차사고 예방 안전행동요령
   • 신속히 비상등을 켜고 다른 차의 소통에 방해가 되지 않도록 갓길로 차량을 이동시킨다.
    ※ 차량이동이 어려운 경우 탑승자들은 안전조치 후 신속하고 안전하게 가드레일 바깥 등의 안전한 장소로 대피한다.
   • 후방에서 접근하는 차량의 운전자가 쉽게 확인할 수 있도록 고장자 동차의 표지(안전삼각대)를 한다.
    ※ 야간에는 석색 섬광신호·선기체능 또는 물꽃신호를 추가로 설치한다.
   • 운전자와 탑승자가 차량 내 또는 주변에 있는 것은 매우 위험하므로 가드레일(방호벽) 밖 등 안전한 장소로 대피한다.

   • 경찰관서(112), 소방관서(119) 또는 한국도로공사 콜센터(1588-2504)로 연락하여 도움을 요청한다.

② 부상자의 구호
  ㉠ 응급조치
   • 사고 현장에 의사, 구급차 등이 도착할 때까지 부상자에게는 가제나 깨끗한 손수건으로 지혈하는 등 응급조치를 한다.
   • 함부로 부상자를 움직여서는 안 되며, 특히 두부에 상처를 입었을 때에는 움직이지 말아야 한다.
    ※ 2차 사고의 우려가 있을 경우에는 안전한 장소로 이동시킨다.
  ㉡ 경찰공무원 등에게 신고
   • 사고를 낸 운전자는 사고 발생 장소, 사상자 수, 부상정도, 그 밖의 조치상황을 경찰공무원이 현장에 있을 때에는 경찰 공무원에게, 경찰공무원이 없을 때에는 가장 가까운 경찰관서에 신고한다.
   • 사고발생 신고 후 사고 차량의 운전자는 경찰공무원이 말하는 부상자 구호와 교통안전 상 필요한 사항을 지켜야 한다.

③ 한국도로공사 긴급견인 서비스
  ㉠ 한국도로공사 콜센터
   • 서비스명 : 고속도로 2504 긴급견인 서비스
   • 콜센터 전화번호 : 1588-2504
  ㉡ 긴급견인 서비스
   • 고속도로 본선, 갓길에 멈춰 2차사고가 우려되는 소형차량을 안전지대(휴게소, 영업소, 쉼터 등)까지 견인하는 제도로서 한국도로공사에서 비용을 부담하는 무료서비스
   • 대상차량 : 승용차, 16인 이하 승합차, 1.4톤 이하 화물차

(6) 도로 터널구간 안전운전

① 도로터널 화재의 위험성
  ㉠ 터널은 반 밀폐된 공간으로 화재가 발생할 경우, 내부에 열기가 축적되며 급속한 온도상승과 종방향으로 연기확산이 빠르게 진행되어 시야확보가 어렵고 연기 질식에 의한 다수의 인명피해가 발생될 수 있다.

ⓛ 대형차량 화재시 약 1,200℃까지 온도가 상승하여 구조물에 심각한 피해를 유발하게 된다.

② 터널 안전운전 수칙
  ㉠ 터널 진입 전 입구 주변에 표시된 도로정보를 확인한다.
  ㉡ 터널 진입 시 라디오를 켠다.
  ㉢ 선글라스를 벗고 라이트를 켠다.
  ㉣ 교통신호를 확인한다.
  ㉤ 안전거리를 유지한다.
  ㉥ 차선을 바꾸지 않는다.
  ㉦ 비상시를 대비하여 피난연결통로, 비상주차대 위치를 확인한다.

③ 터널 내 화재 시 행동요령
  ㉠ 운전자는 차량과 함께 터널 밖으로 신속히 이동한다.
  ㉡ 터널 밖으로 이동이 불가능한 경우 최대한 갓길쪽으로 정차한다.
  ㉢ 엔진을 끈 후 키를 꽂아둔 채 신속하게 하차한다.
  ㉣ 비상벨을 누르거나 비상전화로 화재발생을 알려줘야 한다.
  ㉤ 사고 차량의 부상자에게 도움을 준다.(비상전화 및 휴대폰 사용 터널관리소 및 119 구조요청
  ㉥ 터널에 비치된 소화기나 설치되어 있는 소화전으로 조기 진화를 시도한다.
  ㉦ 조기 진화가 불가능할 경우 젖은 수건이나 손등으로 코와 입을 막고 낮은 자세로 화재 연기를 피해 유도등을 따라 신속히 터널 외부로 대피한다.

07 **야간·악천후 시의 안전운전**

(1) 야간운전

① 야간운전의 위험성
  ㉠ 야간에는 시야가 전조등의 불빛으로 식별할 수 있는 범위로 제한됨에 따라 노면과 앞차의 후미 등 전방만을 보게 되므로 가시거리가 100m 이내인

경우에는 최고속도를 50% 정도 감속하여 운행한다.
  ㉡ 커브길이나 길모퉁이에서는 전조등 불빛이 회전하는 방향을 제대로 비춰지지 않는 경향이 있으므로 속도를 줄여 주행한다.
  ㉢ 야간에는 운전자의 좁은 시야로 인해 앞차와의 차간거리를 좁혀 근접 주행하는 경향이 있으며, 이렇게 한정된 시야로 주행하다 보면 안구동작이 활발하지 못해 자극에 대한 반응이 둔해지고, 심하면 근육이나 뇌파의 반응이 저하되어 졸음운전을 하게 되니 더욱 주의해야 한다.
  ㉣ 마주 오는 대향차의 전조등 불빛으로 인해 도로 보행자의 모습을 볼 수 없게 되는 증발현상과 운전자의 눈 기능이 순간적으로 저하되는 현혹현상 등이 발생할 수 있다. 이럴 때에는 약간 오른쪽을 바라보며 대향차의 전조등 불빛을 정면으로 보지 않도록 한다.
  ㉤ 원근감과 속도감이 저하되어 과속으로 운행하는 경향이 발생할 수 있다.
  ㉥ 술 취한 사람이 갑자기 도로에 뛰어들거나, 도로에 누워있는 경우가 발생하므로 주의해야 한다.
  ㉦ 밤에는 낮보다 장애물이 잘 보이지 않거나, 발견이 늦어 조치시간이 지연될 수 있다.

② 야간의 안전운전
  ㉠ 해가 지기 시작하면 곧바로 전조등을 켜 다른 운전자들에게 자신을 알린다.
  ㉡ 주간보다 시야가 제한되므로 속도를 줄여 운행한다.
  ㉢ 흑색 등 어두운 색의 옷차림을 한 보행자는 발견하기 곤란하므로 보행자의 확인에 더욱 세심한 주의를 기울인다.
  ㉣ 승합자동차는 야간에 운행할 때에 실내조명등을 켜고 운행한다.
  ㉤ 선글라스를 착용하고 운전하지 않는다.
  ㉥ 커브길에서는 상향등과 하향등을 적절히 사용하여 자신이 접근하고 있음을 알린다.
  ㉦ 대향차의 전조등을 직접 바라보지 않는다.

ⓞ 자동차가 서로 마주보고 진행하는 경우에는 전조등 불빛의 방향을 아래로 향하게 한다.

ⓩ 밤에 앞차의 바로 뒤를 따라갈 때에는 전조등 불빛의 방향을 아래로 향하게 한다.

ⓩ 장거리를 운행할 때에는 운행계획에 휴식시간을 포함시켜 세운다.

ⓚ 불가피한 경우가 아니면 도로 위에 주 · 정차 하지 않는다.

ⓔ 밤에 고속도로 등에서 자동차를 운행할 수 없게 되었을 때에는 고장자동차 표지를 설치하고 사방 500m 지점에서 식별할 수 있는 적색의 섬광신호 · 전기제등 또는 불꽃신호를 추가로 설치하는 등 조치를 취하여야 한다.

ⓟ 전조등이 비추는 범위의 앞쪽까지 살핀다.

ⓗ 앞차의 미등만 보고 주행하지 않는다.

(2) 악천후 시의 운전

① 안개길 운전
ⓐ 안개길 운전의 위험성
• 안개로 인해 운전시야 확보가 곤란하다.
• 주변의 교통안전표지 등 교통정보 수집이 곤란하다.
• 다른 차량 및 보행자의 위치 파악이 곤란하다.

ⓑ 안개길 안전운전
• 전조등과 안개등 및 비상점멸표시등을 켜고 운행한다.
• 가시거리가 100m 이내인 경우에는 최고속도를 50% 정도 감속하여 운행한다.
• 앞차와의 차간거리를 충분히 확보하고, 앞차의 제동이나 방향지시등의 신호를 예의 주시하며 운행한다.
• 앞을 분간하지 못할 정도의 짙은 안개로 운행이 어려울 때에는 차를 안전한 곳에 세우고 잠시 기다린다. 이때에는 지나가는 차에게 내 차량의 위치를 알릴 수 있도록 미등과 비상점멸표시등(비상등) 등을 점등시켜 충돌사고 등이 발생하지 않도록 조치한다.
• 커브길 등에서는 경음기를 울려 자신이 주행하고 있다는 것을 알린다.

ⓒ 고속도로에서 안개지역을 통과할 때 주의사항
• 도로전광판, 교통안전표지 등을 통해 안개 발생구간을 확인한다.
• 갓길에 설치된 안개시정표지를 통해 시정거리 및 앞차와의 거리를 확인한다.
• 중앙분리대 또는 갓길에 설치된 반사체인 시선유도표지를 통해 전방의 도로선형을 확인한다.
• 도로 갓길에 설치된 노면요철포장의 소음 또는 진동을 통해 도로이탈을 확인하고 원래차로로 신속히 복귀하여 평균 주행속도보다 감속하여 운행한다.

② 빗길 운전
ⓐ 빗길 운전의 위험성
• 비로 인해 운전시야 확보가 곤란하다. 앞 유리창에 김이 서리거나, 흐르는 물방울 및 물기는 운전자의 시야를 방해하고, 시계는 와이퍼(Wiper)의 작동 범위에 한정되므로 좌 · 우의 안전을 확인하기 쉽지 않다.
• 타이어와 노면사이의 마찰력이 감소하여 정지거리가 길어진다.
• 수막현상 등으로 인해 조향조작 및 브레이크 기능이 저하될 수 있다.
• 보행자의 주의력이 약해지는 경향이 있다. 비가 오면 보행자는 우산을 받쳐 들고 노면을 바라보며 걷는 경향이 있으며, 자동차나 신호기에 대한 주의력이 평상시보다 떨어질 수 있다.
• 젖은 노면에 토사가 흘러내려 진흙이 깔려 있는 곳은 다른 곳보다 더욱 미끄럽다.

ⓑ 빗길 안전운전
• 비가 내려 노면이 젖어있는 경우에는 최고속도의 20%를 줄인 속도로 운행한다.
• 폭우로 가시거리가 100m 이내인 경우에는 최고속도의 50%를 줄인 속도로 운행한다.
• 물이 고인 길을 통과할 때에는 속도를 줄여 저속으로 통과한다.
• 물이 고인 길을 벗어난 경우에는 브레이크를 여러 번 나누어 밟아 마찰열로 브레이크 패드나 라이닝의 물기를 제거한다.
• 보행자 옆을 통과할 때에는 속도를 줄여 흙탕물이 튀기지 않도록 주의한다.

- 공사현장의 철판 등을 통과할 때에는 사전에 속도를 충분히 줄여 미끄러지지 않도록 천천히 통과하여야 하며, 급브레이크를 밟지 않는다.
- 급출발, 급핸들, 급브레이크 조작은 미끄러짐이나 전복사고의 원인이 되므로 엔진브레이크를 적절히 사용하고, 브레이크를 밟을 때에는 페달을 여러 번 나누어 밟는다.

08 경제운전

(1) 경제운전의 개념과 효과

① 개념
　㉠ 경제운전은 연료 소모율을 낮추고, 공해배출을 최소화하며, 급가속, 급제동, 급감속 등 위험운전을 하지 않음으로 안전운전의 효과를 가져 오고자 하는 운전방식으로 에코드라이빙이라고도 한다.
　㉡ 연구 결과에 따르면 제동을 적게 하기, 공회전 줄이기 등 몇 가지만 지켜도 매년 18% 이상의 연료절감효과를 얻을 수 있는 것으로 나타났다.

② 경제운전의 기본적인 방법
　㉠ 급가속(가속 페달은 부드럽게)을 피한다.
　㉡ 급제동을 피한다.
　㉢ 급한 운전을 피한다.
　㉣ 불필요한 공회전을 피한다.
　㉤ 일정한 차량속도(정속주행)를 유지한다.

③ 경제운전의 효과
　㉠ 연비의 고효율(경제운전)
　㉡ 차량 구조장치 내구성 증가(차량관리비, 고장수리비, 타이어 교체비 등의 감소)
　㉢ 고장수리 작업 및 유지관리 작업 등의 시간 손실 감소효과
　㉣ 공해배출 등 환경문제의 감소효과
　㉤ 방어운전 효과
　㉥ 운전자 및 승객의 스트레스 감소 효과

(2) 경제운전에 영향을 미치는 요인

① 도심 교통상황에 따른 요인
　㉠ 복잡한 도로구조와 교통체증이 발생한다.
　㉡ 잦은 브레이크 사용으로 연료 소모량의 증가와 브레이크 라이닝이 과대 마모된다.
　㉢ 정속주행이 불가능하여 속도가 빠르고 느리고를 반복하게 된다.
　㉢ 부드러운 가속, 제동의 최소화, 예측운전, 정속주행 등의 부족이다.

② 도로조건
　㉠ 고속도로나 시내의 외곽도로 전용도로 등에서 엔진 RPM을 무시하거나 충분한 안전거리를 확보하지 않고 주행한다.
　㉡ 젖은 노면은 구름저항을 증가시키며, 경사도는 구배저항에 영향을 미침으로서 연료소모를 증가시킨다.

③ 기상조건
　㉠ 맞바람은 공기저항을 증가시켜 연료소모율을 높인다.
　㉡ 고속운전에서 차창을 열고 달리는 것은 연비증가에 영향을 준다.

(3) 주행방법에 따른 경제운전과 실천요령

① 주행방법에 따른 경제운전
　㉠ 일정 속도로 주행한다.
　㉡ 기어를 적절히 변속한다.
　㉢ 관성 주행 중에는 제동을 피한다.
　㉣ 지선에서 차량속도가 높은 본선으로 합류할 때는 강한 가속이 필수적이다.
　㉤ 위험예측운전으로 자신의 운전행동을 도로 및 교통조건에 맞추어 나간다.
　㉥ 경제운전과 방어운전을 실천한다.

② 경제운전 실천요령
　㉠ 시동을 걸때 클러치를 반드시 밟는다.
　㉡ 시동을 걸 때 가속페달을 밟지 않는다.
　㉢ 시동 직후 급가속이나 급출발을 삼간다.
　㉣ 급출발, 급제동 삼가고 교차로 선행신호등 주지한다.

ⓜ 경제속도로 정속주행 한다.
ⓗ 적절한 시기에 변속한다.
ⓢ 올바른 운전습관을 가져야 한다.
ⓞ 타이어 공기압력을 적절히 유지한다.
ⓩ 정기적으로 엔진을 점검한다.
ⓒ 경제적인 주행코스(내비게이션)정보를 선택한다.

09 기본운행수칙

(1) 출발, 정지, 주차

① 출발하고자 할 때
　ⓐ 매일 운행을 시작할 때에는 후사경이 제대로 조정
　　되어 있는지 확인한다.
　ⓑ 시동을 걸 때에는 기어가 들어가 있는지 확인한
　　다. 기어가 들어가 있는 상태에서는 클러치를 밟
　　지 않고 시동을 걸지 않는다.
　ⓒ 주차브레이크가 채워진 상태에서는 출발하지 않
　　는다.
　ⓓ 운전석은 운전자의 체형에 맞게 조절하여 운전자
　　세가 자연스럽도록 한다.
　ⓔ 주차상태에서 출발할 때에는 차량의 사각지점을
　　고려하여 버스의 전·후, 좌·우의 안전을 직접
　　확인한다.
　ⓕ 운행을 시작하기 전에 제동등이 점등되는지 확인
　　한다.
　ⓖ 도로의 가장자리에서 도로로 진입하는 경우에는
　　진행하려는 방향의 안전여부를 확인한다.
　ⓗ 정류소에서 출발 할 때에는 자동차문을 완전히 닫
　　은 상태에서 방향지시등을 작동시켜 도로주행 의
　　사를 표시한 후 출발한다.
　ⓘ 출발 후 진로변경이 끝나기 전에 신호를 중지하지
　　않는다.
　ⓙ 출발 후 진로변경이 끝난 후에도 신호를 계속하고
　　있지 않는다.

② 정지할 때
　ⓐ 정지할 때에는 미리 감속하여 급정지로 인한 타이
　　어 흔적이 발생하지 않도록 한다(엔진브레이크 및
　　저단 기어 변속 활용).
　ⓑ 정지할 때까지 여유가 있는 경우에는 브레이크페
　　달을 가볍게 2~3회 나누어 밟는 '단속조작'을 통
　　해 정지한다.
　ⓒ 미끄러운 노면에서는 제동으로 인해 차량이 회전
　　하지 않도록 주의한다.

③ 주차할 때
　ⓐ 주차가 허용된 지역이나 안전한 지역에 주차한다.
　ⓑ 주행차로로 주차된 차량의 일부분이 돌출되지 않
　　도록 주의한다.
　ⓒ 경사가 있는 도로에 주차할 때에는 밀리는 현상을
　　방지하기 위해 바퀴에 고임목 등을 설치하여 안전
　　여부를 확인한다.
　ⓓ 도로에서 차가 고장이 일어난 경우에는 안전한 장
　　소로 이동한 후 고장자동차의 표지(비상삼각대)를
　　설치한다.

(2) 주행, 추종, 진로변경

① 주행하고 있을 때
　ⓐ 교통량이 많은 곳에서는 급제동 또는 후미추돌 등
　　을 방지하기 위해 감속하여 주행한다.
　ⓑ 노면상태가 불량한 도로에서는 감속하여 주행한다.
　ⓒ 전방의 시야가 충분히 확보되지 않는 기상상태나
　　도로조건 등에서는 감속하여 주행한다.
　ⓓ 해질 무렵, 터널 등 조명조건이 불량한 경우에는
　　감속하여 주행한다.
　ⓔ 주택가나 이면도로 등은 돌발 상황 등에 대비하여
　　과속이나 난폭운전을 하지 않는다.
　ⓕ 곡선반경이 작은 도로나 과속방지턱이 설치된 도
　　로에서는 감속하여 안전하게 통과한다.
　ⓖ 주행하는 차들과 제한속도를 넘지 않는 범위 내에
　　서 속도를 맞추어 주행한다.
　ⓗ 핸들을 조작할 때마다 상체가 한 쪽으로 쏠리지
　　않도록 왼발은 발판에 놓아 상체 이동을 최소화시
　　킨다.

ⓩ 신호대기 중에 기어를 넣은 상태에서 클러치와 브레이크페달을 밟아 자세가 불안정하게 만들지 않는다.

ⓒ 신호대기 등으로 잠시 정지하고 있을 때에는 주차 브레이크를 당기거나, 브레이크페달을 밟아 차량이 미끄러지지 않도록 한다.

ⓚ 급격한 핸들조작으로 타이어가 옆으로 밀리는 경우, 핸들복원이 늦어 차로를 이탈하는 경우, 운전조작 실수로 차체가 균형을 잃는 경우 등이 발생하지 않도록 주의한다.

ⓣ 통행우선권이 있는 다른 차가 진입할 때에는 양보한다.

ⓟ 직선도로를 통행하거나 구부러진 도로를 돌 때 다른 차로를 침범하거나, 2개 차로에 걸쳐 주행하지 않는다.

② 앞차를 뒤따라가고 있을 때
  ㉠ 앞차가 급제동할 때 후미를 추돌하지 않도록 안전거리를 유지한다.
  ㉡ 적재상태가 불량하거나, 적재물이 떨어질 위험이 있는 자동차에 근접하여 주행하지 않는다.

③ 다른 차량과의 차간거리 유지
  ㉠ 앞 차량에 근접하여 주행하지 않는다. 앞 차량이 급제동할 경우 안전거리 미확보로 인해 앞차의 후미를 추돌하게 된다.
  ㉡ 좌·우측 차량과 일정거리를 유지한다.
  ㉢ 다른 차량이 차로를 변경하는 경우에는 양보하여 안전하게 진입할 수 있도록 한다.

④ 진로변경 및 주행차로를 선택할 때
  ㉠ 도로별 차로에 따른 통행차의 기준을 준수하여 주행차로를 선택한다.
  ㉡ 급차로 변경을 하지 않는다.
  ㉢ 일반도로에서 차로를 변경하는 경우에는 그 행위를 하려는 지점에 도착하기 전 30m(고속도로에서는 100m) 이상의 지점에 이르렀을 때 방향지시등을 작동시킨다.
  ㉣ 도로노면에 표시된 백색 점선에서 진로를 변경한다.

㉤ 터널 안, 교차로 직전 정지선, 가파른 비탈길 등 백색 실선이 설치된 곳에서는 진로를 변경하지 않는다.

㉥ 진로변경이 끝날 때까지 신호를 계속 유지하고, 진로변경이 끝난 후에는 신호를 중지한다.

㉦ 다른 통행차량 등에 대한 배려나 양보 없이 본인 위주의 진로변경을 하지 않는다.

(3) 앞지르기

① 편도 1차로 도로 등에서 앞지르기하고자 할 때
  ㉠ 앞지르기 할 때에는 언제나 방향지시등을 작동시킨다.
  ㉡ 앞지르기가 허용된 구간에서만 시행한다.
  ㉢ 앞지르기 할 때에는 반드시 반대방향 차량, 추월 차로에 있는 차량, 뒤쪽 및 앞 차량과의 안전여부를 확인한 후 시행한다.
  ㉣ 제한속도를 넘지 않는 범위 내에서 시행한다.
  ㉤ 앞지르기한 후 본 차로로 진입할 때에는 뒤차와의 안전을 고려하여 진입한다.
  ㉥ 앞 차량의 좌측 차로를 통해 앞지르기를 한다.

② 앞지르기를 하지 않아야 하는 경우
  ㉠ 도로의 구부러진 곳, 오르막길의 정상부근, 급한 내리막길, 교차로, 터널 안, 다리 위에서는 앞지르기를 하지 않는다.
  ㉡ 앞차가 다른 자동차를 앞지르고자 할 때에는 앞지르기를 시도하지 않는다.
  ㉢ 앞차의 좌측에 다른 차가 나란히 가고 있는 경우에는 앞지르기를 시도하지 않는다.

(4) 교차로 통행

① 좌·우로 회전할 때

  ㉠ 회전이 허용된 차로에서만 회진하고, 회전하고자 하는 지점에 이르기 전 30m(고속도로에서는 100m) 이상의 지점에 이르렀을 때 방향지시등을 작동시킨다.

  ㉡ 좌회전 차로가 2개 설치된 교차로에서 좌회전할 때에는 1차로(중·소형승합자동차), 2차로(대형승합자동차) 통행기준을 준수한다.

  ㉢ 대향차가 교차로를 통과하고 있을 때에는 완전히 통과시킨 후 좌회전한다.

  ㉣ 우회전할 때에는 내륜차 현상으로 인해 보도를 침범하지 않도록 주의한다.

  ㉤ 우회전하기 직전에는 직접 눈으로 또는 후사경으로 오른쪽 옆의 안전을 확인하여 충돌이 발생하지 않도록 주의한다.

  ㉥ 회전할 때에는 원심력이 발생하여 차량이 이탈하지 않도록 감속하여 진입한다.

② 신호할 때

  ㉠ 진행방향과 다른 방향의 지시등을 작동시키지 않는다.

  ㉡ 정당한 사유 없이 반복적이거나 연속적으로 경음기를 울리지 않는다.

(5) 차량점검 및 자기 관리

① 차량에 대한 점검이 필요할 때

  ㉠ 운행시작 전 또는 종료 후에는 차량상태를 철저히 점검한다.

  ㉡ 운행 중간 휴식시간에는 차량의 외관 및 적재함에 실려 있는 화물의 보관 상태를 확인한다.

  ㉢ 운행 중에 차량의 이상이 발견된 경우에는 즉시 관리자에게 연락하여 조치를 받는다.

② 감정의 통제가 필요할 때

  ㉠ 운행 중 다른 운전자의 나쁜 운전행태에 대해 감정적으로 대응하지 않는다.

  ㉡ 술이나 약물의 영향이 있는 경우에는 관리자에게 배차 변경을 요청한다.

③ 운전자의 올바른 운전자세

  ㉠ 장시간 운전에 바른 자세로 피로경감과 집중력 분산효과

  ㉡ 머리받침의 위치는 중앙부분에 운전자 귀의 제일 윗부분과 맞춤

  ㉢ 머리 받침대는 운전자의 눈높이와 받침대의 중앙의 높이가 일치되도록 조정

  ㉣ 등받이에 엉덩이와 등을 밀착하고 등받이를 15° 내외로 유지

  ㉤ 운전자 무릎은 120° 내외 유지하고 핸들에 쭉 뻗었을 때 손목부분이 핸들 윗부분과 일치

10　계절별 안전운전

(1) 봄철

① 계절특성

  ㉠ 봄은 겨우내 잠자던 생물들이 새롭게 생존의 활동을 시작한다.

  ㉡ 겨울이 끝나고 초봄에 접어들 때는 겨우내 얼어 있던 땅이 녹아 지반이 약해지는 해빙기이다.

  ㉢ 날씨가 온화해짐에 따라 사람들의 활동이 활발해지는 계절이다.

② 기상 특성

  ㉠ 발달된 양쯔 강 기단이 동서방향으로 위치하여 이동성 고기압으로 한반도를 통과하면 장기간 맑은 날씨가 지속되며, 봄 가뭄이 발생한다.

  ㉡ 푄현상으로 경기 및 충청지방으로 고온 건조한 날씨가 지속된다.

  ㉢ 시베리아기단이 한반도에 겨울철 기압배치를 이루면 꽃샘추위가 발생한다.

  ㉣ 저기압이 한반도에 영향을 주면 약한 강우를 동반한 지속성이 큰 안개가 자주 발생한다.

  ㉤ 중국에서 발생한 모래먼지에 의한 황사현상이 자주 발생하여 운전자의 시야에 지장을 초래한다.

ⓑ 낮과 밤의 일교차가 커지는 일기변화로 인해 환절기 환자가 급증하는 시기로 건강에 유의해야 한다.

③ 교통사고 위험요인

　㉠ 도로조건
　　• 이른 봄에는 일교차가 심해 새벽에 결빙된 도로가 발생할 수 있다.
　　• 날씨가 풀리면서 겨우내 얼어있던 땅이 녹아 지반 붕괴로 인한 도로의 균열이나 낙석 위험이 크다.
　　• 지반이 약한 도로의 가장자리를 운행할 때에는 도로변의 붕괴 등에 주의해야 한다.
　　• 황사현상에 의한 모래바람은 운전자 시야 장애요인이 되기도 한다.

　㉡ 운전자
　　• 기온이 상승함에 따라 긴장이 풀리고 몸도 나른해진다
　　• 춘곤증에 의한 전방주시태만 및 졸음운전은 사고로 이어질 수 있다.
　　• 보행자 통행이 많은 장소(주택가, 학교주변, 정류장) 등에서는 무단 횡단하는 보행자 등 돌발 상황에 대비하여야 한다.

　㉢ 보행자
　　• 추웠던 날씨가 풀리면서 통행하는 보행자가 증가하기 시작한다.
　　• 교통상황에 대한 판단능력이 떨어지는 어린이와 신체능력이 약화된 노약자들의 보행이나 교통수단 이용이 증가한다.

④ 안전운행 및 교통사고 예방

　㉠ 교통 환경 변화
　　• 춘곤증이 발생하는 봄철 안전운전을 위해서 과로한 운전을 하지 않도록 건강관리에 유의한다.
　　• 해빙기로 인한 도로의 지반 붕괴와 균열에 대비하기 위해 산악도로 및 하천도로 등을 주행하는 운전자는 노면상태 파악에 신경을 써야 한다.
　　• 포장도로 곳곳에 파인 노면은 차량 주행 시 사고를 유발시킬 수 있으므로 운전자는 운행하는 도로 정보를 사전에 파악하도록 노력한다.

　㉡ 주변 환경 대응
　　• 주변 환경의 변화

－포근하고 화창한 기후조건은 보행자나 운전자의 집중력을 떨어트린다.
－신학기를 맞이하여 학생들의 보행인구가 늘어난다.
－본격적인 행락철을 맞이하여 교통수요가 많아지고 통행량이 증가한다.
　　• 주변 환경에 대한 대응
－충분한 휴식을 통해 과로하지 않도록 주의한다.
－운행 시에 주변 환경 변화를 인지하여 위험이 발생하지 않도록 방어운전 한다.

　㉢ 춘곤증
　　• 봄이 되면 낮의 길이가 길어짐에 따라 활동 시간이 늘어나지만 휴식·수면 시간이 줄어든다.
　　• 신진대사 기능이 활발해지고 각종 영양소의 필요량이 증가하지만 이를 충분히 섭취하지 못하면 비타민의 결핍 등 영양상의 불균형이 발생하여 춘곤증이 나타나기 쉽다.
　　• 춘곤증이 의심되는 현상은 나른한 피로감, 졸음, 집중력 저하, 권태감, 식욕부진, 소화불량, 현기증, 손·발의 저림, 두통, 눈의 피로, 불면증 등이 있다.
　　• 춘곤증을 예방은 운동은 몰아서 하지 않고 조금씩 자주하는 것이 바람직하며, 운행 중에는 스트레칭 등으로 긴장된 근육을 풀어주는 것이 좋다.

⑤ 자동차관리

　㉠ 세차
　　• 차량부식을 촉진시키는 제설작업용 염화칼슘을 제거하기 위해 세차할 때는 차량 및 차체 하부 구석구석을 씻어 주는 것이 좋다.
　　• 창문, 화물적재함 등을 활짝 열어 겨우내 찌들은 먼지와 이물질 등은 제거한다. 봄철은 고압 물세차를 1회 정도는 반드시 해주는 것이 좋다.

　㉡ 월동장비 정리
　　• 스노타이어, 체인 등 월동 장비는 물기 등을 제거하여 통풍이 잘 되는 곳에 보관
　　• 스노타이어는 모양이 변형되지 않도록 가급적 휠에 끼워 습기가 없는 공기가 잘 통하는 곳에 보관
　　• 체인은 녹 방지제를 뿌리고 이물질을 제거하여 통풍이 잘 되는 곳에 보관

ⓒ 배터리 및 오일류 점검
- 배터리 액이 부족하면 증류수 등을 보충해 준다.
- 배터리 본체는 물걸레로 깨끗이 닦아주고, 배터리 단자는 사용하지 않는 칫솔이나 쇠 브러시로 이물질을 깨끗이 제거한 후 단단히 조여 준다.
- 추운 날씨로 인해 엔진오일이 변질될 수 있기 때문에 엔진오일 상태를 점검

ⓔ 기타 점검
- 전선의 피복이 벗겨졌는지, 소켓 부분은 부식되지 않았는지 등을 점검하여 화재가 발생하지 않도록 낡은 배선 및 부식된 부분은 교환
- 작은 누수라도 방치할 경우 엔진 전체를 교환할 수 있기 때문에 겨우내 냉각계통에서 부동액이 샜는지 확인
- 에어컨을 작동시켜 정상적으로 작동되는지 확인, 에어컨 냉방 성능이 떨어졌다면 에어컨 가스가 누출되었는지, 에어컨 벨트가 손상되었는지 점검

(2) 여름철

① 계절 특성
ⓐ 6월 말부터 7월 중순까지 장마전선의 북상으로 비가 많이 내리고, 장마 이후에는 무더운 날이 지속된다.
ⓑ 저녁 늦게까지 무더운 현상이 지속되는 열대야 현상이 나타나기도 한다.

② 기상 특성
ⓐ 시베리아기단과 북태평양기단의 경계를 나타내는 한대전선대가 한반도에 위치할 경우 많은 강수가 연속적으로 내리는 장마가 발생한다.
ⓑ 국지적으로 집중호우가 발생한다.
ⓒ 북태평양 기단(氣團)의 영향으로 습기가 많고, 온도가 높은 무더운 날씨가 지속
ⓓ 따뜻하고 습한 공기가 차가운 지표면이나 수면 위를 이동해 오면 밑 부분이 식어서 생기는 이류안개가 번번히 발생하며, 연안이나 해상에서 주로 발생한다.
ⓔ 저위도에서 형성된 열대저기압이 태풍으로 발달하여 한반도까지 접근한다.

ⓕ 열대야 현상이 발생하여 운전자들의 주의집중이 곤란하고, 쉽게 피로해지기 쉽다.

③ 교통사고 위험요인
ⓐ 도로조건
- 갑작스런 악천후 및 무더위 등으로 운전자의 시각적 변화와 긴장·흥분·피로감이 복합적 요인으로 작용하여 교통사고를 일으킬 수 있으므로 기상 변화에 잘 대비하여야 한다.
- 장마와 더불어 소나기 등 변덕스런 기상 변화 때문에 젖은 노면과 물이 고인노면 등은 빙판길 못지않게 미끄러우므로 급제동 등이 발생하지 않도록 주의해야 한다.

ⓑ 운전자
- 대기의 온도와 습도의 상승으로 불쾌지수가 높아져 적절히 대응하지 못하면 주행 중에 변화하는 교통상황을 인지가 늦어지고, 판단이 부정확해질 수 있다.
- 수면부족과 피로로 인한 졸음운전 등도 집중력 저하 요인으로 작용한다.
- 불쾌지수가 높으면 나타날 수 있는 현상
  - 차량 조작이 민첩하지 못하고, 난폭운전을 하기 쉽다.
  - 사소한 일에도 언성을 높이고, 잘못을 전가하려는 신경질적인 반응을 보이기 쉽다.
  - 불필요한 경음기 사용, 감정에 치우친 운전으로 사고 위험이 증가한다.
  - 스트레스가 가중되어 운전이 손에 잡히지 않고, 두통, 소화불량 등 신체 이상이 나타날 수 있다.

ⓒ 보행자
- 장마철은 우산을 받치고 보행함에 따라 전·후방 시야를 확보하기 어렵다.
- 무더운 날씨 및 열대야 등으로 낮에는 더위에 지치고 밤에는 잠을 제대로 자지 못해 피로가 쌓일 수 있다.
- 불쾌지수가 높아지면 위험한 상황에 대한 인식이 둔해지고, 교통법규를 무시하려는 경향이 강하게 나타날 수 있다.

ⓓ 안전 운행 및 교통사고 예방
- 뜨거운 태양 아래 장시간 주차하는 경우 : 기온이

상승하면 차량의 실내 온도는 뜨거운 양철 지붕 속과 같이 뜨거우므로 출발하기 전에 창문을 열어 실내의 더운 공기를 환기시킨 다음 운행하는 것이 좋다.

- 주행 중 갑자기 시동이 꺼졌을 경우 : 기온이 높은 날에 연료계통(파이프 내)에 엔진의 고온으로 끓어서 증기가 발생해 파이프 내에 기포가 발생하여 연료 공급이 단절되면 운행 도중 엔진이 저절로 꺼지는 현상이 발생할 수 있다. 자동차를 길 가장 자리 통풍이 잘되는 그늘진 곳으로 옮긴 다음 열을 식힌 후 재시동을 건다.
- 비가 내리고 있을 때 주행하는 경우 : 건조한 도로에 비해 노면과의 마찰력이 떨어져 미끄럼에 의한 사고가 발생할 수 있으므로 충분한 감속 운행을 한다.

ⓗ 자동차관리

- 냉각장치 점검 : 여름철에는 무더운 날씨로 인해 엔진이 과열되기 쉬우므로 냉각수의 양은 충분한지, 냉각수가 새는 부분은 없는지, 팬벨트의 장력은 적절한지를 수시로 확인해야 한다.
- 와이퍼의 작동상태 점검 : 와이퍼가 정상적으로 작동되는지, 유리면과 접촉하는 와이퍼 블레이드가 닳지 않았는지, 노즐의 분출구가 막히지 않았는지, 노즐의 분사 각도는 양호한지 그리고 워셔액은 충분한지 등을 점검한다.
- 타이어 마모상태 점검
- 타이어가 많이 마모되었을 때에는 빗길에 잘 미끄러지고, 제동거리도 길어지며, 고인 물을 통과할 때 수막현상이 발생하여 사고 위험이 높아진다.
- 노면과 접촉하는 트레드 홈 깊이가 최저 1.6mm 이상이 되는지 확인하고, 적정공기압을 유지하도록 한다.
- 차량 내부의 습기 제거
- 차량 내부에 습기가 있는 경우에는 습기를 제거하여 차체의 부식이나 악취발생을 방지한다.
- 폭우 등으로 물에 잠긴 차량은 각종 배선의 수분을 완전히 제거하지 않은 상태에서 시동을 걸면 전기장치의 합선이나 퓨즈가 단선될 수 있으므로 우선적으로 습기를 제거해야 한다.
- 에어컨 관리

- 차가운 바람이 적게 나오거나 나오지 않을 때에는 엔진룸 내의 팬 모터가 작동되는지 확인한다. 모터가 돌지 않는다면 퓨즈가 단선되었는지, 배선에 문제가 있는지, 통풍구에 먼지가 쌓여 통로가 막혔는지 점검한다.
- 에어컨은 압축된 냉매가스가 순화하면서 주위로부터 열을 빼앗는 원리로 냉매 가스가 부족하면 냉각능력이 떨어지고 압축기(Compressor) 등 다른 부품에 영향을 주게 되므로 냉매가스의 양이 적절한지 점검한다.

- 기타 자동차관리

- 브레이크 : 여름철 장거리 운전 뒤에는 브레이크 패드와 라이닝, 브레이크액 등을 점검하여 제동거리가 길어지는 현상을 방지하여야 한다.
- 전기배선 : 여름철 외부의 높은 온도와 엔진룸의 열기로 배선테이프의 접착제가 녹아 테이프가 풀리면 전기장치에 고장이 발생할 수 있으므로 엔진룸 등의 연결부위의 배선테이프 상태를 점검한다.
- 세차 : 해수욕장 또는 해안 근처는 소금기가 강하고, 이 소금기는 금속의 산화작용을 일으키기 때문에 해안 부근을 주행한 경우에는 세차를 통해 소금기를 제거해야 한다.

(3) 가을철

① 계절 특성

ⓗ 천고마비의 계절인 가을은 아침저녁으로 선선한 바람이 불어 즐거운 느낌을 주기도 하지만, 심한 일교차로 건강을 해칠 수도 있다.

ⓛ 맑은 날씨가 계속되고 기온도 적당하여 행락객 등에 의한 교통수요와 명절 귀성객에 의한 통행량이 많이 발생한다.

② 기상 특성

ⓗ 가을공기는 고위도지방으로부터 이동해 오면서 뜨거워지므로 대체로 건조하고, 대기 중에 떠다니는 먼지가 적어 깨끗하다.

ⓛ 큰 일교차로 지표면에 접한 공기가 냉각되어 안개(복사안개)가 발생하며 대부분 육지의 새벽이나 늦은 밤에 발생하여 아침에 해가 뜨면 사라진다.

ⓒ 해안안개는 해수온도가 높아 수면으로부터 증발이 잘 일어나고, 습윤한 공기는 육지로 이동하여 야간에 냉각되면서 생기는 이류안개가 빈번히 형성된다.

③ 교통사고 위험요인

ㄱ 도로조건 : 추석절 귀성객 등으로 전국 도로가 교통량이 증가하여 지·정체가 발생하지만 다른 계절에 비하여 도로조건은 비교적 양호한 편이다.

ㄴ 운전자 : 추수철 국도 주변에는 저속으로 운행하는 경운기·트랙터 등의 통행이 늘고, 단풍 등 주변환경에 관심을 가지게 되면 집중력이 떨어져 교통사고 발생가능성이 존재한다.

ㄷ 보행자 : 맑은 날씨, 곱게 물든 단풍, 풍성한 수확 등 계절적 요인으로 인해 교통신호 등에 대한 주의집중력이 분산될 수 있다.

④ 안전운행 및 교통사고 예방

ㄱ 이상기후 대처

• 안개 속을 주행할 때 갑자기 감속하면 뒤차에 의한 추돌이 우려되며, 반대로 감속하지 않으면 앞차를 추돌하기 쉬우므로 안개 지역을 통과할 때에는 처음부터 감속 운행한다.

• 늦가을에 안개가 끼면 기온차로 인해 노면이 동결되는 경우가 있는데, 이때는 엔진브레이크를 사용하여 감속한 다음 풋 브레이크를 밟아야 하며, 핸들이나 브레이크를 급하게 조작하지 않도록 주의한다.

ㄴ 보행자에 주의하여 운행

• 보행자는 기온이 떨어지면 몸을 움츠리는 등 행동이 부자연스러워 교통상황에 대한 대처능력이 떨어진다.

• 보행자의 통행이 많은 곳을 운행할 때에는 보행자의 움직임에 주의한다.

ㄷ 행락철 주의

• 행락철인 계절특성으로 각급 학교의 소풍, 회사나 가족단위의 단풍놀이 등 단체 여행의 증가로 주차장 등이 혼잡하다.

• 운전자의 주의력이 산만해질 수 있으므로 주의해야 한다.

ㄹ 농기계 주의

• 추수시기를 맞아 경운기 등 농기계의 빈번한 도로운행은 교통사고의 원인이 되기도 한다.

• 지방도로 등 농촌 마을에 인접한 도로에서는 농지로부터 도로로 나오는 농기계에 주의하면서 운행한다.

• 도로변 가로수 등에 가려 간선도로로 진입하는 경운기를 보지 못하는 경우가 있으므로 주의한다.

• 경운기는 고령의 운전자가 많으며, 경운기 자체소음으로 자동차가 뒤에서 접근하고 있다는 사실을 모르고 갑자기 진행방향을 변경하는 경우가 발생할 수 있으므로 운전자는 경운기와의 안전거리를 유지하고, 접근할 때에는 경음기를 울려 자동차가 가까이 있다는 사실을 알려주어야 한다.

⑤ 자동차관리

ㄱ 세차 및 곰팡이 제거

• 바닷가 등을 운행한 차량은 바닷가의 염분이 차체를 부식시키므로 깨끗이 씻어내고 페인트가 벗겨진 곳은 녹이 슬지 않도록 조치한다.

• 도어와 트렁크를 활짝 열고, 진공청소기 및 곰팡이제거제 등을 사용하여 차 내부 바닥에 쌓인 먼지 및 곰팡이를 제거한다.

ㄴ 히터 및 서리제거 장치 점검

• 여름내 사용하지 않았던 히터는 작동시켜 정상적으로 작동되는지 확인

• 기온이 낮아지면 유리창에 서리가 끼게 되므로 열선의 연결부분이 이탈하지 않았는지, 열선이 정상적으로 작동하는지 점검

ㄷ 장거리 운행 전 점검사항

• 장거리 운행, 추석절 귀성객 등을 운송할 때에는 출발 전에 차량에 대한 점검을 철저히 한다.

• 타이어 공기압은 적절한지, 타이어에 파손된 부위는 없는지, 예비타이어는 이상 없는지 점검한다.

• 엔진룸 도어를 열어 냉각수와 브레이크액의 양을 점검하고, 엔진오일의 양 및 상태 등에 대한 점검을 병행하며, 팬벨트의 장력은 적정한지 점검한다.

• 전조등 및 방향지시등과 같은 각종 램프의 작동여부를 점검한다.

• 운행 중에 발생하는 고장이나 점검에 필요한 휴대용 작업등 예비부품 등을 준비한다.

(4) 겨울철

① 계절 특성

㉠ 겨울철은 차가운 대륙성 고기압의 영향으로 북서 계절풍이 불어와 날씨는 춥고 눈이 많이 내리는 특성을 보인다.

㉡ 교통의 3대요소인 사람, 자동차, 도로환경 등 모든 조건이 다른 계절에 비하여 열악한 계절이다.

② 기상 특성

㉠ 한반도는 북서풍이 탁월하고 강하여, 습도가 낮고 공기가 매우 건조하다.

㉡ 겨울철 안개는 서해안에 가까운 내륙지역과 찬 공기가 쌓이는 분지지역에서 주로 발생하며, 빈도는 적으나 지속시간이 긴 편이다.

㉢ 대도시지역은 연기, 먼지 등 오염물질이 올라갈수록 기온이 상승되어 있는 기층 아래에 쌓여서 옅은 안개가 자주 나타난다.

㉣ 기온이 급강하고 한파를 동반한 눈이 자주 내리며, 눈길, 빙판길, 바람과 추위는 운전에 악영향을 미치는 기상특성을 보인다.

③ 교통사고 위험요인

㉠ 도로조건

• 겨울철에는 내린 눈이 잘 녹지 않고 쌓이며, 적은 양의 눈이 내려도 바로 빙판길이 될 수 있기 때문에 자동차간의 충돌·추돌 또는 도로 이탈 등의 사고가 발생할 수 있다.

• 먼 거리에서는 도로의 노면이 평탄하고 안전해 보이지만 실제로는 빙판길인 구간이나 지점을 접할 수 있다.

㉡ 운전자

• 한 해를 마무리하는 시기로 사람들의 마음이 바쁘고 들뜨기 쉬우며, 각종 모임 등에서 마신 술이 깨지 않은 상태에서 운전할 가능성이 있다.

• 추운 날씨로 방한복 등 두꺼운 옷을 착용하고 운전하는 경우에는 움직임이 둔해져 위기상황에 민첩한 대처능력이 떨어지기 쉽다.

㉢ 보행자

• 겨울철 보행자는 추위와 바람을 피하고자 두꺼운 외투, 방한복 등을 착용하고 앞만 보면서 목적지까지 최단거리로 이동하려는 경향이 있다.

• 날씨가 추워지면 안전한 보행을 위해 보행자가 확인하고 통행하여야 할 사항을 소홀히 하거나 생략하여 사고에 직면하기 쉽다.

④ 안전운행 및 교통사고 예방

㉠ 출발할 때

• 도로가 미끄러울 때에는 급출발하거나 갑작스런 동작을 하지 않고, 부드럽게 천천히 출발하면서 도로 상태를 느끼도록 한다.

• 미끄러운 길에서는 기어를 2단에 넣고 출발하는 것이 구동력을 완화시켜 바퀴가 헛도는 것을 방지할 수 있다.

• 핸들이 한쪽 방향으로 꺾여 있는 상태에서 출발하면 앞바퀴의 회전각도로 인해 바퀴가 헛도는 결과를 초래할 수 있으므로 앞바퀴를 직진 상태로 변경한 후 출발한다.

• 체인은 구동바퀴에 장착하고, 과속으로 심한 진동등이 발생하면 체인이 벗겨지거나 절단될 수 있으므로 주의한다.

㉡ 주행할 때

• 미끄러운 도로에서의 제동할 때에는 정지거리가 평소보다 2배 이상 길어질 수 있기 때문에 충분한 차간거리 확보 및 감속운행이 요구되며, 다른 차량과 나란히 주행하지 않도록 주의한다.

• 겨울철은 밤이 길고, 약간의 비나 눈만 내려도 물체를 판단할 수 있는 능력이 감소하므로 전·후방의 교통 상황에 대한 주의가 필요하다.

• 미끄러운 도로를 운행할 때에는 돌발 사태에 대처할 수 있는 시간과 공간이 필요하므로 보행자나 다른 차량의 움직임을 주시한다.

• 주행 중에 차체가 미끄러질 때에는 핸들을 미끄러지는 방향으로 틀어주면 스핀(Spin)현상을 방지할 수 있다.

- 눈이 내린 후 타이어자국이 나 있을 때에는 앞 차량의 타이어자국 위를 달리면 미끄러짐을 예방할 수 있으며, 기어는 2단 혹은 3단으로 고정하여 구동력을 바꾸지 않은 상태에서 주행하면 미끄러움을 방지할 수 있다.
- 미끄러운 오르막길에서는 앞서가는 자동차가 정상에 오르는 것을 확인한 후 올라가야 하며, 도중에 정지하는 일이 없도록 밑에서부터 탄력을 받아 일정한 속도로 기어변속 없이 한 번에 올라가야 한다.
- 주행 중 노면의 동결이 예상되는 그늘진 장소는 주의해야 한다. 햇볕을 받는 남향 쪽의 도로보다 북쪽 도로는 동결되어 있는 경우가 많다.
- 교량 위·터널 근처는 동결되기 쉬운 대표적인 장소로 교량은 지면에서 떨어져있어 열기를 쉽게 빼앗기고, 터널 근처는 지형이 험한 곳이 많아 동결되기 쉬우므로 감속 운행한다.
- 커브길 진입 전에는 충분히 감속해야 하며, 햇빛·바람·기온 차이로 커브길의 입구와 출구 쪽의 노면 상태가 다르므로 도로 상태를 확인하면서 운행하여야 한다.

ⓒ 장거리 운행 시
- 장거리를 운행할 때에는 목적지까지의 운행 계획을 평소보다 여유 있게 세워야 하며, 도착지·행선지·도착시간 등을 승객에게 고지하여 기상악화나 불의의 사태에 신속히 대처할 수 있도록 한다.
- 월동 비상장구는 항상 차량에 싣고 운행한다.

⑤ 자동차관리

㉠ 월동장비 점검
- 스크래치 : 유리에 끼인 성에를 제거할 수 있도록 비치한다.
- 스노타이어 또는 차량의 타이어에 맞는 체인 구비하고, 체인의 절단이나 마모 부분은 없는지 점검한다

㉡ 냉각장치 점검
- 냉각수의 동결을 방지하기 위해 부동액의 양 및 점도를 점검한다. 냉각수가 얼어붙으면 엔진과 라디에이터에 치명적인 손상을 초래할 수 있다.
- 냉각수를 점검할 때에는 뜨거운 냉각수에 손을 데일 수 있으므로 엔진이 완전히 냉각될 때까지 기다렸다가 냉각장치 뚜껑을 열어 점검한다.

㉢ 정온기(온도조절기) 상태 점검
- 정온기는 실린더헤드 물 재킷 출구 부분에 설치되어 냉각수의 온도에 따라 냉각수 통로를 개폐하여 엔진의 온도를 알맞게 유지하는 장치를 말한다.
- 엔진이 차가울 때는 냉각수가 라디에이터로 흐르지 않도록 차단하고, 실린더 내에서만 순환되도록 하여 엔진의 온도가 빨리 적정온도에 도달하도록 한다.
- 정온기가 고장으로 열려 있다면 엔진의 온도가 적정수준까지 올라가는데 많은 시간이 필요함에 따라 엔진의 워밍업 시간이 길어지고, 히터의 기능이 떨어지게 된다.

PART

03 운송서비스
(응급처치법 포함)

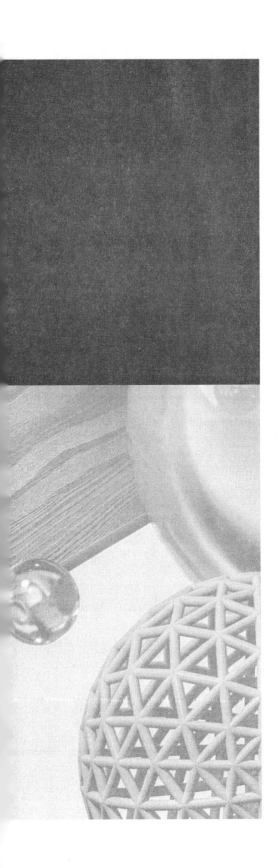

01   서비스의 개념과 특징

(1) 서비스(service)의 개념

① 서비스의 정의
- ㉠ 일반적으로 통용되고 있는 서비스의 정의는 한 당사자가 다른 당사자에게 소유권의 변동 없이 제공해 줄 수 있는 무형의 행위 또는 활동을 말한다.
- ㉡ 서비스란 제공자가 상대방에게 제공하는 행위 또는 수행으로 공공 서비스, 생산자 서비스, 소비자 서비스로 나눌 수 있다.
- ㉢ 서비스는 특정 장소와 시간에 고객에 대해 일정한 가치를 창조하거나 편익을 제공하는 경제적 활동이다.

② 올바른 서비스 제공을 위한 5요소
- ㉠ 단정한 용모 및 복장
- ㉡ 밝은 표정
- ㉢ 공손한 인사
- ㉣ 친근한 말
- ㉤ 따뜻한 응대

(2) 서비스의 특징

① 무형성 : 보이지 않는다.
- ㉠ 서비스는 형태가 없는 무형의 상품으로서 제품과 같이 누구나 볼 수 있는 형태로 제시되지는 않지만 누구나 느낄 수는 있다.
- ㉡ 운송서비스는 노동집약성이 높은 서비스 유형으로 승객이 택시 승차를 경험한 후에 운송서비스에 대한 질적 수준을 인지할 수 있다.
- ㉢ 운송서비스 수준은 택시의 요금, 운행시간, 차종, 목적지 도착시간 등에 영향을 받을 수 있다.

② 동시성 : 생산과 소비가 동시에 발생하므로 재고가 발생하지 않는다.
- ㉠ 서비스는 공급자에 의해 제공됨과 동시에 승객에 의해 소비되는 성질을 가지고 있다.
- ㉡ 서비스는 재고가 없고, 불량 서비스가 나와도 다른 제품처럼 반품할 수도 없으며, 고치거나 수리할 수도 없다.
- ㉢ 불량서비스를 한번 하게 되면 불량제품을 판매하는 경우보다 훨씬 나쁜 결과가 나온다. 또한 다른 고객에게 전파되어 다른 운전자에게도 부정적인 영향을 줄 수 있다.

③ 인적 의존성 : 사람에 의존한다.
- ㉠ 서비스는 사람에 의해 생산되어 사람에게 제공되므로 똑같은 서비스라 하더라도 그것을 행하는 사람에 따라 품질의 차이가 발생하기 쉽다.
- ㉡ 제품은 기계나 설비로 균질하게 만들어 낼 수 있다는 점에서 서비스와 대조를 이룬다.
- ㉢ 운송서비스는 운전자에 의해 생산되기 때문에 인적의존성이 높다.
- ㉣ 운송사업자가 제공하는 택시의 좌석 수는 제한되고 시간적·공간적 제약이 따르지만, 운전자가 제공하는 서비스인 안전운행 및 승객 응대 태도는 운전자마다 차이가 난다.
- ㉤ 승객과 대면하는 운전자의 태도, 복장, 말씨 등은 운송서비스에 있어 중요한 영향을 미친다.

④ 소멸성 : 즉시 사라진다.
- ㉠ 서비스는 오래 남아있는 것이 아니라 제공이 끝나면 즉시 사라져 남지 않는다.
- ㉡ 서비스의 무형성, 동시성 등으로 제공된 서비스에 대한 품질 수준을 측정하기 어렵다.

⑤ 무소유권 : 가질 수 없다.
- ㉠ 서비스는 누릴 수는 있으나 소유할 수는 없다.
- ㉡ 서비스는 승객이 제공받을 수는 있으나, 유형재처럼 소유권을 이전받을 수는 없다.

⑥ 변동성 : 운송서비스의 소비활동은 택시 실내의 공간적 제약요인으로 인해 상황의 발생 정도에 따라 시간, 요일 및 계절별로 변동성을 가질 수 있다.

⑦ 다양성

  ㉠ 승객 욕구의 다양함과 감정의 변화, 서비스 제공자에 따라 상대적이다.

  ㉡ 승객의 평가 역시 주관적이어서 일관되고 표준화된 서비스 질을 유지하기 어렵다.

02 승객만족

(1) 승객만족의 개념

① 개념

  ㉠ **승객** : 승객이란 자동차나 비행기 또는 배 따위의 탈것을 타는 손님을 말한다.

  ㉡ **승객만족** : 승객만족은 승객이 무엇을 원하고 무엇이 불만인지 니즈를 파악하여 승객의 기대에 맞춰가는 서비스를 제공함으로써 승객으로 하여금 만족감을 느끼게 하는 것이다.

② 승객만족을 위한 행동

  ㉠ 직무에 책임을 다한다.

  ㉡ 단정한 용모를 유지한다.

  ㉢ 시간을 엄수한다.

  ㉣ 매사에 성실하고 성의를 다한다.

  ㉤ 공손하고 친절하게 응대한다.

  ㉥ 예의 바른 말씨를 사용한다.

  ㉦ 조심성 있게 행동하고 일을 정확히 처리한다.

  ㉧ 조직이 추구하는 목표와 윤리기준에 부합하기 위해 최선을 다한다.

  ㉨ 명랑한 태도로 모든 일을 의욕적으로 한다.

(2) 승객의 욕구와 기본예절

① 일반적인 승객의 욕구

  ㉠ 환영받고 싶어 한다.

  ㉡ 편안해지고 싶어한다.

  ㉢ 중요한 사람으로 인식되고 싶어한다.

  ㉣ 존중받고 싶어한다.

  ㉤ 기대와 욕구를 수용하고 인정받고 싶어한다.

② 승객만족을 위한 기본예절

  ㉠ 승객을 환영한다.

  ㉡ 자신의 입장에서만 생각하는 태도는 승객만족의 저해요소이다.

  ㉢ 약간의 어려움을 감수하는 것은 승객과 좋은 관계로 지속적인 고객을 투자이다.

  ㉣ 예의란 인간관계에서 지켜야할 도리이다.

  ㉤ 연장자는 사회의 선배로서 존중하고, 공사를 구분하여 예우한다.

  ㉥ 상대가 불쾌하거나 불편해하는 말은 하지 않는다.

  ㉦ 승객에게 관심을 갖는 것은 승객으로 하여금 좋은 이미지를 갖게 한다.

  ㉧ 관심을 가짐으로써 승객과 친숙해 질 수 있다.

  ㉨ 승객의 입장을 이해하고 존중한다.

  ㉩ 승객의 여건, 능력, 개인차를 수용하고 배려한다.

  ㉪ 승객을 존중하는 것은 돈 한 푼 들이지 않고 승객을 접대하는 효과가 있다.

  ㉫ 모든 인간관계는 성실을 바탕으로 한다

  ㉬ 한결같은 마음으로 진정성 있게 승객을 대한다.

03 승객을 위한 행동예절

(1) 이미지(Image) 관리

① 이미지의 개념

  ㉠ 이미지란 어떤 사람으로부터 받는 느낌으로 다른 말로 인상(印象)이라고도 하며, 첫인상은 첫눈에 느껴지는 인상을 말한다.

  ㉡ 이미지란 보여지는 모습인 외모와 마음가짐이 드러나는 태도 등에 대해 상대방이 받아들이는 느낌을 말한다.

© 개인의 이미지는 본인에 의해 결정되는 것이 아니라 상대방이 보고 느낀 것에 의해 결정된다.

② 긍정적 이미지를 만들기 위한 5요소
    ㉠ 시선처리 → 눈빛
    ㉡ 음성관리 → 목소리
    ㉢ 표정관리 → 미소
    ㉣ 용모복장 → 단정한 용모
    ㉤ 제스쳐 → 비언어적요소인 손짓, 자세

③ 3S
    ㉠ 스마일(Smile) : 호감을 주는 표정으로
    ㉡ 서비스(Service) : 승객의 입장에서 생각하고
    ㉢ 스피드(Speed) : 신속한 응대 및 성의있는 행동을 한다.

(2) 인사

① 인사의 개념
    ㉠ 인사는 서비스의 첫 동작이자 마지막 동작이다.
    ㉡ 인사는 서로 만나거나 헤어질 때 말·태도 등으로 존경, 사랑, 우정을 표현하는 행동양식이다.
    ㉢ 상대의 인격을 존중하고 배려하기 위한 수단으로 마음, 행동, 말씨가 일치되어 승객에게 환대, 환송의 뜻을 전달하는 방법이다.
    ㉣ 상사에게는 존경심을, 동료에게는 우애와 친밀감을 표현할 수 있는 수단이다.

② 인사의 중요성
    ㉠ 인사는 평범하고도 대단히 쉬운 행동이지만 생활화되지 않으면 실천에 옮기기 어렵다.
    ㉡ 인사는 애사심, 존경심, 우애, 자신의 교양 및 인격의 표현이다.
    ㉢ 인사는 서비스의 주요 기법 중 하나이다.
    ㉣ 인사는 승객과 만나는 첫걸음이다.
    ㉤ 인사는 승객에 대한 마음가짐의 표현이다.
    ㉥ 인사는 승객에 대한 서비스 진정성을 위한 표시이다.

③ 잘못된 인사
    ㉠ 턱을 쳐들거나 눈을 치켜뜨고 하는 인사
    ㉡ 할까 말까 망설이다 하는 인사

    ㉢ 성의 없이 말로만 하는 인사
    ㉣ 무표정한 인사
    ㉤ 경황없이 급히 하는 인사
    ㉥ 뒷짐을 지거나 호주머니에 손을 넣은 체 하는 인사
    ㉦ 상대방의 눈을 보지 않고 하는 인사
    ㉧ 자세가 흐트러진 인사
    ㉨ 머리만 까닥거리는 인사
    ㉩ 고개를 옆으로 돌리고 하는 인사

④ 올바른 인사
    ㉠ 표정 : 밝고 부드러운 미소를 짓는다.
    ㉡ 고개 : 반듯하게 들되, 턱을 내밀지 않고 자연스럽게 당긴다.
    ㉢ 시선 : 인사 전·후에 상대방의 눈을 정면으로 바라보며, 상대방을 진심으로 존중하는 마음을 눈빛에 담아 인사한다.
    ㉣ 머리와 상체 : 일직선이 되도록 하며 천천히 숙인다.

구분	인사 각도	인사 의미	인사말
가벼운 인사 (목례)	15°	기본적인 예의 표현	• 안녕하십니까. • 네, 알겠습니다.
보통 인사 (보통례)	30°	승객 앞에 섰을 때	• 처음 뵙겠습니다. • 감사합니다.
정중한 인사 (정중례)	45°	정중한 인사 표현	• 죄송합니다. • 미안합니다.

    ㉤ 입 : 미소를 짓는다.
    ㉥ 손 : 남자는 가볍게 쥔 주먹을 바지 재봉 선에 자연스럽게 붙이고, 주머니에 넣고 하는 일이 없도록 한다.
    ㉦ 음성 : 적당한 크기와 속도로 자연스럽고 부드럽게 말한다.
    ㉧ 인사 : 본 사람이 먼저 하는 것이 좋으며, 상대방이 먼저 인사한 경우에는 "네, 안녕하십니까"로 응대한다.

(3) 호감 받는 표정관리

① 표정의 개념과 중요성
    ㉠ 표정의 개념 : 마음속의 감정이나 정서 따위의 심리 상태가 얼굴에 나타난 모습을 말한다.

ⓛ 표정의 중요성
- 밝고 환한 표정은 첫인상을 좋게 만든다.
- 첫인상은 대면 직후 결정되는 경우가 많다.
- 좋은 첫인상은 긍정적인 호감도로 이어진다.
- 상대방과의 원활하고 친근한 관계를 만들어 준다.
- 업무 효과를 높일 수 있다.
- 밝은 표정은 호감 가는 이미지를 형성하여 사회생활에 도움을 준다.
- 밝은 표정과 미소는 신체와 정신 건강을 향상시킨다.

② 밝은 표정의 효과와 시선처리
  ㉠ 밝은 표정의 효과
  - 자신의 건강증진에 도움이 된다.
  - 상대방과의 긍정적인 친밀감을 만드는 데 도움이 된다.
  - 밝은 표정은 전이효과가 있어 상대에게 전달되며 상대방에게도 밝은 표정으로 연결된다. 따라서 좋은 분위기에서 업무를 볼 수 있다.
  - 업무능률 향상에 도움이 된다.
  ㉡ 시선 처리
  - 자연스럽고 부드러운 시선으로 상대를 본다.
  - 눈동자는 항상 중앙에 위치하도록 한다.
  - 가급적 승객의 눈높이와 맞춘다.

③ 좋은 표정과 잘못된 표정
  ㉠ 좋은 표정 만들기
  - 밝고 상쾌한 표정을 만든다.
  - 얼굴 전체가 웃는 표정을 만든다.
  - 돌아서면서 표정이 굳어지지 않도록 한다.
  - 입은 가볍게 다문다.
  - 입의 양 꼬리가 올라가게 한다.
  ㉡ 잘못된 표정
  - 상대의 눈을 보지 않는 표정
  - 무관심하고 의욕이 없는 무표정
  - 입을 일자로 굳게 다물거나 입꼬리가 처져 있는 표정
  - 갑자기 표정이 사수 변하는 일들
  - 눈썹 사이에 세로 주름이 지는 찡그리는 표정
  - 코웃음을 치는 것 같은 표정

④ 승객 응대 마음가짐 10가지
  ㉠ 사명감을 가진다.
  ㉡ 승객의 입장에서 생각한다.

  ㉢ 편안하게 대한다.
  ㉣ 항상 긍정적으로 생각한다.
  ㉤ 승객이 호감을 갖도록 한다.
  ㉥ 공사를 구분하고 공평하게 대한다.
  ㉦ 승객의 니즈를 파악하려고 노력한다.
  ㉧ 예의를 지키며 겸손하게 대한다.
  ㉨ 자신감을 갖고 행동한다.
  ㉩ 개선할 사항은 변명보다 수용의 자세를 통해 개선한다.

(4) 악수

① 악수의 개념
  ㉠ 인사, 감사, 친애, 화해 등의 뜻을 나타내기 위하여 두 사람이 각자 한 손을 마주 내어 잡는 행위로 보통 오른손을 내밀어 잡는다.
  ㉡ 전세계적으로 가장 보편적인 인사 방법 중 하나이다.

② 악수의 중요성
  ㉠ 악수는 상대방과의 신체접촉을 통한 친밀감을 표현하는 행위로 바른 동작이 필요하다.
  ㉡ 상대방이 악수를 청할 경우 먼저 가볍게 목례를 한 후 오른손을 내민다.
  ㉢ 악수하는 손을 흔들거나, 손을 꽉 잡거나, 손끝만 잡는 것은 좋은 태도가 아니다.
  ㉣ 악수하는 도중 상대방의 시선을 피하거나 다른 곳을 응시하여서는 아니 된다

(5) 용모와 복장

① 용모와 복장의 개념
  ㉠ 용모 : 용모는 사람의 얼굴 모양을 뜻한다. 비슷한 말로 외모가 있다.
  ㉡ 외모 : 외모는 얼굴과 몸매 모두를 두고 하는 말이다.
  ㉢ 복장 : 옷을 차려입은 모양을 말한다.

② 단정한 용모와 복장의 중요성
  ㉠ 승객이 받는 첫인상을 결정한다.
  ㉡ 회사의 이미지를 좌우하는 요인을 제공한다.
  ㉢ 하는 일의 성과에 영향을 미친다.
  ㉣ 활기찬 직장 분위기 조성에 영향을 준다.

③ 복장의 기본원칙
  ㉠ 깨끗하게
  ㉡ 단정하게
  ㉢ 품위 있게
  ㉣ 규정에 맞게
  ㉤ 통일감 있게
  ㉥ 계절에 맞게
  ㉦ 편한 신발을 신되, 샌들이나 슬리퍼는 삼가한다.
④ 근무복에 대한 공적·사적인 입장
  ㉠ 공적인 입장(운수회사 입장)
    • 시각적인 안정감과 편안함을 승객에게 전달할 수 있다.
    • 종사자의 소속감 및 애사심 등 심리적인 효과를 유발시킬 수 있다.
    • 효율적이고 능동적인 업무처리에 도움을 줄 수 있다.
  ㉡ 사적인 입장(종사자 입장)
    • 사복에 대한 경제적 부담이 완화될 수 있다.
    • 승객에게 신뢰감을 줄 수 있다.
⑤ 승객에게 불쾌감을 주는 몸가짐
  ㉠ 충혈 되어 있는 눈
  ㉡ 잠잔 흔적이 남아 있는 머릿결
  ㉢ 정리되지 않은 덥수룩한 수염
  ㉣ 길게 자란 코털
  ㉤ 지저분한 손톱
  ㉥ 무표정한 얼굴 등

(6) 언어예절

① 언어의 개념
  ㉠ 언어 : 생각이나 느낌을 나타내거나 전달하기 위하여 사용하는 수단이다.
  ㉡ 대화 : 둘 이상이 마주 대하여 이야기를 주고받는 상호적인 언어 소통이다.
② 대화의 중요성
  ㉠ 대화란 정보전달 및 교환, 감정의 표현 의미로 의견, 정보, 지식, 가치관, 기호, 감정 등을 전달하거나 교환함으로써 상대방과 소통해 나가는 과정이다.

  ㉡ 말 한마디로 천 냥 빚을 갚고, 세치 혀가 사람을 죽이기도 하고 살리기도 한다는 옛 속담처럼 말은 어떻게 사용하느냐에 따라 성공의 무기도 되고 실패의 무기도 될 수 있는 중요한 커뮤니케이션 수단이다.
③ 대화의 원칙
  ㉠ 밝고 적극적으로 말한다 : 밝고 따뜻한 말투로 승객에게 말을 건네며 즐거운 마음으로 대화를 이어가며 적절한 유머 등을 활용하면 좋다.
  ㉡ 공손하게 말한다 : 승객에 대한 친밀감과 존중의 마음을 존경어, 겸양어, 정중한 어휘의 선택으로 공손하게 말한다.
  ㉢ 명료하게 말한다 : 정확한 발음과 적절한 속도로 전달하고자 하는 내용을 알기 쉽게 말한다.
  ㉣ 품위 있게 말한다 : 승객의 입장을 고려한 어휘의 선택과 호칭을 사용하는 배려를 아끼지 않아야 한다.
  ㉤ 상대방의 입장을 고려해 말한다 : 승객이 대화하기를 불편해하면 운행 서비스에 꼭 필요한 내용만으로 응대한다.
④ 대화를 나눌 때의 언어예절

구분	의미	사용방법
존경어	• 사람이나 사물을 높여 말해 직접적으로 상대에 대해 경의를 나타내는 말이다.	• 직접 승객이나 상사에게 말을 걸 때 • 승객이나 상사의 일을 이야기 할 때
겸양어	• 자신의 동작이나 자신과 관련된 것을 낮추어 말해 간접적으로 상대를 높이는 말이다.	• 자신의 일을 승객에게 말할 때 • 자신의 일을 상사에게 말할 때 • 회사의 일을 승객에게 말할 때
정중어	• 자신이나 상대와 관계없이 말하고자 하는 것을 정중히 말해 상대에 대해 경의를 나타내는 말이다.	• 승객이나 상사에게 직접 말을 걸 때 • 손아래나 동료라도 말끝을 정중히 할 때

⑤ 대화를 나눌 때의 표정 및 예절

구분	듣는 입장	말하는 입장
눈	• 상대방을 정면으로 바라보며 경청한다. • 시선을 자주 마주친다.	• 듣는 사람을 정면으로 바라보고 말한다. • 상대방 눈을 부드럽게 주시한다.
몸	• 정면을 향해 조금 앞으로 내미는듯한 자세를 취한다. • 손이나 다리를 꼬지 않는다. • 끄덕끄덕하거나 메모하는 태도를 유지한다.	• 표정을 밝게 한다. • 등을 펴고 똑바른 자세를 취한다. • 자연스런 몸짓이나 손짓을 사용한다. • 웃음이나 손짓이 지나치지 않도록 주의한다.
입	• 맞장구를 치며 경청한다. • 모르면 질문하여 물어본다. • 대화의 핵심사항을 재확인하며 말한다.	• 입은 똑바로, 정확한 발음으로, 자연스럽고 상냥하게 말한다. • 쉬운 용어를 사용하고, 경어를 사용하며, 말끝을 흐리지 않는다. • 적당한 속도와 맑은 목소리를 사용한다.
마음	• 흥미와 성의를 가지고 경청한다. • 말하는 사람의 입장에서 생각하는 마음을 가진다.	• 성의를 가지고 말한다. • 최선을 다하는 마음으로 말한다.

⑥ 대화할 때의 주의사항

　㉠ 듣는 입장에서의 주의사항

　• 침묵으로 일관하는 등 무관심한 태도를 취하지 않는다.

　• 불가피한 경우를 제외하고 가급적 논쟁은 피한다.

　• 상대방의 말을 중간에 끊거나 말참견을 하지 않는다.

　• 다른 곳을 바라보면서 말을 듣거나 말하지 않는다.

　• 팔짱을 끼고 손장난을 치지 않는다.

　㉡ 말하는 입장에서의 주의사항

　• 불평불만을 함부로 말하지 않는다.

　• 전문적인 용어나 외래어를 남용하지 않는다.

　• 욕설, 독설, 험담, 과장된 몸짓은 하지 않는다.

　• 남을 중상모략하는 언동은 조심한다.

　• 쉽게 흥분하거나 감정에 치우치지 않는다.

　• 손아랫사람이라 할지라도 농담은 조심스럽게 한다.

　• 함부로 단정하고 말하지 않는다.

　• 상대방의 약점을 잡아 말하는 것은 피한다.

　• 일부를 보고, 전체를 속단하여 말하지 않는다.

　• 도전적으로 말하는 태도나 버릇은 조심한다.

　• 자기 이야기만 일방적으로 말하는 행위는 조심한다.

⑦ 상황에 따라 호감을 주는 화법

상황	호감화법
긍정할 때	• 네, 잘 알겠습니다. • 네, 그렇죠, 맞습니다.
부정할 때	• 그럴 리가 없다고 생각되는데요. • 확인해 보겠습니다.
맞장구를 칠 때	• 네, 그렇군요. • 정말 그렇습니다. • 참 잘 되었네요.
거부할 때	• 어렵겠습니다만 • 정말 죄송합니다만 • 유감스럽습니다만
부탁할 때	• 양해해 주셨으면 고맙겠습니다. • 그렇게 해 주시면 정말 고맙겠습니다.
사과할 때	• 폐를 끼쳐 드려서 정말 죄송합니다. • 무어라 사과의 말씀을 드려야할지 모르겠습니다.
겸손한 태도를 나타낼 때	• 천만의 말씀입니다. • 제가 도울 수 있어서 다행입니다. • 오히려 제가 더 감사합니다.
분명하지 않을 때	• 어떻게 하면 좋을까요? • 아직은 ~입니다만 • 저는 그렇게 알고 있습니다만

⑧ 승객에 대한 호칭과 지칭

　㉠ 누군가를 부르는 말은 그 사람에 대한 예의를 반영하므로 매우 조심스럽게 써야 한다.

　㉡ '고객'보다는 '차를 타는 손님'이라는 뜻이 담긴 '승객'이나 '손님'을 사용하는 것이 좋다.

　㉢ 할아버지, 할머니 등 나이가 드신 분들은 '어르신' 또는 '선생님' 호칭하거나 지칭한다.

　㉣ '아줌마', '아저씨', '아가씨'는 상대방을 높이는 느낌이 들지 않으므로 호칭이나 지칭으로 사용하지 않는다.

　㉤ 초등학생과 미취학 어린이에게는 ○○○어린이 또는 학생의 호칭이나 지칭을 사용하고, 중·고등학생은 ○○○승객이나 손님으로 성인에 준하여 호칭하거나 지칭한다.

ⓗ 잘 아는 사람이라면 이름을 불러 친근감을 줄 수 있으나 존댓말을 사용하여 존중하는 느낌을 받도록 한다.

(7) 흡연 예절

① 금연해야 하는 장소
 ㉠ 택시 안
 ㉡ 보행중인 도로
 ㉢ 승객대기실 또는 승강장
 ㉣ 금연식당 및 공공장소
 ㉤ 타인에게 간접흡연의 영향을 줄 수 있는 장소
 ㉥ 사무실 내

② 담배꽁초를 처리하는 경우에 주의해야 할 사항
 ㉠ 담배꽁초는 반드시 재떨이에 버린다.
 ㉡ 차창 밖으로 버리지 않는다.
 ㉢ 화장실 변기에 버리지 않는다.
 ㉣ 꽁초를 바닥에다 버리지 않으며, 발로 비벼 끄지 않는다.
 ㉤ 꽁초를 손가락으로 튕겨 버리지 않는다.

04 직업관

(1) 직업관의 개념과 의미

① 직업의 개념
 ㉠ 직업이란 경제적 소득을 얻거나 사회적 가치를 이루기 위해 참여하는 계속적인 활동으로 삶의 한 과정을 말한다.
 ㉡ 직업관은 크게 자아실현, 생계유지, 사회 참여로 나눌 수 있으며, 어느 것에 중점을 두느냐에 따라 직업관이 달라질 수 있다.

② 직업의 특징
 ㉠ 우리는 평생 어떤 형태로든지 직업과 관련된 삶을 살아가도록 되어 있으며, 직업을 통해 생계를 유지할 뿐만 아니라 사회적 역할을 수행하고, 자아실현을 이루어간다

 ㉡ 어떤 사람들은 일을 통해 보람과 긍지를 맛보며 만족스런 삶을 살아가지만, 어떤 사람들은 그렇지 못하다.

③ 직업의 의미
 ㉠ 경제적 의미
  • 직업을 통해 안정된 삶을 영위해 나갈 수 있어 중요한 의미를 가진다.
  • 직업은 인간 개개인에게 일할 기회를 제공한다.
  • 일의 대가로 임금을 받아 본인과 가족의 경제생활을 영위한다.
  • 인간이 직업을 구하려는 동기 중의 하나는 바로 노동의 대가, 즉 임금을 얻는 소득측면이 있다.
 ㉡ 사회적 의미
  • 직업을 통해 원만한 사회생활, 인간관계 및 봉사를 하게 되며, 자신이 맡은 역할을 수행하여 능력을 인정받는 것이다.
  • 직업을 갖는다는 것은 현대사회의 조직적이고 유기적인 분업 관계 속에서 분담된 기능의 어느 하나를 맡아 사회적 분업 단위의 지분을 수행하는 것이다.
  • 사람은 누구나 직업을 통해 타인의 삶에 도움을 주기도 하고, 사회에 공헌하며 사회발전에 기여하게 된다.
  • 직업은 사회적으로 유용한 것이어야 하며, 사회발전 및 유지에 도움이 되어야 한다.
 ㉢ 심리적 의미
  • 삶의 보람과 자기실현에 중요한 역할을 하는 것으로 사명감과 소명의식을 갖고 정성과 정열을 쏟을 수 있는 것이다.
  • 인간은 직업을 통해 자신의 이상을 실현한다.
  • 인간의 잠재적 능력, 타고난 소질과 적성 등이 직업을 통해 계발되고 발전된다.
  • 직업은 인간 개개인의 자아실현의 매개인 동시에 장이 되는 것이다.
  • 자신이 갖고 있는 제반 욕구를 충족하고 자신의 이상이나 자아를 직업을 통해 실현함으로써 인격의 완성을 기하는 것이다.

(2) 직업관에 대한 이해

① 직업관의 개념

    ㉠ 직업관이란 특정한 개인이나 사회의 구성원들이 직업에 대해 갖고 있는 태도나 가치관을 말한다.

    ㉡ 생계유지의 수단, 개성발휘의 장, 사회적 역할의 실현 등 서로 상응관계에 있는 3가지 측면에서 직업을 인식할 수 있으나, 어느 측면을 보다 강조하느냐에 따라서 각기 특유의 직업관이 성립된다.

② 바람직한 직업관

    ㉠ 소명의식을 지닌 직업관 : 항상 소명의식을 가지고 일하며, 자신의 직업을 천직으로 생각한다.

    ㉡ 사회구성원으로서의 역할 지향적 직업관 : 사회구성원으로서의 직분을 다하는 일이자 봉사하는 일이라 생각한다.

    ㉢ 미래 지향적 전문능력 중심의 직업관 : 자기 분야의 최고 전문가가 되겠다는 생각으로 최선을 다해 노력한다.

③ 잘못된 직업관

    ㉠ 생계유지 수단적 직업관 : 직업을 생계를 유지하기 위한 수단으로 본다.

    ㉡ 지위 지향적 직업관 : 직업생활의 최고 목표는 높은 지위에 올라가는 것이라고 생각한다.

    ㉢ 귀속적 직업관 : 능력으로 인정받으려 하지 않고 학연과 지연에 의지한다.

    ㉣ 차별적 직업관 : 육체노동을 천시한다.

    ㉤ 폐쇄적 직업관 : 신분이나 성별 등에 따라 개인의 능력을 발휘할 기회를 차단한다.

(3) 올바른 직업윤리

① 직업윤리의 개념

    ㉠ 어떤 직업을 수행하는 사람들에게 요구되는 행동규범을 의미한다.

    ㉡ 직업인에게 요구되는 직업윤리로는 각자 자기가 맡은 일에 투철한 사명감과 책임감을 가지고 일을 충실히 수행해야 하며, 도덕적이어야 한다는 것을 들 수 있다.

    ㉢ 직업윤리는 개인이 사회와 직업을 보는 관점이 다르기 때문에 변화할 수 있다.

② 직업윤리 의식

    ㉠ 소명의식 : 직업에 종사하는 사람이 어떠한 일을 하든지 자신이 하는 일에 전력을 다하는 것이 하늘의 뜻에 따르는 것이라고 생각하는 것이다.

    ㉡ 천직의식 : 자신이 하는 일보다 다른 사람의 직업이 수입도 많고 지위가 높더라도 자신의 직업에 긍지를 느끼며, 그 일에 열성을 가지고 성실히 임하는 직업의식을 말한다.

    ㉢ 직분의식 : 사람은 각자의 직업을 통해서 사회의 각종 기능을 수행하고, 직접 또는 간접으로 사회구성원으로서 마땅히 해야 할 본분을 다해야 한다.

    ㉣ 봉사정신 : 현대 산업사회에서 직업 환경의 변화와 직업의식의 강화는 자신의 직무수행과정에서 협동정신 등이 필요로 하게 되었다.

    ㉤ 전문의식 : 직업인은 자신의 직무를 수행하는데 필요한 전문적 지식과 기술을 갖추어야 한다.

    ㉥ 책임의식 : 직업에 대한 사회적 역할과 직무를 충실히 수행하고, 맡은 바 임무나 의무를 다해야 한다.

(4) 직업의 가치

① 내재적 가치

    ㉠ 자신에게 있어서 직업 그 자체에 가치를 둔다.

    ㉡ 자신의 능력을 최대한 발휘하길 원하며, 그로 인한 사회적인 헌신과 인간관계를 중시한다.

    ㉢ 자기표현이 충분히 되어야 하고, 자신의 이상을 실현하는데 그 목적과 의미를 두는 것에 초점을 맞추려는 경향을 갖는다.

② 외재적 가치

    ㉠ 자신에게 있어서 직업을 도구적인 면에 가치를 둔다.

    ㉡ 삶을 유지하기 위한 경제적인 도구나 권력을 추구하고자 하는 수단을 중시하는데 의미를 두고 있다.

    ㉢ 직업이 주는 사회 인식에 초점을 맞추려는 경향을 갖는다.

02 운송사업자 및 운수종사자 준수사항

01 운송사업자 준수사항

(1) 일반적인 준수사항

① 운송사업자의 준수사항
 ㉠ 운송사업자는 노약자·장애인 등에 대해서는 특별한 편의를 제공해야 한다.
 ㉡ 운송사업자는 여객에 대한 서비스의 향상 등을 위하여 관할관청이 필요하다고 인정하는 경우에는 운수종사자로 하여금 단정한 복장 및 모자를 착용하게 해야 한다.
 ㉢ 운송사업자는 자동차를 항상 깨끗하게 유지하여야 하며, 관할관청이 단독으로 실시하거나 관할관청과 조합이 합동으로 실시하는 청결상태 등의 검사에 대한 확인을 받아야 한다.
 ㉣ 운송사업자(승합자동차를 사용하는 경우로 한정)는 회사명, 자동차번호, 운전자 성명, 불편사항 연락처 및 차고지 등을 적은 표지판을 승객이 자동차 안에서 쉽게 볼 수 있는 위치에 게시하여야 한다.
 ㉤ 운송사업자는 속도제한장치 또는 운행기록계가 장착된 운송사업용 자동차를 해당 장치 또는 기기가 정상적으로 작동되는 상태에서 운행되도록 해야 한다.
 ㉥ 택시운송사업자(승합자동차를 사용하는 경우로 한정)는 차량의 입·출고 내역, 영업거리 및 시간 등 택시 미터기에서 생성되는 택시운송사업용 자동차의 운행정보를 1년 이상 보존하여야 한다.
 ㉦ 일반택시운송사업자는 소속 운수종사자가 아닌 자(형식상의 근로계약에도 불구하고 실질적으로는 소속 운수종사자가 아닌 자를 포함)에게 관계 법령상 허용되는 경우를 제외하고는 운송사업용 자동차를 제공하여서는 아니 된다.

 ㉧ 수요응답형 여객자동차운송사업자는 여객의 운행 요청이 있는 경우 이를 거부하여서는 안 된다.
 ㉨ 운송사업자(개인택시운송사업자 및 특수여객자동차운송사업자는 제외)는 운수종사자를 위한 휴게실 또는 대기실에 난방장치, 냉방장치 및 음수대 등 편의시설을 설치해야 한다.

② 운수종사자에게 항시 지키도록 하고 지도·감독해야 할 사항
 ㉠ 운송사업자는 운수종사자로 하여금 여객을 운송할 때 지도·감독해야 할 사항을 성실하게 지키도록 할 것
 ㉡ 정류소 또는 택시승차대에서 주차 또는 정차할 때에는 질서를 문란하게 하는 일이 없도록 할 것
 ㉢ 정비가 불량한 사업용자동차를 운행하지 않도록 할 것
 ㉣ 위험방지를 위한 운송사업자·경찰공무원 또는 도로관리청 등의 조치에 응하도록 할 것
 ㉤ 교통사고를 일으켰을 때에는 긴급조치 및 신고의 의무를 충실하게 이행하도록 할 것
 ㉥ 자동차의 차체가 헐었거나 망가진 상태로 운행하지 않도록 할 것

(2) 자동차의 장치 및 설비 등에 관한 준수사항

① 설치해야 할 사항
 ㉠ 택시운송사업용 자동차(승합자동차를 사용하는 경우로 한정)의 안에는 여객이 쉽게 볼 수 있는 위치에 요금미터기를 설치해야 한다.
 ㉡ 대형(승합자동차를 사용하는 경우는 제외) 및 모범형 택시운송사업용 자동차에는 요금영수증 발급과 신용카드 결제가 가능하도록 관련기기를 설치해야 한다.
 ㉢ 택시운송사업용 자동차 및 수요응답형 여객자동차 안에는 난방장치 및 냉방장치를 설치해야 한다.

② 갖춰야 할 사항
  ㉠ 택시운송사업용 자동차(승합자동차를 사용하는 경우로 한정) 윗부분에는 택시운송사업용 자동차임을 표시하는 설비를 설치하고, 빈차임을 알리는 조명장치가 자동으로 작동되는 설비를 갖춰야 한다.
  ㉡ 대형(승합자동차를 사용하는 경우는 제외) 및 모범형 택시운송사업용 자동차에는 호출설비를 갖춰야 한다.
  ㉢ 택시운송사업자(승합자동차를 사용하는 경우로 한정)는 택시 미터기에서 생성되는 택시운송사업용 자동차 운행정보의 수집·저장 장치 및 정보의 조작을 막을 수 있는 장치를 갖추어야 한다.
  ㉣ 수요응답형 여객자동차에는 시·도지사가 정하는 수요응답 시스템을 갖추어야 한다.
  ㉤ 그 밖에 국토교통부장관이나 시·도지사가 지시하는 설비를 갖춰야 한다.

02 운수종사자 준수사항

(1) 일반적인 준수사항

① 준수사항
  ㉠ 여객의 안전과 사고예방을 위하여 운행 전 사업용 자동차의 안전설비 및 등화장치 등의 이상 유무를 확인해야 한다.
  ㉡ 질병·피로·음주나 그 밖의 사유로 안전한 운전을 할 수 없을 때에는 그 사정을 해당 운송사업자에게 알려야 한다.
  ㉢ 자동차의 운행 중 중대한 고장을 발견하거나 사고가 발생할 우려가 있다고 인정될 때에는 즉시 운행을 중지하고 적절한 조치를 해야 한다.
  ㉣ 운전업무 중 해당 도로에 이상이 있었던 경우에는 운전업무를 마치고 교대할 때에 다음 운전자에게 알려야 한다.
  ㉤ 관계 공무원으로부터 운전면허증, 신분증 또는 자격증의 제시 요구를 받으면 즉시 이에 따라야 한다.
  ㉥ 여객자동차운송사업에 사용되는 자동차 안에서 담배를 피워서는 안 된다.
  ㉦ 사고로 인하여 사상자가 발생하거나 사업용자동차의 운행을 중단할 때에는 사고의 상황에 따라 적절한 조치를 취해야 한다.
  ㉧ 영수증발급기 및 신용카드결제기를 설치해야 하는 택시의 경우 승객이 요구하면 영수증의 발급 또는 신용카드결제에 응해야 한다.
  ㉨ 관할관청이 필요하다고 인정하여 복장 및 모자를 지정할 경우에는 그 지정된 복장과 모자를 착용하고, 용모를 항상 단정하게 해야 한다.
  ㉩ 여객의 안전한 승차·하차 여부를 확인하고 자동차를 출발시켜야 한다.
  ㉪ 그 밖에 이 규칙에 따라 운송사업자가 지시하는 사항을 이행해야 한다.
  ㉫ 택시운송사업의 운수종사자는 승객이 탑승하고 있는 동안에는 미터기를 사용하여 운행해야 한다.

② 미터기를 사용하지 않아도 되는 경우
  ㉠ 구간운임제 시행지역 및 시간운임제 시행지역의 운수종사자
  ㉡ 대형(승합자동차를 사용하는 경우로 한정) 및 고급형 택시운송사업의 운수종사자
  ㉢ 운송가맹점의 운수종사자(플랫폼가맹사업자가 확보한 운송플랫폼을 통해서 사전에 요금을 확정하여 여객과 운송계약을 체결한 경우에만 해당)

(2) 운수종사자가 안전운행과 여객의 편의를 위하여 제지하여야 할 사항

① 다른 여객에게 위해(危害)를 끼칠 우려가 있는 폭발성 물질, 인화성 물질 등의 위험물을 자동차 안으로 가지고 들어오는 행위
② 다른 여객에게 위해를 끼치거나 불쾌감을 줄 우려가 있는 동물(장애인 보조견 및 전용 운반상자에 넣은 애완동물은 제외)을 자동차 안으로 데리고 들어오는 행위
③ 자동차의 출입구 또는 통로를 막을 우려가 있는 물품을 자동차 안으로 가지고 들어오는 행위

03 | 운전종사자의 기본 소양

01 운전예절

(1) 교통질서

① 교통질서와 교통안전
- ㉠ 교통질서 : 차와 사람이 통행하는 데 마땅히 지켜야 하는 질서를 말한다.
- ㉡ 교통안전 : 도로 교통 안전은 도로 이용자가 사상에 이르지 않도록 하는 수단과 절차를 의미한다.

② 교통질서의 중요성
- ㉠ 제한된 도로 공간에서 많은 운전자가 안전한 운전을 하기 위해서는 운전자의 질서의식이 제고되어야 한다.
- ㉡ 타인도 쾌적하고 자신도 쾌적한 운전을 하기 위해서는 모든 운전자가 교통질서를 준수해야 한다.
- ㉢ 교통사고로부터 국민의 생명 및 재산을 보호하고, 원활한 교통흐름을 유지하기 위해서는 운전자 스스로 교통질서를 준수해야 한다.

(2) 사업용 운전자의 사명과 자세

① 운전자의 사명
- ㉠ 타인의 생명도 내 생명처럼 존중
  - 사람의 생명은 이 세상 다른 무엇보다도 존귀하고 소중하므로 안전운행을 통해 인명손실을 예방할 수 있다.
  - ㉡ 사업용 운전은 '공인'이라는 사명감 필요 : 승객의 소중한 생명을 보호할 의무가 있는 공인 이라는 사명감이 수반되어야 한다.

② 운전자가 가져야 할 기본자세
- ㉠ 교통법규 이해와 준수
  - 교통법규나 규칙은 단지 아는 것으로 끝나는 것이 아니라 실천하는 것이 중요하다.

- 운전자는 수시로 변하는 교통상황에 맞게 차를 운전하면서 그 상황에 맞는 적절한 판단으로 교통법규를 준수해야 한다.
- ㉡ 여유 있는 양보운전
  - 교통사고의 원인에는 운전자의 조급성과 자기중심적인 사고가 깔려 있다.
  - 항상 마음의 여유를 가지고, 서로 양보하는 마음의 자세로 운전한다.
- ㉢ 주의력 집중
  - 운전은 한 순간의 방심도 허용되지 않는 복잡한 과정이다.
  - 운전 중에는 방심하지 않고, 운전에만 집중해야 돌발 상황을 빨리 발견하여 적절한 조치를 취할 수 있다.
  - 전방주시 태만, 과속, 운전 부주의 등의 운전 중 부적절한 행동은 대형사고의 원인이 될 수 있다.
- ㉣ 심신상태 안정
  - 운전자의 몸과 마음이 안정되어 있어야 운전도 안전하게 할 수 있다.
  - 운전자는 운행 전에 심신 상태를 차분하게 진정시켜, 냉정하고 침착한 자세로 운전하여야 한다.
- ㉤ 추측운전 금지
  - 운전자는 운행 중에 발생하는 각종 상황에 대해 자신에게만 유리한 판단이나 행동은 조심해야 한다.
  - 조그만 교통상황 변화에도 반드시 안전을 확인한 후 자동차를 조작하여야 한다.
- ㉥ 운전기술 과신은 금물
  - 운전이란 혼자 하는 것이 아니라 도로 이용자인 다른 운전자, 보행자 등과 도로에서 상충될 수 있다.
  - 아무리 유능하고 자신 있는 운전자라 하더라도 자신의 판단 착오 등으로 사고가 발생할 수 있다.
- ㉦ 배기가스와 소음공해 예방
  - 배출가스로 인한 대기오염을 방지하기 위하여 노력하여야 한다.
  - 소음공해를 최소화할 수 있도록 노력하여야 한다.

(3) 올바른 운전 예절

① 인성과 습관의 중요성

    ㉠ 운전자는 일반적으로 각 개인이 가지는 사고, 태도 및 행동특성인 인성의 영향을 받게 된다.

    ㉡ 습관은 본능에 가까운 강력한 힘을 발휘하게 되어 나쁜 운전습관이 몸에 배면 나중에 고치기 어려우며 잘못된 습관은 교통사고로 이어질 수 있다.

    ㉢ 올바른 운전 습관은 다른 사람들에게 자신의 인격을 표현하는 방법 중의 하나이다.

② 운전예절의 중요성

    ㉠ 사람은 일상생활의 대인관계에서 예의범절을 중시하고 있다.

    ㉡ 사람의 됨됨이는 그 사람이 얼마나 예의 바른가에 따라 가늠하기도 한다.

    ㉢ 예절바른 운전습관은 명랑한 교통질서를 유지하고, 교통사고를 예방할 뿐만 아니라 교통문화 선진화의 지름길이 될 수 있다.

③ 운전자가 지켜야 하는 행동

    ㉠ 횡단보도에서의 올바른 행동

      • 신호등이 없는 횡단보도를 통행하고 있는 보행자가 있으면 일시 정지하여 보행자를 보호한다.

      • 보행자가 통행하고 있는 횡단보도 내로 차가 진입하지 않도록 정지선을 지킨다.

    ㉡ 전조등의 올바른 사용

      • 야간운행 중 반대차로에서 오는 차가 있으면 전조등을 변환빔(하향등)으로 조정하여 상대 운전자의 눈부심 현상을 방지한다.

      • 야간에 커브 길을 진입하기 전에 상향등을 깜박거려 반대차로를 주행하고 있는 차에게 자신의 진입을 알린다.

    ㉢ 차로변경에서의 올바른 행동

      • 방향지시등을 작동시킨 후 차로를 변경하고 있는 차가 있는 경우에는 속도를 줄여 진입이 원활하도록 도와준다.

      • 교통이 혼잡한 도로에서 무리하게 끼어들어 차로를 변경하지 않는다.

    ㉣ 교차로를 통과할 때의 올바른 행동

      • 교차로 전방의 정체 현상으로 통과하지 못할 때에는 교차로에 진입하지 않고 대기한다.

      • 앞 신호에 따라 진행하고 있는 차가 있는 경우에는 안전하게 통과하는 것을 확인하고 출발한다.

④ 운전자가 삼가야 하는 행동

    ㉠ 지그재그 운전으로 다른 운전자를 불안하게 만드는 행동을 하지 않는다.

    ㉡ 과속으로 운행하며 급브레이크를 밟는 행위를 하지 않는다.

    ㉢ 운행 중에 갑자기 끼어들거나 다른 운전자에게 욕설을 하지 않는다.

    ㉣ 도로상에서 사고가 발생한 경우 차량을 세워 둔 채로 시비, 다툼 등의 행위로 다른 차량의 통행을 방해하지 않는다.

    ㉤ 운행 중에 갑자기 오디오 볼륨을 크게 작동시켜 승객을 놀라게 하거나, 경음기 버튼을 작동시켜 다른 운전자를 놀라게 하지 않는다.

    ㉥ 신호등이 바뀌기 전에 빨리 출발하라고 전조등을 깜빡이거나 경음기로 재촉하는 행위를 하지 않는다.

    ㉦ 교통 경찰관의 단속에 불응하거나 항의하는 행위를 하지 않는다.

    ㉧ 갓길로 통행하지 않는다.

02 운전자 상식

(1) 교통관련 용어 정의

① 대형사고

    ㉠ 3명 이상이 사망(교통사고 발생일로부터 30일 이내에 사망한 것을 말한다)

    ㉡ 20명이상의 사상자가 발생한 사고

② 중대한 교통사고

    ㉠ 전복(顚覆)사고

    ㉡ 화재가 발생한 사고

    ㉢ 사망자 2명 이상 발생한 사고

    ㉣ 사망자 1명과 중상자 3명 이상이 발생한 사고

ⓜ 중상자 6명 이상이 발생한 사고

③ 교통사고의 용어

　㉠ **충돌사고** : 차가 반대방향 또는 측방에서 진입하여 그 차의 정면으로 다른 차의 정면 또는 측면을 충격한 것을 말한다.

　㉡ **추돌사고** : 2대 이상의 차가 동일방향으로 주행 중 뒤차가 앞차의 후면을 충격한 것을 말한다.

　㉢ **접촉사고** : 차가 추월, 교행 등을 하려다가 차의 좌우측면을 서로 스친 것을 말한다.

　㉣ **전도사고** : 차가 주행 중 도로 또는 도로 이외의 장소에 차체의 측면이 지면에 접하고 있는 상태(좌면이 지면에 접해 있으면 좌전도, 우측면이 지면에 접해 있으면 우전도)를 말한다.

　㉤ **전복사고** : 차가 주행 중 도로 또는 도로 이외의 장소에 뒤집혀 넘어진 것을 말한다.

　㉥ **추락사고** : 자동차가 도로의 절벽 등 높은 곳에서 떨어진 사고

④ **자동차와 관련된 용어**

　㉠ **공차상태** : 자동차에 사람이 승차하지 아니하고 물품(예비부분품 및 공구 기타 휴대물품을 포함한다)을 적재하지 아니한 상태로서 연료·냉각수 및 윤활유를 만재하고 예비타이어(예비타이어를 장착한 자동차만 해당한다)를 설치하여 운행할 수 있는 상태를 말한다.

　㉡ **차량중량** : 공차상태의 자동차 중량을 말한다.

　㉢ **적차상태** : 공차상태의 자동차에 승차정원의 인원이 승차하고 최대적재량의 물품이 적재된 상태를 말한다. 이 경우 승차정원 1인(13세 미만의 자는 1.5인을 승차정원 1인으로 본다)의 중량은 65킬로그램으로 계산하고, 좌석정원의 인원은 정위치에, 입석정원의 인원은 입석에 균등하게 승차시키며, 물품은 물품적재장치에 균등하게 적재시킨 상태이어야 한다.

　㉣ **차량총중량** : 적차상태의 자동차의 중량을 말한다.

　㉤ **승차정원** : 자동차에 승차할 수 있도록 허용된 최대인원(운전자를 포함한다)을 말한다.

(2) 교통사고 현장에서의 상황별 안전조치

① 교통사고 상황파악

　㉠ 짧은 시간 안에 사고 정보를 수집하여 침착하고 신속하게 상황을 파악한다.

　㉡ 피해자와 구조자 등에게 위험이 계속 발생하는지 파악한다.

　㉢ 생명이 위독한 환자가 누구인지 파악한다.

　㉣ 구조를 도와줄 사람이 주변에 있는지 파악한다.

　㉤ 전문가의 도움이 필요한지 파악한다.

② 사고현장의 안전관리

　㉠ 피해자를 위험으로부터 보호하거나 피신시킨다.

　㉡ 사고위치에 노면표시를 한 후 도로 가장자리로 자동차를 이동시킨다.

(3) 교통사고 현장에서의 원인조사

① 노면에 나타난 흔적 조사

　㉠ 스키드마크, 요마크, 프린트 자국 등 타이어 자국의 위치 및 방향

　㉡ 차의 금속 부분이 노면에 접촉하여 생긴 파인 흔적 또는 긁힌 흔적의 위치 및 방향

　㉢ 충돌 충격에 의한 차량 파손품의 위치 및 방향

　㉣ 충돌 후에 떨어진 액체잔존물의 위치 및 방향

　㉤ 차량 적재물의 낙하 위치 및 방향

　㉥ 피해자의 유류품(遺留品) 및 혈흔 자국

　㉦ 도로구조물 및 안전시설물의 파손 위치 및 방향

② 사고차량 및 피해자조사

　㉠ 사고차량의 손상부위 정도 및 손상방향

　㉡ 사고차량에 묻은 흔적, 마찰, 찰과흔(擦過痕)

　㉢ 사고차량의 위치 및 방향

　㉣ 피해자의 상처 부위 및 정도

　㉤ 피해자의 위치 및 방향

③ 사고당사자 및 목격자조사

　㉠ 운전자에 대한 사고상황조사

　㉡ 탑승자에 대한 사고상황조사

　㉢ 목격자에 대한 사고상황조사

④ 사고현장 시설물조사
- ㉠ 사고지점 부근의 가로등, 가로수, 전신주(電信柱) 등의 시설물 위치
- ㉡ 신호등(신호기) 및 신호체계
- ㉢ 차로, 중앙선, 중앙분리대, 갓길 등 도로횡단구성요소
- ㉣ 방호울타리, 충격흡수시설, 안전표지 등 안전시설요소
- ㉤ 노면의 파손, 결빙, 배수불량 등 노면상태요소

⑤ 사고현장 측정 및 사진촬영
- ㉠ 사고지점 부근의 도로선형(평면 및 교차로 등)
- ㉡ 사고지점의 위치
- ㉢ 차량 및 노면에 나타난 물리적 흔적 및 시설물 등의 위치
- ㉣ 사고현장에 대한 가로방향 및 세로방향의 길이
- ㉤ 곡선구간의 곡선반경, 노면의 경사도(종단구배 및 횡단구배)
- ㉥ 도로의 시거 및 시설물의 위치 등
- ㉦ 사고현장, 사고차량, 물리적 흔적 등에 대한 사진촬영

(4) 교통관련 법규 및 사내 안전관리 규정 준수

① 배차지시 없이 임의 운행금지

② 정당한 사유 없이 지시된 운행노선을 임의로 변경운행 금지

③ 승차 지시된 운전자 이외의 타인에게 대리운전 금지

④ 사전승인 없이 타인을 승차시키는 행위 금지

⑤ 운전에 악영향을 미치는 음주 및 약물복용 후 운전 금지

⑥ 철길건널목에서는 일시정지 준수 및 정차 금지

⑦ 도로교통법에 따라 취득한 운전면허로 운전할 수 있는 차종 이외의 차량 운전금지

⑧ 자동차 전용도로, 급한 경사길 등에서는 주정차 금지

⑨ 기타 사회적인 물의를 일으키거나 회사의 신뢰를 추락시키는 난폭운전 등의 운전 금지

⑩ 차는 이동하는 회사 도구로써 청결 유지. 차의 내·외부를 청결하게 관리하여 쾌적한 운행환경 유지

(5) 운행준비 및 운행 중 주의

① 운행 전 준비
- ㉠ 용모 및 복장 확인(단정하게)
- ㉡ 승객에게는 항상 친절하게 불쾌한 언행 금지
- ㉢ 차의 내·외부를 항상 청결하게 유지
- ㉣ 운행 전 일상점검을 철저히 하고 이상이 발견되면 관리자에게 즉시 보고하여 조치 받은 후 운행
- ㉤ 배차사항, 지시 및 전달사항 등을 확인한 후 운행

② 운행 중 주의
- ㉠ 주·정차 후 출발할 때에는 차량 주변의 보행자, 승·하차자 및 노상취객 등을 확인한 후 안전하게 운행한다.
- ㉡ 내리막길에서는 풋 브레이크를 장시간 사용하지 않고, 엔진 브레이크 등을 적절히 사용하여 안전하게 운행한다.
- ㉢ 보행자, 이륜차, 자전거 등과 교행, 나란히 진행할 때에는 서행하며 안전거리를 유지하면서 운행한다.
- ㉣ 후진할 때에는 유도 요원을 배치하여 수신호에 따라 안전하게 후진한다.
- ㉤ 후방카메라를 설치한 경우에는 카메라를 통해 후방의 이상 유무를 확인한 후 안전하게 후진한다.
- ㉥ 눈길, 빙판길 등은 체인이나 스노타이어를 장착한 후 안전하게 운행한다.
- ㉦ 뒤따라오는 차량이 추월하는 경우에는 감속 등을 통해 양보운전을 한다.

> **tip 차량고장 시 운전자의 조치사항**
>
> - 정차 차량의 결함이 심할 때는 비상등을 점멸시키면서 길어깨(갓길)에 바짝 차를 대서 정차한다.
> - 차에서 내릴 때에는 옆 차로의 차량 주행상황을 살핀 후 내린다.
> - 야간에는 밝은 색 옷이나 야광이 되는 옷을 착용하는 것이 좋다.
> - 비상전화를 하기 전에 차의 후방에 경고반사판을 설치해야 하며 특히 야간에는 주의를 기울인다.
> - 비상주차대에 정차할 때는 타 차량의 주행에 지장이 없도록 정차해야 한다.

04 교통약자의 이동편의 증진법

01 목적과 책무

(1) 목적과 용어정의

① **목적** : 교통약자가 안전하고 편리하게 이동할 수 있도록 교통수단, 여객시설 및 도로에 이동편의시설을 확충하고 보행환경을 개선하여 사람중심의 교통체계를 구축함으로써 교통약자의 사회 참여와 복지 증진에 이바지함을 목적으로 한다.

② **용어정의**
  ㉠ **교통약자** : 장애인, 고령자, 임산부, 영유아를 동반한 사람, 어린이 등 일상생활에서 이동에 불편을 느끼는 사람을 말한다.
  ㉡ **이동편의시설** : 휠체어 탑승설비, 장애인용 승강기, 점자블록 등 장애인을 위한 보도(步道), 임산부가 모유수유를 할 수 있는 휴게시설 등 교통약자가 교통수단, 여객시설 또는 도로를 이용할 때 편리하게 이동할 수 있도록 하기 위한 시설과 설비를 말한다.
  ㉢ **특별교통수단** : 이동에 심한 불편을 느끼는 교통약자의 이동을 지원하기 위하여 휠체어 탑승설비 등을 장착한 차량을 말한다.

> **tip 이동권**
> • 교통약자는 인간으로서의 존엄과 가치 및 행복을 추구할 권리를 보장받기 위하여 교통약자가 아닌 사람들이 이용하는 모든 교통수단, 여객시설 및 도로를 차별 없이 안전하고 편리하게 이용하여 이동할 수 있는 권리를 가진다.

(2) 책무

① **기관 및 정책의 수립**
  ㉠ **책무기관** : 국가와 지방자치단체

  ㉡ **정책수립** : 교통약자가 안전하고 편리하게 이동할 수 있도록 교통수단과 여객시설의 이용편의 및 보행환경 개선을 위한 정책을 수립하고 시행하여야 한다.

② **교통사업자의 의무**
  ㉠ 교통약자의 이동편의 증진을 위하여 이동편의시설 설치기준 준수
  ㉡ 교통약자에 대한 서비스 개선을 위하여 지속적으로 노력
  ※ 교통수단을 제작하는 사업자 … 교통약자가 편리하게 이동할 수 있는 구조·설비 또는 장치를 갖춘 교통수단을 개발·제조하기 위하여 노력하여야 한다.

02 교통약자 이동편의 증진계획

(1) 계획의 수립

① **수립기관** : 국토교통부장관

② **계획단위** : 교통약자의 이동편의 증진을 위한 5년 단위의 교통약자 이동편의 증진계획을 수립하여야 한다.

③ **교통약자 이동편의 증진계획 포함사항**
  ㉠ 교통약자 이동편의 증진정책의 기본방향 및 목표에 관한 사항
  ㉡ 이동편의시설의 설치 및 관리 실태
  ㉢ 보행환경 실태
  ㉣ 이동편의시설의 개선과 확충에 관한 사항
  ㉤ 저상(底床)버스 및 휠체어 탑승설비를 장착한 버스의 도입에 관한 사항
  ㉥ 보행환경 개선에 관한 사항
  ㉦ 특별교통수단 도입에 관한 사항
  ㉧ 특별교통수단 운영의 지역 간 연계 등 교통약자의 이동권 확대에 관한 사항

ⓩ 교통약자 이동편의 증진계획의 추진 재원(財源) 조달 방안

ⓩ 교통약자의 인구 현황 및 이동 실태

ⓩ 교통약자의 이동편의 증진을 위한 연구 · 개발에 관한 사항

(2) 지방 및 도지사의 계획 수립

① 계획의 수립자

㉠ 특별시장 · 광역시장 · 특별자치시장 · 특별자치도지사 · 시장이나 군수(광역시에 있는 군의 군수는 제외)

㉡ 도지사

② 지방 교통약자 이동편의 증진계획의 수립

㉠ 시장이나 군수는 주민과 관계 전문가의 의견을 들어 5년 단위의 지방교통약자 이동편의 증진계획을 수립하여야 한다.

㉡ 시장이나 군수가 지방교통약자 이동편의 증진계획을 수립할 때에는 미리 관계 교통행정기관과 협의하여야 하며 지방교통위원회의 심의를 받아야 한다.

③ 도지사의 교통약자 이동편의 증진 지원계획의 수립 등

㉠ 도지사의 계획수립 : 도지사는 대통령령으로 정하는 바에 따라 5년 단위의 교통약자 이동편의 증진 지원계획을 수립하여야 한다.

㉡ 도지사의 교통약자 이동편의 증진 지원계획 포함사항

• 관할 행정구역 내 시 · 군의 교통약자이동편의시설 설치 · 관리 지원에 관한 사항 및 시 · 군 간 균형적 지원에 관한 사항

• 특별교통수단 도입 · 확충 지원에 관한 사항

• 광역이동지원센터 운영 등 특별교통수단의 광역적 이용을 위한 협력체계 구축 방안

※ 시장이나 군수는 지방교통약자 이동편의 증진계획을 집행하기 위한 연차별 시행계획을 수립하여야 한다

03 이동편의시설의 설치

(1) 설치기준

① 이동편의시설의 설치 대상

㉠ 교통수단

㉡ 여객시설

㉢ 도로

② 이동편의시설의 설치

㉠ 교통사업자 또는 도로관리청 등 대상시설을 설치 · 관리하는 자는 대상시설을 설치하거나 주요 부분을 변경할 때에는 설치기준에 맞게 이동편의시설을 설치하고 이를 유지 · 관리하여야 한다.

㉡ 누구든지 장애인을 위한 보도에 물건을 쌓거나 공작물을 설치하는 등 그 이용을 방해하거나 장애인을 위한 보도를 훼손하여서는 아니 된다.

(2) 적합성 심사

① 심사기관 : 교통행정기관

② 심사대상 : 교통수단과 여객시설에 대한 면허 · 허가 · 인가 등을 하는 경우 교통수단과 여객시설에 설치된 이동편의시설이 설치기준에 맞는지를 심사하여야 한다.

③ 의견청취 : 심사를 하는 경우 미리 장애인 등 교통약자 관련 법인 또는 단체의 의견을 들을 수 있다.

04 교육의 실시

(1) 교통사업자 등에 대한 교육

① 실시기관 : 시 · 도지사 또는 시장 · 군수 · 구청장

② 교육대상

㉠ 교통사업자

㉡ 특별교통수단을 운행하는 운전자

③ 교육내용
　㉠ 교통사업자 : 이동편의시설의 설치 및 관리 등에 관한 교육
　㉡ 특별교통수단을 운행하는 운전자
　　• 교통약자서비스에 관한 교육
　　• 성폭력 예방교육
　㉢ 택시운수종사자 : 교통약자서비스에 관한 교육

(2) 승무원 등에 대한 교육

① 교육내용 : 교통약자서비스에 관한 교육(교통약자서비스교육)
② 교육대상
　㉠ 객실승무원
　㉡ 여객승무원
　㉢ 저상버스등의 승무원
　㉣ 선원

05　특별교통수단의 운행

(1) 운행기관 및 운행대수

① 운행기관 및 목적
　㉠ 운행기관 : 시장이나 군수
　㉠ 운행목적 : 이동에 심한 불편을 느끼는 교통약자의 이동편의 제공
② 특별교통수단 운행 대수
　㉠ 인구가 10만명 이하인 특별시·광역시·특별자치시·특별자치도·시·군(광역시에 있는 군은 제외)의 경우 : 보행상의 장애인으로서 중증보행장애인 100명당 1대
　㉡ 인구가 10만명을 초과하는 시·군의 경우 : 중증보행장애인 150명당 1대

(2) 이동지원센터 설치

① 이동지원센터 설치
　㉠ 설치자 : 시장이나 군수
　㉡ 연결 : 특별교통수단을 이용하려는 교통약자와 특별교통수단을 운행하는 자를 통신수단 등을 통하여 연결
② 광역이동지원센터 설치
　㉠ 설치자 : 도지사
　㉡ 목적 : 특별교통수단의 효과적 운영 및 관할 행정구역 내 시·군 간 특별교통수단의 원활한 환승·연계 지원
③ 운영범위
　㉠ 지방자치단체는 특별교통수단의 운행 대수, 운행 횟수 등을 고려하여 그 운영의 범위를 인근 특별시·광역시·도 등으로 한다.
　㉡ 특별교통수단의 운행 시간은 매일 24시간으로 한다.

06　교통이용편의서비스의 제공

(1) 서비스 제공

① 제공업자 : 여객시설을 설치·운영하는 교통사업자
② 제공목적 : 교통약자 등이 편리하고 안전하게 교통수단, 여객시설 또는 이동편의시설 이용

(2) 교통이용정보 및 편의 제공

① 제공하여야 하는 교통이용정보
　㉠ 노선·운임·운행 또는 운항에 관한 정보
　㉡ 타는 곳, 갈아타는 곳 및 나가는 곳 등의 유도·안내에 관한 정보
　㉢ 엘리베이터·에스컬레이터 등 이동편의시설의 위치에 관한 정보

ⓔ 이동편의시설을 이용하여 갈아탈 수 있는 최적경로에 관한 정보

② 제공하여야 하는 편의
　ⓐ 한국수어 · 통역서비스
　ⓑ 휠체어 · 점자안내책자 · 보청기기
　ⓒ 공중팩스
　ⓓ 탑승보조 서비스

③ 설치 시설물
　ⓐ 속도저감시설
　ⓑ 횡단시설
　ⓒ 대중교통정보 알림시설 등 교통안내시설
　ⓓ 보행자 우선통행을 위한 교통신호기
　ⓔ 자동차 진입억제용 말뚝
　ⓕ 교통약자를 위한 음향신호기 등 보행경로 안내장치
　ⓖ 보도용 방호울타리

07 보행우선구역 및 안전시설물 설치

(1) 보행우선구역

① 보행우선구역의 지정
　ⓐ 지정권자 : 시장이나 군수
　ⓑ 지정시기 : 교통약자를 포함한 보행자의 안전하고 편리한 보행환경을 위하여 필요하다고 인정할 때
　ⓒ 지정계획 : 보행우선구역의 지정 및 유지 · 관리를 위한 계획 수립

② 보행우선구역에서의 조치
　ⓐ 조치기관 : 시장이나 군수가 시 · 도경찰청장이나 경찰서장에게 요청
　ⓑ 요청사항
　　• 자동차의 일방통행 등 통행 제한
　　• 자동차 운행속도 제한
　　• 자동차의 정차나 주차의 금지

(2) 보행안전시설물의 설치

① 설치기관 : 시장이나 군수
② 설치목적 : 보행우선구역에서 보행자가 안전하고 편리하게 보행

08 보행교통연구센터

구분	내용
지정권자	• 국토교통부장관
지정목적	• 보행우선구역 사업의 전국적인 확산을 촉진하고 보행환경의 개선
업무	• 보행우선구역 사업의 중장기 추진계획 수립 • 보행우선구역 지정 지역의 현장조사, 설계자문 등 사업지원 • 보행우선구역 사업 시행의 효과 평가 • 보행우선구역 지정 지역의 사후 관리 • 보행우선구역 활성화 지원 등 보행환경 개선을 위한 연구 • 보행문화 형성을 위한 교육 및 홍보

05 응급처치법

01 응급처치의 개념

(1) 응급처치(First Aid)의 개념과 목적

① 응급처치의 개념
- ㉠ 다친 사람이나 급성질환자에게 사고 현장에서 즉시 조치를 취하는 것을 말한다.
- ㉡ 보다 나은 병원 치료를 받을 때까지 일시적으로 도와주는 것일 뿐 아니라, 적절한 조치로 회복상태에 이르도록 하는 것이다.
- ㉢ 위급한 상황에서 전문적인 치료를 받을 수 있도록 119에 연락하는 것부터 부상이나 질병을 의학적 처치 없이도 회복될 수 있도록 도와주는 행위도 포함한다.

② 응급처치의 목적
- ㉠ 돌발 사고나 질병 발생 등의 응급상황으로부터 환자의 생명을 구하고 환자의 상태를 최단 시간 내에 정상으로 회복시켜 치료의 효과를 높이는 데 있다.
- ㉡ 즉각적이고 임시적인 적절한 처치와 보호로 인명구조, 고통경감, 상처나 질병의 악화방지, 심리적 안정 등을 도모할 수 있다.
- ㉢ 응급처치는 사람의 삶과 죽음이 좌우되기도 하며, 회복기간을 단축시킬 수도 있어 중요하다.

(2) 응급처치의 필요성과 중요성

① 응급처치의 필요성
- ㉠ 응급처치는 일상생활 및 사고현장에서 발생할 수 있는 긴박한 상황에서 아주 유용한 수단이다.
- ㉡ 돌발적인 사고가 발생하였을 때 신속하고 적절한 응급처치가 이루어지지 않으면 인명 손실이 증대된다.
- ㉢ 응급처치는 생명을 구하고 상처의 악화를 방지하며 고통경감 및 심리적 안정을 도모한다는 점에서 꼭 필요한 조치이다.

② 응급처치의 중요성
- ㉠ 환자의 생존율을 높이고 추후 장애를 최소화 한다.
- ㉡ 병세의 악화를 방지하고 손상의 진행을 감소시킨다.
- ㉢ 환자의 고통을 경감시킨다.
- ㉣ 환자의 치료기간과 입원기간 및 재활기간을 단축시키고 회복을 촉진시킨다.
- ㉤ 의료비의 지출을 절감하여 경제적 효과를 기대한다.

02 교통사고 응급조치

(1) 교통사고 대처법

① 본인이 사고가 난 경우 대처법
- ㉠ 본인 및 주위 동승자 중 부상자가 있는지 확인한다.
- ㉡ 다친 사람이 있으면 119(소방서 구급전화)에 신고한다.
- ㉢ 현장이 안전한가를 확인한다.
- ㉣ 환자의 입 안에 이물질이 있는지 확인하고 목을 움직이지 말게 하며, 경추 고정 장비가 있으면 고정한다.
- ㉤ 오토바이 사고에서 헬멧을 착용하고 있는 경우에는 제거하지 않는다. 하지만 헬멧이 기도폐쇄를 유발하면 제거한다.
- ㉥ 환자의 호흡을 확인한다.
- ㉦ 환자가 숨을 잘 쉬는지, 가슴의 움직임이 있는지 확인 후, 숨을 잘 쉬지 않으면 인공호흡을 시행한다.

ⓞ 환자의 순환 상태를 확인한다.
- 환자가 움직이는지, 의식이 있는지, 호흡이 있는지 확인하고 없으면 가슴을 압박하여 심폐소생술을 시행한다.
- 출혈 부위가 있으면 상처부위를 거즈나 수건 등으로 눌러 지혈한다.
ⓩ 환자의 의식을 확인한다.
ⓩ 환자의 의식 확인은 이름을 묻고, "지금 어디에 있는지?", "지금 몇 시인지?"를 묻는다.
ⓣ 구조, 구급차량이 올 때까지 무리한 이송이나 구조를 하지 않는다. 단, 현장이 화재 등의 위험한 상황이면 구조를 시행한다.

② 지나가다가 사고를 목격한 후 대처법
ㄱ 다친 사람이 있는 경우 119에 신고한다.
ㄴ 현장과 본인이 안전한가를 확인한다.
ㄷ 도로에서 사고 목격 후 행동 시에는 자신의 차량이나 위치가 안전한 곳에 위치하도록 하고, 안전하지 않으면 도로에 사고를 알리는 사고 표지판을 설치하거나 도로에서 수신호를 시행한다.
ㄹ 환자의 의식유무를 확인한다.
ㅁ 환자의 기도를 확인한다.
ㅂ 입 안에 이물질이 있는지 확인하고 목을 움직이지 않게 하며, 경추 고정 장비가 있으면 고정한다.
ㅅ 오토바이 사고에서 헬멧을 착용하고 있는 경우에는 제거하지 않는다. 하지만 헬멧이 기도폐쇄를 유발하면 제거한다.
ㅇ 환자의 호흡을 확인한다.
ㅈ 환자가 숨을 잘 쉬는지, 숨을 쉬는 것에 의한 가슴의 움직임이 있는지 확인 후 숨을 잘 쉬지 않으면 인공호흡을 시행한다.
ㅊ 환자의 순환 상태를 확인한다.
- 환자가 움직이는지 의식이 있는지, 호흡이 있는지 확인하고 없으면 가슴을 압박하여 심폐소생술을 시행한다.
- 출혈 부위가 있으면 상처부위를 거즈나 수건 등으로 눌러 지혈한다.
ㅋ 환자의 의식 상태를 확인한다.
ㅌ 환자의 의식 확인은 이름을 묻고, "지금 어디에 있는지?", "지금 몇 시인지?"를 묻는다.

ㅍ 구조, 구급차량이 올 때까지 무리한 이송이나 구조를 하지 않는다. 단, 현장이 화재 등의 위험한 상황이면 구조를 시행한다.

③ 환자이송법
ㄱ 현장이 위험하지 않은 경우에는 119 구급대원이 오기 전까지 환자를 함부로 이송하지 않는다.
ㄴ 이송할 때는 목뼈를 잘 고정하여 이송한다.
ㄷ 사지 골절이 있는 경우에는 사지를 적절히 부목으로 고정한 후 환자를 들것으로 옮겨서 병원으로 이송하여야 한다.
ㄹ 이송 시 상지만 손상된 환자는 누운 자세보다는 뒤로 약간 젖힌 앉은 자세가 편안하지만 환자가 편안한 쪽을 선택한다.
ㅁ 하지 손상 시에는 반드시 누운 자세를 이용하며, 하지를 바닥으로부터 15cm 정도 높여서 부종(浮腫)을 방지하도록 한다.
ㅂ 모든 손상부위는 가능한 심장보다 약간 높여 주어야 합니다. 손상된 사지는 절대로 들것 가장자리 밖으로 나오지 않도록 한다.
ㅅ 손상부위에는 차가운 얼음주머니를 대면 통증을 감소시키고 부종을 방지할 수 있습니다. 단, 얼음이나 얼음팩이 피부에 직접 닿지 않도록 주의해야 한다.
ㅇ 혈관손상이 의심되거나 원위부로의 순환장애가 관찰되면 이송할 병원으로 환자상태를 연락하면서 신속히 이송한다.

(2) 교통사고 신고 내용

① 112 신고 시 전달 내용
ㄱ 사고가 발생한 장소, 주소(알기 쉬운 목표물)를 말한다.
ㄴ 상처의 이유, 사고 시의 상태를 말한다.
ㄷ 사상자의 수, 부상 정도를 말한다.

② 응급대원 현장 도착 시 전달내용
ㄱ 환자의 몸의 상태변화를 말한다.
ㄴ 실시한 응급처치의 내용을 말한다.
ㄷ 만약 환자의 특징적인 병명이나 주치의 등을 알고 있다면 응급대원에게 알려준다.

03 부상자 응급처치

(1) 응급처치

① 응급처치 실시
  ㉠ 모든 환자를 신속히 평가하고 위험물질로부터 벗어나 안전한 장소에서 응급처치를 실시한다.
  ㉡ 부상자를 이동시킬 때 목과 허리 손상이 의심되면 더욱 조심해서 이동시킨다.
  ㉢ 사고현장이 안전하다고 판단되면 생명이 위급한 부상자부터 응급처치를 한다.
  ㉣ 의식이 있는 환자는 이름 등을 질문하여 정신상태를 확인하고 머리를 의자에 기대어 움직이지 않도록 하여 편안한 자세를 취하게 한다.
  ㉤ 기도확보, 호흡확인, 맥박을 확인하고 출혈이 있으면 지혈을 해준다.

② 부상자가 의식이 없는 경우
  ㉠ 반드시 필요한 경우를 제외하고는 움직이지 않도록 한다.
  ㉡ 목에 상해가 있다는 가정 하에 응급처치를 한다.
  ㉢ 목에 있는 동맥을 만져서 맥박이 있는 지를 확인한다.
  ㉣ 출혈이 있으면 지혈하고, 다른 부상이 있는지를 확인한다.
  ㉤ 사망자가 있을 때, 차 밖으로 사람이 튕겨져 나간 경우, 사고부위가 좌석으로 밀려들어온 경우, 보행 중에 또는 자전거를 타고 가다가 차에 치인 경우, 팔다리의 뼈가 부러졌을 때는 반드시 119 구급대원의 특수 장비와 처치가 우선시 되어야 한다.

(2) 응급처치 방법

① 의식이 있는 피해자
  ㉠ 호흡이 없을 경우
    • 심폐소생술(CPR)을 실시한다.
    • 가슴 압박과 인공호흡을 번갈아가며 진행하며, 30 : 2의 비율로 수행한다.
  ㉡ 출혈이 있는 경우
    • 출혈 부위에 압박을 가한다.
    • 출혈을 멈추기 위해 가급적 손으로 압박하지 않고, 천이나 거즈 등을 사용한다.
  ㉢ 골절이나 외상 등이 있는 경우 : 부상 부위를 고정시켜 추가적인 손상을 방지한다.

② 의식이 없는 피해자
  ㉠ 호흡이 없을 경우
    • 심폐소생술을 실시한다.
    • 신속하게 자동제세동기(AED)를 사용하여 심장발작을 감지하고, 적절한 전기충격을 가한다.
  ㉡ 출혈이 있는 경우
    • 출혈 부위에 압박을 가한다.
    • 출혈을 멈추기 위해 가급적 손으로 압박하지 않고, 천이나 거즈 등을 사용한다.
  ㉢ 골절이나 외상 등이 있는 경우 : 부상 부위를 고정시켜 추가적인 손상을 방지한다.

(3) 응급 상황시 행동요령

단계	행동요령
1단계 현장조사	• 현장 안전상태와 위험요소 파악 • 구조자 본인의 안전 여부 확인 • 사고 상황과 부상자 수 파악 • 지원 가능한 주변 인력 파악 • 환자의 상태 확인
2단계 구조요청	• 현장 조사와 동시에 응급구조 체계에 신고 • 의식이 없는 경우 즉시 119에 구조 요청 • 자동심장충격기(AED) 요청
3단계 응급처치	• 의식이 없을 경우 구조 요청 후 즉시 심폐소생술 시행 • 주변이 위험한 환경이면 안전한 장소로 환자 이동 • 의식이 있을 경우 따뜻한 음료 등을 공급해 체온 회복을 도움

> **tip** 신속한 응급처치와 생존율의 관계
> • 병원 도착 전 응급처치 여부에 따라 부상자의 생존과 사망에 직접적인 영향을 준다.
> • 목격자가 심폐소생술을 시행한 경우 43%의 생존율을 나타내지만 목격자가 심폐소생술을 시행하지 않은 경우 21%의 생존율에 불과하다.

(1) 심폐소생술(CPR)의 개념

① 정의
　㉠ 심폐소생술은 심장박동이 멈추고 숨을 쉬지 않는 사람에게 인공적으로 호흡을 불어넣고 흉부를 압박하여 산소가 포함된 혈액을 뇌로 보내주는 것을 말한다.
　㉡ 심폐소생술은 심장이 마비된 상태에서도 혈액을 순환시켜, 뇌의 손상을 지연시키고 심장이 마비 상태로부터 회복하는데 결정적인 도움을 준다.

② 심폐소생술의 중요성
　㉠ 심정지가 발생하면 그 순간부터 시간이 경과하면서 매 분마다 사망률이 증가한다.
　㉡ 5분 이상이 경과되면 뇌손상이 시작되고 10분 이상 경과되면 소생가능성이 희박하다.
　㉢ 심정지가 발생하는 것을 목격한 사람이 심폐소생술을 즉시 실시하면 소생가능성을 2~3배 늘릴 수 있다.

> **tip 심폐소생술의 중요성**
> - 0~4분 : 심폐소생술을 실시하면 뇌손상의 가능성이 거의 없다.
> - 4~6분 : 뇌손상의 가능성이 높다.
> - 6~10분 : 뇌손상의 가능성이 확실시 된다.
> - 10분 이상 : 심한 뇌손상 또는 뇌사 상태가 된다.

(2) 심폐소생술의 방법

① 의식 및 맥박 확인
　㉠ 의식확인 : 환자가 의식이 있는지 확인한다.
　㉡ 119에 신고
　　• 주변 사람을 지목하여 119에 전화해 달라고 부탁한다.
　　• 주변에 아무도 없으면 직접 전화한다.
　㉢ 맥박확인 : 맥박과 호흡을 확인한다.
　㉣ 자세 바로잡기 : 인공호흡이나 흉부압박을 하기 위해서는 환자를 바로 눕혀야 한다.

※ 외상이 의심된다면 더욱 더 주의하여 머리와 목과 몸을 동시에 통나무 굴리듯 바르게 눕힌다.

② 흉부압박
　㉠ 흉부압박
　　• 압박부위 : 양쪽 유두를 이은 가상선 흉골의 중심부를 압박한다.
　　• 손의 모양과 자세
　　－양손은 평행하게 깍지를 끼고 손꿈치를 압박점에 댄다.
　　－압박과 이완시 힘의 비율은 50 : 50으로 한다.
　　－팔꿈치는 곧게 뻗은 상태로 어깨힘이 압박점에 수직으로 실리도록 한다.
　　－압박속도 분당 100~120회, 압박의 깊이 5~6cm로 압박한다.
　　－30회 압박한다.
　㉡ 기도열기 : 두부후굴 하악거상법
　　• 머리를 뒤로 젖히고 턱을 들어 올린다.
　　• 환자의 입이 닫히지 않도록 한다
　㉢ 인공호흡 : 구강대 구강법
　　• 기도 개방을 확실하게 하다.
　　• 환자의 코를 엄지와 검지로 막는다.
　　• 구조자의 입을 환자의 입에 밀착시킨다.
　　• 1초간 공기를 부드럽게 불어 넣는다.
　　• 코를 잡았던 손을 놓아 환자의 숨이 나오게 한다.
　　• 같은 방법으로 한번 더 불어 넣는다.

※ 너무 빨리, 세게 불어 넣게 되면 위장 속으로 공기가 들어가 내용물이 역류되어 오히려 기도가 막힐 수 있으므로 천천히 불어 넣도록 한다. 공기를 불어 넣을 때 뺨만 볼록해지면서 잘 들어가지 않을 경우 기도를 다시 개방한 다음 불어 넣는다.

③ 심폐소생술의 시행
　㉠ 구조조가 한 사람인 경우 : 흉부압박과 인공호흡의 비율은 30 : 2로 한다.
　㉡ 구조자가 두 사람인 경우
　　• 30 : 2로 1인은 흉부압박을 하고 다른 1인은 인공호흡을 한다.
　　• 5주기 마다(매 2분마다) 교대하여 실시한다.

※ 10초 이상 흉부압박이 중단되지 않아야 하며 환자가 회복되거나 119구급대가 올 때까지 계속하여 심폐소생술을 시행한다.

④ 소아 및 영아 심폐소생술

 ㉠ 소아(1~8세) 심폐소생술 : 압박의 깊이는 흉곽의 1/3~1/2이 들어가도록 한손 또는 두 손으로 압박하며, 그 이외는 성인 심폐소생술과 같은 방법으로 실시한다.

 ㉡ 영아(1세 이하) 심폐소생술
  • 의식확인 : 발바닥을 자극하여 아기의 반응을 보아 의식을 확인한다.
  • 도움요청 : 빨리 119에 연락한다.
  • 기도 열기 : 아기의 목은 매우 유연하므로 머리 젖히기와 턱 들어올리기는 부드럽게하며 너무 많이 젖히지 않도록 한다.
  • 호흡확인 : 보고, 듣고, 느끼는 방법으로 호흡이 있는지 확인한다.
  • 인공호흡
   – 코와 입을 한꺼번에 처치자의 입으로 덮고 호흡을 불어 넣는다.
   – 호흡의 양은 아주 적은 양으로 흉부의 상승을 확인하면서 불어 넣는다.
  • 흉부압박법
   – 영아를 딱딱한 바닥에 눕힌다.
   – 양측유두를 이은 가상의 선 바로 아래 흉골과 만나는 지점에 두 손가락을 댄다.
   – 분당 100회의 속도로 흉곽의 1/3 ~ 1/2깊이로 압박한다.
   – 인공호흡과 흉부압박은 30 : 2의 비율로 119 구급대가 도착할 때 까지 실시한다.

(3) 자동심장충격기(AED)

① 개념

 ㉠ 자동심장충격기 또는 자동제세동기는 심실세동 또는 심실빈맥으로 인해 심장의 기능이 정지하거나 호흡이 멈추었을 때 사용하는 응급 처치 기기를 말한다.

 ㉡ 심폐소생술 교육을 받지 않은 일반인도 사용할 수 있으며, 주변에 심정지환자가 발생한 경우 적극적으로 사용하여야 한다.

 ※ 철도객차·공항·선박·다중이용시설 등에 자동심장충격기 등 심폐소생술을 행할 수 있는 응급장비를 갖추도록 하고 일반인도 교육을 받은 후 사용 가능하도록 응급의료에 관한 법률이 개정되었다.

② 자동심장충격기 사용법

 ㉠ 전원 버튼을 누른다.
 ㉡ 두 개의 패드를 가슴에 부착 후 자동제세동기에 연결한다.
 ㉢ 심장리듬을 분석하는 동안 환자로부터 모두 물러난다.
 ㉣ 심전도 리듬 확인 및 메시지를 듣는다.
 ㉤ 적응 리듬(심실세동)이라는 메시지가 나오고 충전이 끝나면 안내에 따라 쇼크(shock)버튼을 누른다.
 ㉥ 즉시 심폐소생술을 다시 시작한다.
 ㉦ 구급대 도착 전까지 4~7번 반복, 2분마다 자동제세동기가 자동으로 심장리듬을 분석한다.

 ※ 몸에 물기가 있을 때는 닦아내고 처치한다. 분석 및 쇼크 버튼 적용시는 환자와 모두 떨어져 있는지 확인한다. 가슴에 털이 많은 경우는 빠르게 털을 제거한 후 처치한다.

---

05 근골격계 손상 및 출혈

(1) 골절 및 탈구

① 근육 손상

 ㉠ **타박상** : 손상 부위 아래의 근육이 눌려지면서 근육세포 손상이 발생할 수 있다.
 ㉡ **관통상** : 물체가 피부와 피하조직을 관통하면서 근육과 힘줄에 손상이 발생할 수 있다.
 ㉢ **구획증후군** : 팔이나 다리 안에 근육끼리 무리를 지어 구획 안에 존재한다. 구획 안의 압력에 이상이 생기면서 근육, 신경, 혈관이 손상을 받아 생긴다.
 ㉣ **근육피로** : 근육의 활동이 한계에 도달하면서 근육이 약화된 상태이다.
 ㉤ **근육경련** : 지속적으로 근육조직이 연축되면서 발생한다.
 ㉥ **근육연축** : 근육이 간대성·긴장성 경련을 하는 것이다.

     ⊘ **근육긴장** : 근육섬유가 늘어나고 파열한 경우 발생하는 것이다.

② **관절 손상**

  ⊙ **염좌**
- 관절을 지지하는 인대나 근육이 늘어나거나 일부분이 파열되면서 발생하는 손상이다.
- 급성 통증, 염증, 부종이 나타난다.

  ⓒ **아탈구(불완전탈구)**
- 관절낭 내부에 있는 뼈끝의 일부가 제 위치에서 이탈하면서 발생한 손상이다.
- 스트레스를 받은 관절이 분리되어 인대가 늘어나면서 발생한다.

  ⓒ **탈구**
- 관절에서 뼈끝이 완전히 이탈되는 손상이다.
- 관절 구조의 손상에 의해 양쪽 뼈가 어긋난 상태를 말한다.

③ **골절**

  ⊙ **개념**
- 골절이란 뼈에 금이 가거나 부러지는 것을 말한다.
- 주로 추락이나 충돌, 교통사고 등 신체에 외부로부터 물리적인 충격이 가해지는 경우 발생하게 된다.
- 처음 손상 이후 부서지거나 어긋난 뼈에 의해 이차적으로 주변 혈관이나 신경 등이 손상을 받을 수 있으므로 초기 응급 처치가 중요하다.

  ⓒ **골절의 구분**
- 개방성 골절 : 골절된 뼈끝이 피부 바깥으로 뚫고 나온 골절이다.
- 폐쇄성 골절 : 뼈가 피부 바깥으로 나오지 않고 내부에서 뼈가 골절된 것이다.
- 분쇄 골절 : 뼈가 여러 조각으로 쪼개지면서 발생하는 골절이다.
- 가로 골절 : 수직으로 가해진 힘으로 뼈가 가로로 골절되는 것이다.
- 빗금 골절 : 사선 방향으로 골절이 생긴 것이나.
- 생나무 골절 : 소아 환자에게 빈번하게 발생한다. 뼈의 한 부분만 구부러진 잔가지와 같은 모양으로 손상되는 것이다.

④ **탈구 및 골절 증상**

  ⊙ 골절이나 탈구가 발생하면 심한 통증이 나타나는

데 이는 그 부위를 움직이거나 누를 때 더 심해진다.

  ⓒ 손상 부위가 비정상적으로 흔들리고 통증 때문에 움직이지 못해 정상적인 기능을 상실 할 수 있으며 체액이나 혈액이 손상 부위로 스며들어 붓게 되고 팔다리 모양의 변형이 올 수 있다.

  ⓒ 그 외에 감각 손상, 근육 경련, 마비 등이 올 수 있다.

⑤ **응급처치**

  ⊙ 가장 중요한 것은 다친 부위가 더 이상 움직이지 않도록 하여야 한다. 구급차가 올 수 있는 곳에서는 움직이지 않고 응급 구조를 기다리는 것이 좋다.

  ⓒ 응급 처치를 할 경우에는 환자가 편안해 하는 자세 그대로 움직이지 않게 고정하고 도움을 청하도록 한다.

  ⓒ 부목은 다친 부위의 뼈보다 길어야 하고 부드러운 천으로 감싸 피부에 직접 닿아 손상을 주지 않도록 해야 한다.

  ⓔ 관절이나 뼈의 단단한 부위가 밖으로 만져지더라도 이를 제자리로 돌리려는 시도는 하지 않아야 한다.

  ⓜ 척추나 골반 뼈 부위를 다친 경우 내부 장기 또는 혈관의 손상으로 출혈이 되어 쇼크에 빠질 위험이 있으므로 환자를 눕힌 자세에서 가급적 전신이 움직이지 않도록 고정하여 빨리 전문 진료를 받을 수 있는 병원으로 이송하여야 한다.

  ⓗ RICE 치료 : 휴식(Rice), 냉찜질(Icing), 압박 · 고정(Compression), 거상(Elevation)

> **tip 골절환자 응급처치법**
> - 1단계 : 첫째도 안정, 둘째도 안정, 셋째도 안정. '무리한 움직임 절대금지'
> - 2단계 : 환자거동 가능하면 최대한 편한 자세 유지하면서 신속한 병원이송
> - 3단계 : 환자거동 불가능하면 그 자리에서 응급구조대 도착 기다릴 것. 특히 목 골절의심환자의 경우 아주 작은 움직임도 피해야

⑥ 근골격계 손상 응급처치(부목)

  ㉠ 지속적 통증 호소 시 골절에 준하여 처치하며 부목을 사용한다.

  ㉡ 손상 부위의 의복을 모두 가위로 잘라 제거하여 피부상태를 확인한다.

  ㉢ 변형된 손상은 무리하게 정복을 시도하지 않는다.

  ㉣ 관절의 위·아래를 포함하여 고정한다.

  ㉤ 신체 돌출 부위나 부목 자체의 딱딱한 곳은 피부 보호를 위해 솜이나 패드를 댄 후에 고정한다.

  ㉥ 손상 및 고정 부위의 순환·운동·감각을 확인 후 지속 평가한다.

> **tip 부목 종류 및 적용**
>
> ㉠ 종류
> - 고정부목 : 골절환자의 신체 고정을 목적으로 적용하는 부목이다.
> - 견인부목 : 골절부위 끝 부분을 부드럽게 당기어 골절 주위 부위 조직의 손상을 예방할 목적으로 적용하는 부목이다.
>
> ㉡ 적용 원칙
> - 부목을 적용하기 전에 손상된 사지말단부의 맥박, 움직임, 감각상태를 먼저 사정한다.
> - 손상된 부위의 위와 아래쪽의 관절을 고정시킨다.

⑦ 골절 부위별 응급처치

  ㉠ 쇄골 골절 : 삼각건을 몸체에 묶어 고정한다.

  ㉡ 척추 골절

   • 대부분 폐쇄성 골절의 형태이다.

   • 앙와위를 취하게 하여 기도유지 및 경추를 고정하고, 척추고정판을 이용하여 척추를 고정한다.

   • 체위 변경 시 log roll법을 이용한다.

   • 환자의 머리를 들거나 앉히지 않는다.

  ㉢ 두개골 골절

   • 귀나 코 등에서의 출혈과 뇌압 상승 위험이 있다.

   • 경추 손상이 없다면 머리와 어깨를 상승시킨 후 붕대를 감아 이송한다.

   • 두개내압 상승을 예방하기 위해서 귀나 코에서 흘러나오는 혈액이나 뇌척수액을 막지 않는다.

  ㉣ 골반 골절

   • 주요 장기손상 동반 위험이 높다.

   • 골절부위 사정과 추가적으로 장기 손상 여부에 대한 사정이 필요하다.

   • 전신 부목을 적용하여 몸의 선열을 바르게 유지한다.

   • 환자를 앙와위로 눕힌 상태에서 고정하여 이송한다.

  ㉤ 대퇴 골절

   • 발견 그대로 고정 후 이송한다.

   • 단순 몸통 골절이라면 견인부목으로 지속적 견인을 취함으로 출혈 감소가 가능하다.

   • 척추고정판을 사용하여 이송한다.

(2) 출혈

① 개념

  ㉠ 출혈이란 혈액이 동맥, 모세혈관, 정맥으로부터 외부로 유출되는 것을 의미한다.

  ㉡ 출혈 부위에 따라 외부 및 내부출혈로 구분된다.

② 증상

  ㉠ 호흡과 맥박이 빨라지고 호흡이 곤란하다.

  ㉡ 피부가 창백하고 체온이 떨어진다.

  ㉢ 갈증을 느끼면서 불안감을 갖는다.

  ㉣ 동공이 확대되고 구토가 발생한다.

③ 출혈의 종류

  ㉠ 동맥성 출혈

   • 맥박이 뛰면서 뿜듯이 쏟아내는 출혈 양상을 보인다.

   • 비교적 선홍색의 혈액이 배출되며, 혈압이 높다.

   • 정맥성 출혈에 비해 출혈속도가 더 빠르다.

  ㉡ 정맥성 출혈

   • 맥박과 상관없이 흐르는 양상의 출혈을 보인다.

   • 상대적으로 검붉은색의 혈액이 배출된다.

  ㉢ 내부 출혈

   • 피부 표면 밖으로 흘러나오지 않고 신체 내부의 체강이나 연부조직 속으로 흐르는 출혈이다.

   • 병원이 아닌 장소에서 지혈할 방법이 전혀 없다.

  ㉣ 외부 출혈

   • 피부 표면을 통해서 체외로 혈액이 유출되는 출혈이다.

   • 배어 나오는 수준을 넘는 심각한 속도의 외부출혈은 빨리 막아야 한다.

④ 출현단계

　㉠ **1단계 출혈** ··· 전체 혈액량의 15% 가량이 손실된 것이다. 불안감, 차갑고 창백한 피부, 카테콜아민 방출 징후 등이 나타난다.

　㉡ **2단계 출혈** ··· 전체 혈액량의 15~30% 가량이 손실된 것이다. 갈증, 불안, 빈맥, 호흡수 증가, 차갑고 축축한 피부 등이 나타난다.

　㉢ **3단계 출혈** ··· 전체 혈액량의 30~40% 가량이 손실된 것이다. 쇼크 징후가 발생한다. 호흡곤란, 빈맥, 심한 갈증 및 불안감 등이 나타난다.

　㉣ **4단계 출혈** ··· 전체 혈액의 40% 이상이 손실된 것이다. 약한 맥, 무기력증, 무의식 등이 나타난다.

⑤ 지혈의 종류

　㉠ **직접 압박지혈**
　　• 압박붕대나 손으로 출혈 부위를 직접 압박하는 방법으로 가장 보편화된 방법이다.
　　• 출혈이 멈춘 후에는 소독거즈를 덮고 압박붕대로 감아준다.
　　• 출혈이 멈추지 않으면 더 강하게 압박해 본다.
　　• 사지에서 출혈이 있는 경우 출혈부위를 심장보다 높여준다.

　㉡ **동맥점 압박(핏줄 누르기) 지혈**
　　• 직접 압박으로도 지혈되지 않을 때는 출혈 부위에서 몸통 방향으로 가까이 위치한 동맥 부위를 압박한다.
　　• 팔에서 피가 나면 위팔동맥(상완동맥)을 눌러 피를 멈추게 할 수 있고 다리에서 나는 피는 사타구니 동맥을 눌러 멈추게 할 수 있다.
　　※ 상지의 출혈→상완동맥 압박, 손의 출혈→요골동맥 압박, 하지의 출혈→대퇴동맥 압박

　㉢ **지혈대 이용 지혈**
　　• 지혈대는 다른 방법으로도 출혈을 멈출 수가 없을 때에 사용되는 방법이다.
　　• 신경이나 현관에 손상을 줄 수 있으며 팔이나 다리에 괴사를 초래할 수 있으므로 일정한 시간마다 지혈대를 풀어서 괴사를 방지하는 것이 중요하다.
　　• 지혈대를 이용한 방법은 최후의 수단으로써 지혈이 어려운 절박한 상황에서만 활용한다.

⑥ 응급처치

　㉠ 기도와 호흡의 우선적으로 처치하여 환기 보조를 제공한다.

　㉡ 중증 출혈 부위를 압박하여 지혈을 한다. 부목을 통해 손상 부위 안정성을 유지한다.

　㉢ 뇌손상, 눈, 목 등의 외상에는 두개골이나 뇌에 직접적으로 압력이 가지 않도록 손가락을 이용하여 조심스럽게 압박한다.

　㉣ 안구의 경우 안구를 직접적으로 압박하지 않고 손상되지 않은 안구 주변의 뼈를 압박한다.

　㉤ 손상 부위를 거상하고 동맥점을 압박한다.

　㉥ 출혈지점을 파악하기 어렵고 출혈이 지속되는 경우에 지혈대를 사용한다.

　㉦ 심각한 개방성 상처에는 대형 드레싱으로 손상 부위를 덮고 붕대로 고정한다.

---

tip 지혈 응급 처치

㉠ 지혈 순서 : 직접 압박 → 거상 → 압박붕대 → 압박점 → 지혈대

㉡ 지혈 방법
　• 직접 압박법 : 가장 먼저 해야 하는 지혈방법, 손가락 또는 손으로 출혈부위를 직접 압박한다.
　• 거상 : 금기사항이 없다면 손상된 부위를 위로 올린다.
　• 소독 거즈 후 압박 붕대를 사용한다.
　• 압박점 사용 : 출혈부위에 가까이 위치한 근위부의 동맥부위를 압박한다.

㉢ 재출혈 시
　• 그대로 두고 소독거즈로 덮고 직접 압박한다.
　• 압박 붕대로 한차례 더 감아준다.
　• 붕대는 의사에게 도착 전까지 제거하지 않는다.

PART

04 직무지식평가
실전모의고사

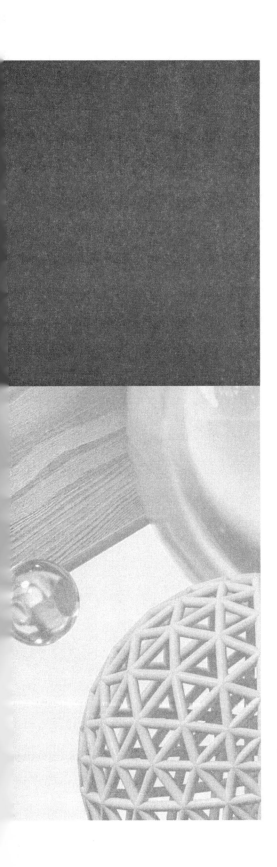

1 「도로교통법」의 목적은?

① 여객자동차 운수사업에 관한 질서를 확립하고 여객의 원활한 운송과 여객자동차 운수사업의 종합적인 발달을 도모하여 공공복리를 증진하는 것을 목적으로 한다.

② 도로에서 일어나는 교통상의 모든 위험과 장해를 방지하고 제거하여 안전하고 원활한 교통을 확보함을 목적으로 한다.

③ 택시운송사업의 발전에 관한 사항을 규정함으로써 택시운송사업의 건전한 발전을 도모하여 택시운수종사자의 복지 증진과 국민의 교통편의 제고에 이바지함을 목적으로 한다.

④ 업무상과실 또는 중대한 과실로 교통사고를 일으킨 운전자에 관한 형사처벌 등의 특례를 정함으로써 교통사고로 인한 피해의 신속한 회복을 촉진하고 국민생활의 편익을 증진함을 목적으로 한다.

⑤ 도로망의 계획수립, 도로 노선의 지정, 도로공사의 시행과 도로의 시설 기준, 도로의 관리·보전 및 비용 부담 등에 관한 사항을 규정하여 국민이 안전하고 편리하게 이용할 수 있는 도로의 건설과 공공복리의 향상에 이바지함을 목적으로 한다.

2 자동차전용도로에 대한 설명으로 맞는 것은?

① 자동차의 고속 운행에만 사용하기 위하여 지정된 도로를 말한다.

② 자동차만 다닐 수 있도록 설치된 도로를 말한다.

③ 이륜자동차만 다닐 수 있도록 설치된 도로를 말한다.

④ 자전거전용도로 외의 모든 도로를 말한다.

⑤ 자동차와 건설기계만 다닐 수 있도록 설치된 도로를 말한다.

3 도로교통법상 차에 해당되지 않는 것은?

① 자동차
② 건설기계
③ 보행보조용 의자차
④ 자전거
⑤ 원동기장치자전거

4 자동차를 소유하고 있는 경우 법으로 가입을 의무화하고 있는 보험은?

① 종합보험
② 책임보험
③ 손해보험
④ 생명보험
⑤ 실손보험

5 통행방법에 대한 설명으로 잘못된 것은?

① 모든 차는 지정된 차로로 통행하는 것이 원칙이다.
② 현저히 느린 속도로 운행할 때에는 지정차로의 오른쪽 차로로 통행한다.
③ 모든 차의 운전자는 다른 차를 앞지르려면 앞차의 좌측으로 통행하여야 한다.
④ 차마의 운전자는 안전지대에 들어갈 수 있다.
⑤ 차마의 운전자는 도로의 중앙 우측 부분을 통행하여야 한다.

6 다음 중 앞지르기를 할 수 있는 경우는?

① 앞차의 좌측에 다른 차가 앞차와 나란히 가고 있는 경우
② 앞차가 다른 차를 앞지르고 있거나 앞지르려고 하는 경우
③ 앞차가 그 앞차와 충분한 거리를 확보하고 진행할 때
④ 경찰공무원의 지시에 따라 정지하거나 서행하고 있는 차
⑤ 위험을 방지하기 위하여 정지하거나 서행하고 있는 차

7 다음은 비, 안개, 눈 등으로 인한 악천후 시 감속운행에 대한 설명이다. 옳지 않은 것은?

① 노면이 얼어붙은 경우 최고속도의 100분의 50을 줄인 속도로 운행하여야 한다.

② 비가 내려 노면이 젖어있는 경우 최고속도의 100분의 20을 줄인 속도로 운행하여야 한다.

③ 폭우, 폭설, 안개 등으로 가시거리가 100m 이내인 경우 최고속도의 100분의 50을 줄인 속도로 운행하여야 한다.

④ 눈이 20mm 미만 쌓인 경우 최고속도의 100분의 50을 줄인 속도로 운행하여야 한다.

⑤ 정상 날씨 제한속도가 80km/h인 도로가 노면이 젖은 경우 64km/h의 속도로 운행하여야 한다.

8 편도 1차로의 고속도로에서 자동차의 최저속도는?

① 매시 150km
② 매시 120km
③ 매시 100km
④ 매시 80km
⑤ 매시 50km

9 운전자격의 취소 및 효력정지의 처분기준 중 감경사유에 해당하지 않는 것은?

① 위반행위가 고의나 중대한 과실이 아닌 사소한 부주의나 오류로 인한 것으로 인정되는 경우
② 위반의 내용 정도가 중대하여 이용객에게 미치는 피해가 크다고 인정되는 경우
③ 위반행위를 한 사람이 처음 해당 위반행위를 한 경우로서 최근 5년 이상 해당 여객 자동차운송사업의 모범적인 운수종사자로 근무한 사실이 인정되는 경우
④ 그 밖에 여객자동차운수사업에 대한 정부 정책상 필요하다고 인정되는 경우
⑤ 위반의 내용 정도가 경미하여 이용객에게 미치는 피해가 적다고 인정되는 경우

10 다음은 모범운전자에 대한 설명이다. 빈칸에 들어갈 내용으로 알맞은 것은?

무사고운전자 또는 유공운전자의 표시장을 받거나 (　　) 이상 사업용 자동차 운전에 종사하면서 교통사고를 일으킨 전력이 없는 사람으로서 경찰청장이 정하는 바에 따라 선발되어 교통안전 봉사활동에 종사하는 사람

① 1년 　　　　　　　　　　　② 2년
③ 3년 　　　　　　　　　　　④ 4년
⑤ 5년

11 다음에 설명하고 있는 안전표지는?

도로교통의 안전을 위하여 각종 제한·금지 등의 규제를 하는 경우에 이를 도로사용자에게 알리는 표지

① 주의표지 　　　　　　　　　② 규제표지
③ 지시표지 　　　　　　　　　④ 보조표지
⑤ 노면표지

12 다음 중 정차 및 주차 금지구역이 아닌 곳은?

① 주차장법에 따라 차도와 보도에 걸쳐서 설치된 노상주차장
② 교차로의 가장자리 또는 도로의 모퉁이로부터 5m 이내인 곳
③ 안전지대가 설치된 도로에서는 그 안전지대의 사방으로부터 각각 10m 이내인 곳
④ 건널목의 가장자리 또는 횡단보도로부터 10m 이내인 곳
⑤ 버스여객자동차의 정류지임을 표시하는 기둥이나 표지판 또는 선이 설치된 곳으로부터 10미터 이내인 곳

13 처분벌점이 40점 미만인 경우에는 최종의 위반일 또는 사고일로부터 위반 및 사고 없이 일정 기간이 경과하면 그 처분벌점이 소멸한다. 그 기간은?

① 6개월　　　　　　　　　　　② 1년
③ 1년 6개월　　　　　　　　　④ 2년
⑤ 3년

14 엔진 상태가 완전 연소 시 소음기 배관에서 배출되는 정상 배출 가스의 색은?

① 백색　　　　　　　　　　　② 진한 청색
③ 회색　　　　　　　　　　　④ 검은색
⑤ 무색

15 60km/h를 초과 80km/h 이하로 속도위반하여 과속사고를 낸 승용자동차 운전자가 받을 행정처분은?

① 범칙금 12만 원, 벌점 60점
② 범칙금 9만 원, 벌점 30점
③ 범칙금 6만 원, 벌점 15점
④ 범칙금 3만 원, 벌점 10점
⑤ 범칙금 3만 원

16 다음 중 운수종사자가 운전업무를 시작하기 전에 받아야 하는 교육이 아닌 것은?

① 도로교통 관계 법령
② 서비스의 자세 및 운송질서의 확립
③ 여객자동차 운수사업에 대한 정부 계획
④ 응급처치의 방법
⑤ 차량화재 발생 시 대응방법

17 1명이 사망하고 중상 1명, 경상 2명인 사고의 결과에 따른 벌점은?

① 100점

② 105점

③ 110점

④ 115점

⑤ 120점

18 타이어에 펑크가 난 경우 조치 사항으로 옳지 않은 것은?

① 운행 중 타이어가 펑크 났을 경우에는 핸들이 돌아가지 않도록 견고하게 잡고, 비상 경고등을 작동시킨다.

② 브레이크를 밟아 차를 도로 옆 평탄하고 안전한 장소에 주차한 후 주차 브레이크를 당겨 놓는다.

③ 자동차의 운전자가 고장난 자동차의 표지를 직접 설치하는 경우 그 자동차의 후방에서 접근하는 차량들의 운전자들이 확인할 수 있는 위치에 설치하여야 한다.

④ 밤에는 운전자의 시야가 방해되지 않도록 전기제등 또는 불꽃 신호 등을 설치하지 않는다.

⑤ 밤에는 사방 500m 지점에서 식별할 수 있는 적색의 섬광 신호를 추가로 설치한다.

19 다음 중 벌점이 가장 높은 행위는?

① 속도위반(60km/h 초과)

② 철길건널목 통과방법위반

③ 신호 · 지시위반

④ 안전거리 미확보

⑤ 난폭운전으로 형사입건된 때

20 1회의 위반 · 사고로 인한 벌점 또는 연간 누산점수가 201점 이상일 경우 운전면허 취소 기간은?

① 6개월

② 1년

③ 2년

④ 3년

⑤ 5년

21 다음 중 주의표지와 그 의미가 잘못 연결된 것은?

①  – 노면 고르지 못함

②  – 미끄러운 도로

③  – 회전형 교차로

④  – 횡풍

⑤  – 좌합류도로

22 다음 중 교통사고로 처리되지 않는 경우가 아닌 것은?

① 명백한 자살이라고 인정되는 경우
② 건조물 등이 떨어져 운전자 또는 동승자가 사상한 경우
③ 운전 중 실수로 인해 타인을 사상하거나 물건을 손괴한 경우
④ 사람이 육교에서 추락하여 운행 중인 차량과 충돌 또는 접촉하여 사상한 경우
⑤ 확정적인 고의 범죄에 의해 타인을 사상하거나 물건을 손괴한 경우

23 다음 표지가 의미하는 것은?

① 차중량 제한　　　　　　　　② 최고속도 제한
③ 최저속도 제한　　　　　　　　④ 차높이 제한
⑤ 차간거리확보

24 다음 빈칸에 들어갈 내용이 바르게 연결된 것은?

> 우리나라 제2종 운전면허를 취득하는 데 필요한 시력기준은 두 눈을 동시에 뜨고 잰 시력이 (　　)
> 이상이어야 한다. 다만, 한쪽 눈을 보지 못하는 사람은 다른 쪽 눈의 시력이　　(　　) 이상이어야
> 한다.

① 0.5 − 1.0　　　　　　　　　② 0.5 − 0.8
③ 0.5 − 0.7　　　　　　　　　④ 0.5 − 0.6
⑤ 0.5 − 0.5

25 운전 중 피로를 푸는 법으로 적절하지 않은 것은?

① 외부환경과의 차단을 위해 창문을 열지 않는다.
② 태양빛이 강하거나 눈의 반사가 심할 때는 선글라스를 착용한다.
③ 정기적으로 차를 멈추어 차에서 나와, 몇 분 동안 산책을 하거나 가벼운 체조를 한다.
④ 지루하게 느껴지거나 졸음이 올 때는 라디오를 틀거나 노래 부르기, 휘파람 불기 등의 방법
  을 사용한다.
⑤ 에어컨 또는 히터 등을 이용하여 차내 온도를 적절하게 유지한다.

26 내리막길을 내려갈 때 브레이크를 반복하여 사용하면 마찰열이 라이닝에 축적되어 브레이크의 제동력이 저하되는 현상을 무엇이라고 하는가?

① 스탠딩 웨이브 현상　　　　　　　　② 수막 현상
③ 페이드 현상　　　　　　　　　　　　④ 모닝 록 현상
⑤ 베이퍼 록 현상

27 해롤드 스미스가 제안한 안전운전의 5가지 기본 기술로 잘못된 것은?

① 운전 중에 전방 멀리 본다.
② 전체적으로 살펴본다.
③ 눈은 한곳을 집중해서 본다.
④ 차가 빠져나갈 공간을 확보한다.
⑤ 다른 사람들이 자신을 볼 수 있게 한다.

28 교통사고 발생 시 대처 요령으로 잘못된 것은?

① 다른 차의 소통에 방해가 되지 않도록 길 가장자리나 공터 등 안전한 장소에 차를 정차시키고 엔진을 끈다.
② 주간에는 100m, 야간에는 200m 뒤에 안전 삼각대 및 불꽃 등을 설치해서 500m 후방에서 확인이 가능하도록 해야 한다.
③ 2차 사고의 우려가 있더라도 부상자를 움직여서는 안 된다.
④ 사고를 낸 운전자는 사고 발생 장소, 사상자 수, 부상 정도 및 그 밖의 조치상황을 경찰공무원에게 신고하여야 한다.
⑤ 두부에 상처를 입은 부상자는 가능하면 움직이지 말아야 한다.

29 서비스의 특징이 아닌 것은?

① 유형성　　　　　　　　　　　　　　② 동시성
③ 인적 의존성　　　　　　　　　　　　④ 소멸성
⑤ 다양성

30 다음에서 응급 상황시 행동요령 순서로 바르게 나열한 것은?

> ㉠ 현장 안전 상태와 위험요소 파악
> ㉡ 의식이 없는 경우 즉시 119에 구조 요청
> ㉢ 환자의 상태 확인
> ㉣ 주변이 위험한 환경이면 안전한 장소로 환자 이동

① ㉠㉡㉢㉣　　　　　　　　　　　② ㉠㉡㉣㉢
③ ㉠㉢㉡㉣　　　　　　　　　　　④ ㉠㉢㉣㉡
⑤ ㉡㉢㉣㉠

31 고객의 욕구로 볼 수 없는 것은?

① 잊히고 싶어 한다.
② 환영받고 싶어 한다.
③ 관심을 받고 싶어 한다.
④ 편안해지고 싶어 한다.
⑤ 중요한 사람으로 인식되고 싶어 한다.

32 인공호흡 방법에 대한 설명으로 틀린 것은?

① 머리를 뒤로 젖히고 턱을 끌어올려 기도를 개방시킨다.
② 공기를 불어 넣을 때에는 공기가 새지 않도록 밀착시킨 후 부상자의 입으로 공기를 불어 넣는다.
③ 매 5초마다 한 번씩 1~1.5초 동안 공기를 불어 넣으며 약 1분간 계속 실시 후 경동맥을 조사한다.
④ 계속 맥박은 뛰고 있는데도 호흡을 하지 않으면 응급서비스요원이 도착할 때까지 인공호흡을 중단한다.
⑤ 공기를 불어넣어 줌으로써 가슴이 크게 부풀어 오르게 되고 입을 떼면 부상자는 자연스럽게 숨을 쉬게 된다.

33 올바른 서비스 제공을 위한 5요소가 아닌 것은?

① 수려한 용모　　　　　　② 밝은 표정
③ 공손한 인사　　　　　　④ 따뜻한 응대
⑤ 친근한 말

34 다음 지시표지가 알리는 내용은?

① 회전교차로　　　　　　② 좌우회전
③ 양측방통행　　　　　　④ 우회로
⑤ 일방통행

35 세차할 때의 주의사항으로 옳지 않은 것은?

① 해안지대를 주행하였을 경우 세차를 하는 것이 좋다.
② 엔진룸은 에어를 이용하여 세척한다.
③ 겨울철에 세차하는 경우에는 물기를 완전히 제거한다.
④ 전면유리는 기름 또는 왁스가 묻어 있는 걸레로 닦는다.
⑤ 차체의 먼지나 오물을 마른 걸레로 닦아 내면 표면에 자국이 발생한다.

36 다음 표시등에 대한 설명으로 옳은 것은?

① 연료의 잔류량이 적을 때 점등된다.
② 비상경고등 스위치를 누르면 점멸한다.
③ 냉각수가 규정 이하일 경우에 점등된다.
④ 엔진 예열상태에서 점등되고 예열이 완료되면 소등된다.
⑤ 배터리가 방전되었을 때 점등된다.

37 자동차 타이어 트레드 홈의 깊이 사용한계는?

① 1mm
② 1.2mm
③ 1.4mm
④ 1.6mm
⑤ 1.8mm

38 피부의 점막이 심하게 마찰되었거나 또는 몹시 긁혀 생기는 상처는?

① 창상
② 찰과상
③ 절상
④ 자상
⑤ 화상

39 출혈 또는 골절 승객에 대한 응급처치 방법으로 잘못된 것은?

① 출혈이 심하다면 출혈 부위보다 심장에 가까운 부위를 헝겊 또는 손수건 등으로 지혈될 때까지 꽉 잡아맨다.

② 부상자가 입고 있는 옷을 출혈이 멈추도록 꽉 조인다.

③ 부상자의 하반신을 높게 한다.

③ 부상자가 춥지 않도록 모포 등을 덮어주지만, 햇볕을 직접 쬐지 않도록 한다.

④ 출혈이 적을 때에는 거즈나 깨끗한 손수건으로 상처를 꽉 누른다.

40 다음은 모든 운전자의 준수사항에 대한 설명이다. 잘못된 것은?

① 물이 고인 곳을 운행할 때에는 고인 물을 튀게 하여 다른 사람에게 피해를 주는 일이 없도록 할 것

② 앞을 보지 못하는 사람이 흰색 지팡이를 가지거나 장애인보조견을 동반하고 도로를 횡단하고 있는 경우 일시정지할 것

③ 경음기를 울릴 때는 반복적이거나 연속적으로 울릴 것

④ 운전자는 승객이 차 안에서 안전운전에 현저히 장해가 될 정도로 춤을 추는 등 소란행위를 하도록 내버려두고 차를 운행하지 아니할 것

⑤ 운전 중에는 방송 등 영상물을 수신하거나 재생하는 장치를 통하여 운전자가 운전 중 볼 수 있는 위치에 영상이 표시되지 아니하도록 할 것

41 「도로교통법」에 규정된 용어 정의로 잘못된 것은?

① 자동차전용도로란 자동차만 다닐 수 있도록 설치된 도로를 말한다.

② 고속도로란 자동차의 고속 운행에만 사용하기 위하여 지정된 도로를 말한다.

③ 차로란 차로와 차로를 구분하기 위하여 그 경계지점을 안전표지로 표시한 선을 말한다.

④ 보도란 연석선, 안전표지나 그와 비슷한 인공구조물로 경계를 표시하여 보행자가 통행할 수 있도록 한 도로의 부분을 말한다.

⑤ 차선이란 차로와 차로를 구분하기 위하여 그 경계지점을 안전표지로 표시한 선을 말한다.

42 응급처치의 중요성을 설명한 것으로 틀린 것은?

① 응급처치는 생명을 구하고 상황을 안정시키는 중요한 활동이다.
② 병세의 악화를 방지하고 손상의 진행을 감소시킨다.
③ 치료 및 구조 활동에 보다 원활하게 협조할 수 있도록 도와준다.
④ 응급처치는 환자와 보호자의 자신감을 높일 수 있다.
⑤ 환자의 치료기간과 입원기간 및 재활기간을 단축시키고 회복을 촉진시킨다.

43 교통사고 목격 시 운전자가 취해야 할 가장 적절한 행동은?

① 부상 정도에 상관없이 부상자를 이동시킨다.
② 나와는 무관한 일이므로 사고 현장을 재빨리 이탈한다.
③ 도주하는 차량이 있다면 추적하여 검거한다.
④ 경찰관서나 응급 구호 센터에 신고할 때 부상 정도를 설명한다.
⑤ 응급환자를 목격자의 차량에 탑승시켜 병원으로 즉시 이동한다.

44 영아의 가슴압박은 어떻게 실시하여야 하는가?

① 두 손으로 실시한다.
② 한 손으로 실시한다.
③ 한 손가락으로 실시한다.
④ 두 손가락으로 실시한다.
⑤ 양 손으로 실시한다.

45 다음 중 자동차검사 종류에 해당하지 않는 것은?

① 튜닝검사
② 종합검사
③ 수리검사
④ 임시검사
⑤ 기한검사

46 교통안전시설의 종류로 볼 수 없는 것은?

① 신호기　　　　　　　　　　② 신호등

③ 주의표지　　　　　　　　　　④ 보호표지

⑤ 노면표시

47 다음 중 유도선을 나타내는 노면표시는 무엇인가?

①

②

③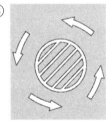

④

⑤

48 오버 스티어 현상에 대한 내용으로 틀린 것은?

① 코너링 시 운전자가 핸들을 꺾었을 때 그 꺾은 범위보다 차량 앞쪽이 진행 방향의 안쪽으로 더 돌아가려고 하는 현상이다.

② 오버 스티어 현상은 흔히 후륜구동 차량에서 주로 발생한다.

③ 구동력을 가진 뒷 타이어는 계속 앞으로 나아가려하고 차량 앞은 이미 꺾인 핸들 각도로 인해 그 꺾인 쪽으로 빠르게 진행하게 되므로 코너 안쪽으로 말려들어오게 되는 현상이다.

④ 오버 스티어 현상을 예방하려면 커브길 진입 시에는 80km 정도로 하여야 한다.

⑤ 빠른 속도에서 핸들을 돌렸을 때 뒷바퀴의 마찰력이 감소하며 반대로 원심력이 증가하게 된다.

49 승객이 무엇을 원하고 있으며 무엇이 불만인지 알아내어 승객의 기대에 부응하는 양질의 서비스를 제공함으로써 승객으로 하여금 만족감을 느끼게 하는 것을 무엇이라 하는가?

① 승객만족   ② 무소유권

③ 대리만족   ④ 여객운송

⑤ 승객우선

50 다음 중 부상자의 의식을 확인하기 위한 옳은 방법은?

① 양쪽 어깨를 두드리며 말을 건 뒤 반응을 확인한다.

② 발바닥을 두드리며 반응을 확인한다.

③ 팔을 꼬집어 반응을 확인한다.

④ 눈을 뒤집어 보아 동공의 상태를 확인한다.

⑤ 일으켜 세워 혼자 서 있을 수 있는지 확인한다.

1 연석선을 이용하여 경계를 표시하여 차가 통행할 수 있도록 설치된 도로의 부분은?

① 중앙선   ② 차선

③ 차도   ④ 차로

⑤ 교차로

2 보도와 차도가 구분되지 아니한 도로에서 보행자의 안전을 확보하기 위하여 안전표지 등으로 경계를 표시한 도로의 가장자리 부분은?

① 차도   ② 차로

③ 자전거도로   ④ 길가장자리구역

⑤ 안전지대

3 다음에서 설명하고 있는 법은?

> 교통약자가 안전하고 편리하게 이동할 수 있도록 교통수단, 여객시설 및 도로에 이동편의시설을 확충하고 보행환경을 개선하여 사람중심의 교통체계를 구축함으로써 교통약자의 사회 참여와 복지 증진에 이바지함을 목적으로 한다.

① 장애인복지법

② 교통약자의 이동편의 증진법

③ 교통안전법

④ 도로교통법

⑤ 교통사고처리특례법

4 운전자가 5분을 초과하지 아니하고 차를 정지시키는 것은?

① 정차   ② 주차

③ 운전   ④ 서행

⑤ 일시정지

5 편도 2차로 이상의 일반도로에서 최고 속도는?

① 100km/h 이내   ② 90km/h 이내

③ 80km/h 이내   ④ 60km/h 이내

⑤ 50km/h 이내

6 다음 중 횡단보도 보행자로 인정되지 않는 사람은?

① 횡단보도를 걸어가는 사람

② 횡단보도 내에서 교통정리를 하고 있는 사람

③ 세발자전거를 타고 횡단보도를 건너는 어린이

④ 손수레를 끌고 횡단보도를 건너는 사람

⑤ 횡단보도에서 원동기장치자전거를 끌고 가는 사람

7 편도 4차로 고속도로에서 승용자동차의 앞지르기 차로는?

① 1차로   ② 2차로

③ 3차로   ④ 4차로

⑤ 1~4차로

8 도로교통법상 술에 취한 상태의 혈중알코올농도 기준은?

① 0.01% ② 0.02%

③ 0.03% ④ 0.04%

⑤ 0.05%

9 다음 중 일상 점검의 주의사항으로 옳지 않은 것은?

① 경사가 없는 평탄한 장소에서 점검한다.
② 변속레버는 P(주차)에 위치시킨 후 주차 브레이크를 당겨 놓는다.
③ 엔진을 점검할 때에는 엔진이 잘 돌아가는지를 확인하기 위해 엔진을 켜놓고 실시한다.
④ 연료장치나 배터리 부근에서는 불꽃을 멀리 한다.
⑤ 점검은 환기가 잘되는 장소에서 실시한다.

10 처분벌점이 40점 미만인 경우 일정 기간 동안 무위반, 무사고일 때 벌점이 소멸하는데 그 기간은?

① 6개월 ② 1년

③ 1년 6개월 ④ 2년

⑤ 3년

11 사망자 1명에 대한 사고결과에 따른 벌점은?

① 100점 ② 90점

③ 80점 ④ 70점

⑤ 60점

12 다음 중 중앙선 침범 사고로 볼 수 없는 것은?

① 커브 길에서 과속으로 인한 중앙선 침범의 경우
② 졸다가 뒤늦은 제동으로 중앙선을 침범한 경우
③ 위험을 회피하기 위해 중앙선을 침범한 경우
④ 빗길에서 과속으로 인한 중앙선 침범의 경우
⑤ 차내 잡담 또는 휴대폰 통화 등의 부주의로 중앙선을 침범한 경우

13 다음 중 타이어의 마모에 영향을 미치는 요소가 아닌 것은?

① 타이어 공기압   ② 공기중량
③ 브레이크   ④ 노면
⑤ 정비불량

14 운행 중 충전 경고등이 점멸되는 경우 조치사항으로 옳지 않은 것은?

① 충전 경고등이 들어오면 우선 안전한 장소로 이동하여 주차하고 시동을 끈다.
② 충전 경고등에 불이 들어온 상태에서 계속 운행을 하며 지속적으로 관찰한다.
③ 보닛(Bonnet)을 열어 구동 벨트가 끊어지거나 헐거워졌는지 확인한다.
④ 수리할 조건이 안 되면 가까운 정비업소에서 정비를 받고 운행한다.
⑤ 충전 경고등에 불이 들어온다는 것은 발전기에서 전기가 발생되지 않았을 경우이다.

15 녹색화살표 등화의 뜻은?

① 직진 또는 우회전 할 수 있다.
② 차마는 정지선, 횡단보도 및 교차로의 직전에서 정지하여야 한다.
③ 차마는 다른 교통 또는 안전표지의 표시에 주의하면서 진행할 수 있다.
④ 차마는 화살표시 방향으로 진행할 수 있다.
⑤ 화살표시 방향으로 진행하려는 차마는 정지선, 횡단보도 및 교차로의 직전에서 정지하여야
한다.

16 도로의 통행방법, 통행구분 등 도로교통의 안전을 위하여 필요한 지시를 하는 경우에 도로 사용자가 이에 따르도록 알리는 표지는?

① 주의표지　　　　　　　　　　② 규제표지

③ 지시표지　　　　　　　　　　④ 보조표지

⑤ 노면표지

17 다음 중 인간에 의한 사고원인 중 그 성격이 다른 하나는?

① 피로　　　　　　　　　　　　② 음주

③ 약물　　　　　　　　　　　　④ 근무환경

⑤ 신경성 질환

18 움직이는 물체를 보거나 움직이면서 물체를 볼 수 있는 시력은?

① 정지시력　　　　　　　　　　② 야간시력

③ 동체시력　　　　　　　　　　④ 야간시력

⑤ 운행시력

19 다음에서 설명하고 있는 것은?

> 다친 사람이나 급성 질환자에게 사고 현장에서 즉시 조치를 취하는 것으로 이는 보다 나은 병원 치료를 받을 때까지 일시적으로 도와주는 것일 뿐 아니라, 적절한 조치로 회복상태에 이르도록 하는 것을 포함한다.

① 구조활동　　　　　　　　　　② 응급처치

③ 응급구조　　　　　　　　　　④ 구급활동

⑤ 입원치료

20 LPG 차량의 겨울철 관리요령에 대한 설명으로 틀린 것은?

① 옥외 주차 시에는 엔진 룸의 위치가 건물벽을 향하지 않도록 주차한다.

② 차량 앞쪽이 해가 뜨는 방향으로 주차하면 태양열이 시동에 도움이 된다.

③ 시동이 안 걸릴 경우 연료배관, LPG 봄베, 베이퍼라이저 등에 온도를 높여 주어야 연료 공급이 원활해진다.

④ 겨울철 차량 주차 시에는 반드시 공회전 상태에서 먼저 LPG 스위치를 눌러 시동이 저절로 꺼지도록 한다.

⑤ 시동이 꺼지면 시동키를 빼 준다.

21 도로를 통행하는 때의 방어운전에 대한 설명으로 틀린 것은?

① 급제동을 하지 않으면 안 되는 운전을 피한다.

② 신호를 절대적인 것으로 믿고 운전한다.

③ 진로를 변경할 때에는 시간적인 여유를 가지고 상대방이 잘 알 수 있도록 신호한다.

④ 다른 차의 옆을 통과할 때에는 그 차가 갑자기 진로를 변경하더라도 안전할 만큼 충분한 간격을 두고 진행한다.

⑤ 뒤에서 차가 접근해 오고 있을 때에는 백미러를 보고 뒤차의 움직임에 주의하면서 진행한다.

22 다음 주의표지가 의미하는 것은?

① 나서도로

② 오르막경사

③ 강변도로

④ 노면고르지못함

⑤ 과속방지턱

23 다음 중 부상자 의식 상태를 확인하기 위한 방법으로 옳지 않은 것은?

① 말을 걸거나 팔을 꼬집어 눈동자를 확인한 후 의식이 있으면 말로 안심시킨다.
② 의식이 없다면 기도를 확보한다.
③ 의식이 없거나 구토할 때는 목이 오물로 막혀 질식하지 않도록 앞으로 눕힌다.
④ 목뼈 손상의 가능성이 있는 경우에는 목 뒤쪽을 한 손으로 받쳐준다.
⑤ 환자의 이름을 묻고, "지금 어디에 있는지", "지금 몇 시인지"를 묻는다.

24 운수종사자의 준수사항으로 잘못된 것은?

① 운행 전 사업용 자동차의 안전설비 및 등화장치 등의 이상 유무를 확인해야 한다.
② 피로로 안전한 운전을 할 수 없을 때에도 당일 운행 책임을 다해야 한다.
③ 운행 중 중대한 고장을 발견하거나 사고 우려가 있다고 인정될 때에는 즉시 운행을 중지하고 적절한 조치를 취한다.
④ 관계 공무원으로부터 운전면허증, 신분증 또는 자격증의 제시 요구를 받으면 즉시 이에 따라야 한다.
⑤ 영수증 발급기 및 신용카드 결제기를 설치해야 하는 택시의 경우 승객이 요구하면 영수증의 발급 또는 신용카드 결제에 응해야 한다.

25 올바른 서비스 제공을 위한 5요소가 아닌 것은?

① 단정한 복장　　　　　　② 밝은 표정
③ 공손한 인사　　　　　　④ 뛰어난 언변
⑤ 따뜻한 응대

26 서비스의 특징이 아닌 것은?

① 무형성　　　　　　　　② 인적 의존성
③ 소멸성　　　　　　　　④ 소유성
⑤ 변동성

27 고객만족을 위한 기본예절에 대한 설명으로 옳지 않은 것은?

① 승객을 기억한다.
② 좋은 인간관계 유지를 위해 약간의 어려움도 감수하지 않는다.
③ 예의란 인간관계에서 지켜야 할 도리이다.
④ 상스러운 말을 하지 않는다.
⑤ 모든 인간관계는 성실을 바탕으로 한다.

28 운전자가 지켜야 하는 행동으로 잘못된 것은?

① 신호등이 없는 횡단보도를 통행하고 있는 보행자는 보호하지 않아도 된다.
② 야간운행 중 반대차로에서 오는 차로가 있으면 전조등을 하향으로 조정하여 상대 운전자의 눈부심 현상을 방지한다.
③ 차로변경의 도움을 받았을 때에는 비상등을 2~3회 작동시켜 양보에 대한 고마움을 표현한다.
④ 교차로 전방의 정체 현상으로 통과하지 못할 때에는 교차로에 진입하지 않고 대기한다.
⑤ 앞 신호에 따라 진행하고 있는 차가 있는 경우에는 안전하게 통과하는 것을 확인하고 출발한다.

29 운전자가 가져야 할 기본자세로 틀린 것은?

① 교통법규 이해와 준수   ② 여유 있는 양보운전
③ 주의력 집중   ④ 심신상태 안정
⑤ 운전기술 과신

30 교통사고 발생 시 운전자가 취할 조치과정을 순서대로 나열한 것은?

① 탈출 → 인명구조 → 후방방호 → 연락 → 대기
② 탈출 → 인명구조 → 후방방호 → 대기 → 연락
③ 탈출 → 인명구조 → 연락 → 대기 → 후방방호
④ 탈출 → 후방방호 → 인명구조 → 연락 → 대기
⑤ 탈출 → 후방방호 → 인명구조 → 대기 → 연락

31 교통사고 발생 시 인명구조에 대한 설명으로 틀린 것은?

① 승객이나 동승자가 있는 경우 적절한 유도로 승객의 혼란방지에 노력해야 한다.
② 인명구출 시 성인 남성을 위주로 우선적으로 구조한다.
③ 정차위치가 차선 등과 같이 위험한 장소일 경우 2차 피해가 일어나지 않도록 한다.
④ 부상자가 있을 때에는 우선 응급조치를 한다.
⑤ 야간에는 주변의 안전에 특히 주의를 하고 침착하게 구출유도를 해야 한다.

32 차량고장 시 운전자의 조치사항으로 잘못된 것은?

① 차량의 결함이 심할 때에는 비상등을 점멸시키면서 갓길에 바짝 차를 대서 정차한다.
② 차에서 내릴 때에는 옆 차로의 차량 주행상황을 살핀 후 내린다.
③ 야간에는 어두운 색의 옷을 착용하는 것이 좋다.
④ 비상전화를 하기 전에 차의 후방에 경고반사판을 설치해야 한다.
⑤ 비상주차대에 정차할 때는 타 차량의 주행에 지장이 없도록 정차해야 한다.

33 자동차의 운전자는 고장이나 그 밖의 사유로 고속도로 또는 자동차전용도로에서 자동차를 운행할 수 없게 되었을 때 표지를 설치하여야 하는데 밤의 경우 안전삼각대 표지를 어떻게 해야 하는가?

① 사방 50미터 지점에서 식별할 수 있는 적색의 섬광신호·전기제등 또는 불꽃신호
② 사방 100미터 지점에서 식별할 수 있는 적색의 섬광신호·전기제등 또는 불꽃신호
③ 사방 150미터 지점에서 식별할 수 있는 적색의 섬광신호·전기제등 또는 불꽃신호
④ 사방 200미터 지점에서 식별할 수 있는 적색의 섬광신호·전기제등 또는 불꽃신호
⑤ 사방 500미터 지점에서 식별할 수 있는 적색의 섬광신호·전기제등 또는 불꽃신호

34 부상자 구호조치로 틀린 것은?

① 접촉차량 내에 유아나 어린이가 없는지 확인한다.

② 가능한 한 부상자를 빨리 인근병원으로 후송한다.

③ 부상자가 중태라고 생각되는 때에는 부상자의 몸을 함부로 움직이지 않는다.

④ 부상자가 구토하려 할 때에는 바로 누워서 구토하도록 한다.

⑤ 인공호흡이 필요하다고 판단되는 때에는 인공호흡을 실시하여야 한다.

35 부상자 관찰 및 조치에 대한 설명 중 틀린 것은?

① 부상자에게 말을 걸어 의식이 있을 때에는 구급차가 곧 온다는 말로 안심시킨다.

② 맥박이 없는 부상자에게는 인공호흡과 함께 심장 마사지를 실시한다.

③ 출혈이 있는 경우 어느 부위에서 어느 정도 출혈하는지 확인하고 지혈한다.

④ 입 속에 오물이 있나 살펴본 후 기도를 확보한다.

⑤ 신체의 일부가 변형되어 있을 경우 바로잡아 준다.

36 부상자의 체위관리로 잘못된 것은?

① 의식이 있는 부상자는 의사를 물어보면서 가장 편안하다는 자세로 눕힌다.

② 의식이 없는 부상자는 기도를 개방하고 수평자세로 눕힌다.

③ 얼굴색이 창백한 경우는 하체를 낮게 한다.

④ 구토하고자 하는 부상자는 머리를 옆으로 돌려준다.

⑤ 가슴에 부상을 당해 호흡이 힘든 부상자의 경우 예외적으로 부상자의 머리와 어깨를 높여 눕힌다.

37 심장 마사지 시 1분에 몇 회 정도가 적당한가?

① 20~40회 　　　　② 30~50회

③ 50~70회 　　　　④ 100~120회

⑤ 120~150회

38 교통사고 부상자의 응급처리 방법으로 가장 알맞은 행동은?

① 의식이 없는 부상자는 엎드리게 해서 이물질을 제거한다.
② 의식이 있는 부상자는 위안과 함께 안정을 취하도록 한다.
③ 기도에 이물질이 있는 경우, 우선 인공호흡을 실시한다.
④ 출혈이 심한 경우 손으로 강한 압박을 준다.
⑤ 현장의 안전여부를 확인하기 전 부상자의 상태를 먼저 확인한다.

39 차멀미를 하는 환자를 앉히기에 가장 적절한 위치는?

① 앞쪽   ② 중간
③ 뒤쪽   ④ 통풍이 적은 곳
⑤ 흔들림이 많은 곳

40 알코올이 운전에 미치는 영향으로 옳은 것은?

① 심리 – 운동 협응능력 상승   ② 시력의 지각능력 상승
③ 판단능력 상승   ④ 정보 처리능력 상승
⑤ 주의 집중능력 둔화

41 교통사고 부상자 발생 시 의식이 없는 부상자에게 가장 먼저 해야 할 응급처치는?

① 인공호흡
② 가슴압박(심폐 소생술)
③ 기도 확보
④ 출혈 부위 지혈
⑤ 안전한 장소로 환자 이동

42 전용차로통행차 외에 전용차로로 통행할 수 있는 경우가 아닌 것은?

① 소방차가 불을 끄고 소방서로 돌아가는 경우
② 교통사고로 인하여 전용차로가 아니면 통행할 수 없는 경우
③ 택시가 승객을 태우거나 내려주기 위하여 일시 통행하는 경우
④ 구급차가 교통사고 신고를 받고 출동하는 경우
⑤ 도로의 파손으로 인하여 전용차로가 아니면 통행할 수 없는 경우

43 안전거리 확보에 대한 설명으로 틀린 것은?

① 모든 차의 운전자는 같은 방향으로 가고 있는 앞차가 갑자기 정지하게 되는 경우 그 앞차와의 충돌을 피할 수 있는 필요한 거리를 확보하여야 한다.
② 운전자는 부득이한 위험방지를 위한 경우에 운전하는 차를 갑자기 정지시킬 수 있다.
③ 자동차 등의 운전자는 같은 방향으로 가고 있는 자전거등의 운전자에 주의하여야 하며, 그 옆을 지날 때에는 충돌을 피할 수 있는 필요한 거리를 확보하여야 한다.
④ 모든 차의 운전자는 차의 진로를 변경하려는 경우에 그 변경하려는 방향으로 오고 있는 다른 차의 정상적인 통행에 장애를 줄 우려가 있을 때에는 진로를 변경하여서는 아니 된다.
⑤ 모든 차의 운전자는 운전하는 차를 갑자기 정지시키거나 속도를 줄이는 등의 급제동을 할 수 있다.

44 앞지르기 방법에 대한 설명이다. 잘못된 것은?

① 모든 차의 운전자는 다른 차를 앞지르려면 앞차의 좌측으로 통행하여야 한다.
② 앞지르려고 하는 모든 차의 운전자는 반대방향의 교통에는 주의할 필요가 없다.
③ 차로에 따른 통행차의 기준을 준수하여 앞지르기를 하는 때에는 속도를 높여 앞지르기를 방해하여서는 아니 된다.
④ 모든 차의 운전자는 앞차가 다른 차를 앞지르고 있거나 앞지르려고 하는 경우에는 앞지르기를 하지 못한다.
⑤ 앞차의 속도·진로에 따라 방향지시기를 사용하는 등 안전한 속도와 방법으로 앞지르기를 하여야 한다.

45 다음 중 행정안전부령으로 정하는 좌석안전띠를 매지 아니하여도 되는 경우가 아닌 것은?

① 임신으로 인하여 좌석안전띠의 착용이 적당하지 아니하다고 인정되는 자가 운전할 때

② 자동차를 전진시키기 위하여 운전하는 때

③ 신장·비만, 그 밖의 신체의 상태에 의하여 좌석안전띠 착용이 적당하지 아니하다고 인정되는 자가 운전할 때

④ 긴급자동차가 그 본래의 용도로 운행되고 있을 때

⑤ 여객자동차운송사업용 자동차의 운전자가 승객의 주취·약물복용 등으로 좌석안전띠를 매도록 할 수 없거나 승객에게 좌석안전띠 착용을 안내하였음에도 불구하고 승객이 착용하지 않은 때

46 운전 중의 스트레스와 흥분을 최소화하는 방법으로 옳지 않은 것은?

① 사전에 주행계획을 세우고 여유 있게 출발한다.

② 다른 운전자의 실수를 예상하여 행동하도록 한다.

③ 기분 나쁘거나 우울한 상태에서는 운전을 피하도록 한다.

④ 자기 암시적인 사고를 하도록 한다.

⑤ 운전 중 화가 난다면 차분한 음악을 들어 진정할 수 있도록 한다.

47 모닝 록 현상에 대한 설명으로 옳지 않은 것은?

① 비가 자주오거나 습도가 높은 날 브레이크 드럼에 미세한 녹이 발생하게 되는 현상을 말한다.

② 브레이크 드럼과 라이닝, 브레이크 패드와 디스크의 마찰계수가 높아져 평소보다 브레이크가 지나치게 민감하게 작동한다.

③ 모닝 록 현상이 발생하였을 경우 평소 감각대로 브레이크를 여러 차례 밟으면 모닝 록 현상이 해소된다.

④ 아침에 운행을 시작했을 때나 장시간 주차한 다음 운행을 할 경우 출발시 서행하면서 브레이크를 몇 차례 밟아주면 녹이 자연스럽게 제거된다.

⑤ 오랜 시간 주차한 후에 브레이크 드럼에 미세한 녹이 발생하게 되는 현상을 말한다.

48 예측 회피 운전행동의 기본적 방법이 아닌 것은?

① 속도의 감속
② 진로변경
③ 다른 운전자에게 신호하기
④ 높은 각성상태
⑤ 속도의 가속

49 골절 부상자가 발생한 경우 응급처치방법으로 가장 적당한 것은?

① 지혈이 필요하면 손수건으로 눌러 지혈을 하도록 한다.
② 팔이 골절되었다면 헝겊으로 띠를 만들어 팔을 매단다.
③ 다리가 골절되었다면 헝겊으로 띠를 만들어 어깨에 매단다.
④ 가급적 구급차가 올 때까지 기다린다.
⑤ 부상 부위를 고정시켜 추가적인 손상을 방지한다.

50 소아의 가슴압박은 어떻게 실시하여야 하는가?

① 두 손으로 실시한다.
② 실시하지 않는다.
③ 한 손으로 실시한다.
④ 두 손가락으로 실시한다.
⑤ 소아의 가슴압박은 분당 90회 미만의 속도로 실시한다.

1 다음 중 도로교통법상에 정의된 용어로 틀린 것은?

① 자동차전용도로 : 자동차만 다닐 수 있도록 설치된 도로
② 고속도로 : 자동차의 고속 운행에만 사용하기 위하여 지정된 도로
③ 중앙선 : 차마의 통행방향을 명확하게 구분하기 위하여 도로에 흰색실선이나 흰색점선 등의 안전표지로 표시한 선 또는 중앙분리대나 울타리 등으로 설치한 시설물
④ 차로 : 차마가 한 줄로 도로의 정하여진 부분을 통행하도록 차선으로 구분한 차도의 부분
⑤ 차선 : 차로와 차로를 구분하기 위하여 그 경계지점을 안전표지로 표시한 선

2 다음 중 긴급자동차에 해당하지 않는 것은?

① 혈액 공급차량
② 경찰용 자동차 중 범죄수사, 교통단속에 사용되는 자동차
③ 수사기관의 자동차 중 의전을 위하여 사용되는 자동차
④ 국내외 요인에 대한 경호업무 수행에 공무로 사용되는 자동차
⑤ 소방차

3 초보운전자는 처음 운전면허를 받은 날부터 몇 년이 지나지 않은 사람을 말하는가?

① 1년   ② 2년
③ 3년   ④ 4년
⑤ 5년

4 보행자만 다닐 수 있도록 안전표지나 그와 비슷한 인공구조물로 표시한 도로는?

① 보행자전용도로   ② 횡단보도

③ 자동차전용도로   ④ 자전거도로

⑤ 길가장자리구역

5 다음은 교통사고 현장에서 취해야 할 응급처치에 관한 설명입니다. (   ) 안에 바르게 연결 된 것은?

> • 부상자의 몸을 살펴 (㉠)부위를 찾는다.
> • 부상자를 구호하여 (㉡)로 이동한다.
> • 사고가 발생하면 (㉢)에 신속하게 연락한다.
> • 사고 신고 시 사고가 발생한 (㉣)를 자세히 말해준다.
> • 말을 걸어보거나 팔을 꼬집어보고 (㉤)를(을) 확인하여 의식 상태를 확인한다.
> • (㉥) 경우에는 골절된 부분을 건드리지 않고 지혈한다.

① ㉠ 출혈 ㉡ 안전한 장소 ㉢ 119 ㉣ 장소 ㉤ 눈동자 ㉥ 뼈가 부러진

② ㉠ 탈골 ㉡ 가까운 응급실 ㉢ 112 ㉣ 경위 ㉤ 맥박 ㉥ 출혈이 심한

③ ㉠ 출혈 ㉡ 안전한 장소 ㉢ 119 ㉣ 장소 ㉤ 눈동자 ㉥ 뼈가 부러진

④ ㉠ 상처 ㉡ 가까운 응급실 ㉢ 112 ㉣ 경위 ㉤ 맥박 ㉥ 출혈이 심한

⑤ ㉠ 상처 ㉡ 안전한 장소 ㉢ 119 ㉣ 장소 ㉤ 눈동자 ㉥ 뼈가 부러진

6 다음 중 보행자가 도로의 중앙을 통행할 수 있는 경우는?

① 학생의 대열, 군부대 그 밖에 이에 준하는 단체의 행렬

② 말 · 소 등의 큰 동물을 몰고 가는 사람

③ 도로에서 청소나 보수 등의 작업을 하고 있는 사람

④ 사회적으로 중요한 행사에 따라 시가행진을 하는 경우

⑤ 장의 행렬

7 다음 중 차마가 도로의 중앙이나 좌측부분을 통행할 수 있는 경우가 아닌 것은?

① 도로가 일방통행인 경우
② 도로의 파손으로 우측부분을 통행할 수 없는 경우
③ 도로의 우측부분의 폭이 6m가 되지 아니하는 도로에서 다른 차를 앞지르고자 하는 경우
④ 도로 우측부분의 폭이 차마의 통행에 충분한 경우
⑤ 가파른 비탈길의 구부러진 곳에서 시·도경찰청장이 필요하다고 인정하여 구간 및 통행방법을 지정하고 있는 경우

8 고속도로에서 전용차로를 통행할 수 있는 승용자동차 및 승합자동차는 몇 명 이상 탑승하여야 하는가?

① 5명 이상   ② 6명 이상
③ 7명 이상   ④ 8명 이상
⑤ 9명 이상

9 교통사고 발생 시 현장에서 운전자가 취해야 할 순서로 맞는 것은?

① 현장 증거 확보 → 경찰서 신고 → 사상자 구호
② 경찰서 신고 → 사상자 구호 → 현장 증거 확보
③ 즉시 정차 → 사상자 구호 → 경찰서 신고
④ 현장 증거 확보 → 사상자 구호 → 경찰서 신고
⑤ 즉시 정차 → 경찰서 신고 → 사상자 구호

10 교통정리가 없는 교차로에서의 양보운전에 대한 설명으로 틀린 것은?

① 이미 교차로에 들어가 있는 다른 차가 있을 때에는 그 차에 진로를 양보하여야 한다.

② 통행하고 있는 도로의 폭보다 교차하는 도로의 폭이 넓은 경우에는 속도를 유지해 진입할 수 있다.

③ 폭이 넓은 도로로부터 교차로에 들어가려고 하는 다른 차가 있을 때에는 그 차에 진로를 양보하여야 한다.

④ 우선순위가 같은 차가 동시에 교차로에 들어가고자 하는 경우에는 우측도로의 차에 진로를 양보하여야 한다.

⑤ 교차로에서 좌회전하고자 하는 차의 운전자는 그 교차로에서 직진하거나 우회전하려는 다른 차가 있는 때에는 그 차에 진로를 양보한다.

11 자동차의 승차인원은 승차정원은 몇 % 이내인가?

① 110% ② 120%
③ 130% ④ 140%
⑤ 150%

12 운전이 금지되는 자동차 앞면 창유리 가시광선 투과율의 기준은?

① 40% 미만 ② 50% 미만
③ 60% 미만 ④ 70% 미만
⑤ 80% 미만

13 운전자의 준수사항에 대한 설명으로 틀린 것은?

① 도로에서 자동차 등을 세워둔 채로 시비·다툼 등의 행위를 하여 다른 차마의 통행을 방해하지 아니할 것

② 운전자는 정당한 사유 없이 반복적이거나 연속적으로 경음기를 울리는 행위를 하여 다른 사람에게 피해를 주는 소음을 발생시키지 아니할 것

③ 운전자는 정지하고 있는 경우라도 휴대용 전화를 하용하지 아니할 것

④ 자동차 등의 운전 중에는 방송 등 영상물을 수신하거나 재생하는 장치를 표시되지 아니하도록 할 것

⑤ 운전자는 자동차의 화물적재함에 사람을 태우고 운행하지 아니할 것

14 무면허 운전으로 사람을 사상한 후 구호·신고조치를 아니한 경우 운전면허를 받을 수 없는 결격기간은 취소일로부터 몇 년인가?

① 1년　　　　　　　　　　② 2년
③ 3년　　　　　　　　　　④ 4년
⑤ 5년

15 다음 중 교통약자에 해당하지 않는 사람은?

① 고령자　　　　　　　　② 영유아를 동반한 사람
③ 경미한 교통사고 환자　　④ 어린이
⑤ 임산부

16 차바퀴가 빠져 헛도는 경우 시 조치방법으로 옳지 않은 것은?

① 변속 레버를 '전진'과 'R(후진)' 위치로 번갈아 두며 가속 페달을 부드럽게 밟으면서 탈출을 시도한다.

② 필요한 경우에는 납작한 돌, 나무 또는 바퀴의 미끄럼을 방지할 수 있는 물건을 타이어 밑에 놓은 다음 자동차를 앞뒤로 반복하여 움직이면서 탈출을 시도한다.

③ 진흙이나 모래 속을 빠져나오기 위해 무리해서라도 엔진 회전수를 올려 빠져나온다.

④ 주위 사람들을 안전지대로 피하게 한 뒤 시동을 건다.

⑤ 차바퀴가 빠져 헛도는 경우 급가속을 하게 되면 바퀴가 헛돌면서 더 깊이 빠지므로 급가속은 자제한다.

17 공제에 가입되었고, 피해자가 처벌을 원치 않아도 특례의 적용을 받지 못하고 형사처벌을 받는 경우는?

① 업무상 과실치상죄
② 철길건널목의 통과방법을 위반한 경우
③ 다른 사람의 건조물을 손괴한 사고
④ 시속 10km 초과로 인명피해를 낸 사고
⑤ 다른 사람의 재물을 손괴한 사고

18 다음 중 도주(뺑소니)사고로 볼 수 없는 것은?

① 피해자 사상 사실을 인식하거나 예견됨에도 가버린 경우
② 현장에 도착한 경찰관에게 거짓으로 진술한 경우
③ 사고운전자가 연락처를 거짓으로 알려준 경우
④ 피해자를 병원까지 후송하고 계속 치료를 받을 수 있는 조치를 하고 가버린 경우
⑤ 쌍방 업무상 과실이 있는 경우에 발생한 사고로 과실이 적은 차량이 도주한 경우

19 적색화살표 신호등이 등화되었을 때의 의미는?

① 차마는 화살표시 방향으로 진행할 수 있다.

② 화살표시 방향으로 진행하려는 차마는 정지선이 있거나 횡단보도가 있을 때에는 그 직전이나 교차로의 직전에 정지하여야 하며, 이미 교차로에 일부라도 진입할 경우에는 신속히 교차로 밖으로 진행하여야 한다.

③ 화살표지 방향으로 진행하려는 차마는 정지선, 횡단보도 및 교차로의 직전에서 정지하여야 한다.

④ 차마는 다른 교통 또는 안전표지의 표시에 주의하면서 화살표시 방향으로 진행할 수 있다.

⑤ 차마는 정지선이나 황단보도가 있을 때에는 그 직전이나 교차로의 직전에 일시정지한 후 다른 교통에 주의하면서 화살표시 방향으로 진행할 수 있다.

20 도로교통의 안전을 위하여 각종 주의, 규제, 지시 등의 내용을 노면에 기호, 문자 또는 선으로 도로 사용자에게 알리는 표지는?

① 주의표지   ② 규제표지
③ 지시표지   ④ 보조표지
⑤ 노면표지

21 사고로 인한 골절시 부목사용법에 대한 설명으로 옳지 않은 것은?

① 골절시 부목사용법으로는 고정부목과 견인부목이 있다.

② 고정부목은 환자의 전신 또는 신체 일부분을 움직이지 않게 하기 위하여 사용하며 대개 부목으로는 나무판을 쓴다.

③ 비상시에는 고정부목으로 신문지 뭉치, 잡지, 담요나 베개와 같은 물건을 대용할 수도 있다.

④ 부목은 골절된 뼈의 양쪽 관절 아래까지 짧은 것을 사용하며 신체 부위와 같은 크기로 하는 것이 좋다.

⑤ 적어도 30분에 한 번씩은 부목을 댄 부분을 관찰하여 혈액순환이 잘 안되거나 그 부분이 너무 아프다면 묶은 붕대를 약간 늦추어 준다.

22 다음에서 설명하고 있는 현상은?

> 야간에 대향차의 전조등 눈부심으로 인해 순간적으로 보행자를 잘 볼 수 없게 되는 현상

① 현혹현상   ② 증발현상
③ 착시현상   ④ 실종현상
⑤ 착각현상

23 피로가 운전에 미치는 정신적 영향에 해당하는 것은?

① 당연히 해야 할 일을 태만하게 된다.
② 교통신호를 잘못보거나 위험신호를 제대로 파악하지 못한다.
③ 필요할 때에 손과 발이 제대로 움직이지 못해 신속성이 결여된다.
④ 평상시보다 운전능력이 현저하게 저하되고 심하면 졸음운전을 하게 된다.
⑤ 빛에 민감하고 작은 소음에도 과민반응을 보인다.

24 과로운전을 피하는 방법으로 적절하지 않은 것은?

① 수면을 충분히 취한다.
② 심신이 건강한 상태로 운전한다.
③ 미리 여유 있는 운전계획을 세운다.
④ 장시간 계속 운전한다.
⑤ 피로한 감이 있는 경우에는 무리하지 않는다.

25 수막현상을 예방하기 위한 조치로 틀린 것은?

① 고속으로 주행하지 않는다.
② 과다 마모된 타이어를 사용하지 않는다.
③ 공기압을 평상시보다 조금 높게 한다.
④ 배수효과가 좋은 타이어 패턴을 사용한다.
⑤ 리브형 타이어를 사용하지 않는다.

26 출혈이 발생한 경우 지혈순서로 옳은 것은?

① 거상 → 직접압박 → 압박붕대 → 압박점 → 지혈대
② 거상 → 압박붕대 → 직접압박 → 지혈대 → 압박점
③ 압박붕대 → 직접압박 → 압박점 → 거상 → 지혈대
④ 압박붕대 → 압박점 → 지혈대 → 직접압박 → 거상
⑤ 직접압박 → 거상 → 압박붕대 → 압박점 → 지혈대

27 엔진에 액체연료를 공급해 주는 액출밸브는 무슨 색인가?

① 흑색   ② 녹색
③ 황색   ④ 흰색
⑤ 적색

28 다음 주의표지의 의미는?

① 우선도로
② 좌우로이중급은도로
③ 도로폭이좁아짐
④ 우측차로업어짐
⑤ 좌측차로없어짐

29 다음 규제표지의 의미는?

① 자동차통행금지
② 진입금지
③ 직진금지
④ 앞지르기금지
⑤ 진입금지

30 다음 노면표지의 의미는?

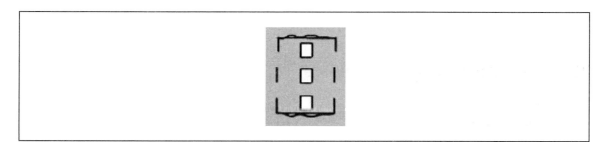

① 유턴구역선
② 버스전용차로
③ 진로변경제한선
④ 노상장애물
⑤ 서행

31 다음 중 서행을 알리는 노면표지는?

①

②

③

④

⑤

32 서비스는 사람에 의해 생산되어 사람에게 제공되므로 똑같은 서비스라 하더라도 그것을 행하는 사람에 따라 품질의 차이가 발생하기 쉽다는 서비스의 특징은?

① 무형성   ② 동시성
③ 인적 의존성   ④ 소멸성
⑤ 무소유성

33 운전자가 가져야 할 기본자세로 옳지 않은 것은?

① 여유 있는 양보운전
② 주의력 집중
③ 심신상태 안정
④ 추측운전 금지
⑤ 운전기술 과신

34 차량고장 시 운전자의 조치사항으로 잘못된 것은?

① 차량의 결함이 심할 때는 비상등을 점멸시키면서 갓길에 바짝 차를 대서 정차한다.
② 차에서 내릴 때에는 옆 차로의 차량 주행상황을 살핀 후 내린다.
③ 야간에는 밝은 색 옷이나 야광이 되는 옷을 착용하는 것이 좋다.
④ 비상전화를 하고 나서 차의 후방에 경고반사판을 설치한다.
⑤ 비상주차대에 정차할 때는 타 차량의 주행에 지장이 없도록 정차해야 한다.

35 안전운전을 하는 데 필수적 과정을 순서대로 나열한 것은?

① 확인 → 판단 → 예측 → 실행
② 확인 → 예측 → 판단 → 실행
③ 예측 → 확인 → 판단 → 실행
④ 예측 → 판단 → 예측 → 실행
⑤ 예측 → 실행 → 판단 → 확인

36 교통사고 발생 후 취한 조치에 대한 설명으로 틀린 것은?

① 꼭 필요한 경우가 아니면 함부로 부상자를 움직이지 않아야 한다.
② 여러 사람이 부상을 입게 된 경우 우선순위를 정하여 응급처치를 실시한다.
③ 교통사고 현장에 부서진 차량 파편 등을 치운다.
④ 부상자가 의식이 있는 경우 정신적으로 안정을 시킨다.
⑤ 목뼈 등 골절환자에 대하여는 이동방법에 충분한 주의를 기울여야 한다.

37 인공호흡은 1분에 몇 회 정도 실시하는 것이 적절한가?

① 3회
② 5회
③ 8회
④ 12회
⑤ 18회

38 다음 중 영어를 할 줄 아냐고 묻고 있는 것은?

① Welcome!

② Good morning.

③ May I help you?

④ Can you speak English?

⑤ I can speak a little English.

39 택시 청결을 유지해야 하는 이유로 가장 적절한 것은?

① 회사의 규칙을 준수하기 위해서

② 자신의 이미지를 좋게 하기 위해서

③ 승객에게 비싼 요금을 받기 위해서

④ 승객의 정신적 안정을 위해서

⑤ 승객에게 쾌적함을 제공하기 위해서

40 교통사고 발생 후 보험회사에 알려야 할 사항이 아닌 것은?

① 피해자의 재산피해 규모

② 부상정도 및 부상자수

③ 사고발생 지점 및 상태

④ 연료 유출 여부

⑤ 운전자 성명

41 다음 중 교통사고 발생 시 경찰서에 지체 없이 신고해야 할 사항으로 가장 적절한 것은?

① 사고 차량 안에 있는 모든 물건 및 손괴 정도
② 사고가 발생한 곳의 교통량 및 주변 약도
③ 사상자 수 및 부상 정도
④ 사상자의 직업과 가족관계
⑤ 주변 장소가 안전한지의 여부

42 최고속도가 매시 100km인 도로가 안개로 가시거리가 100미터 이내인 경우의 최고속도는?

① 매시 60km
② 매시 55km
③ 매시 50km
④ 매시 45km
⑤ 매시 40km

43 교통사고가 발생한 차의 운전자가 국가경찰관서에 사고신고를 할 때 알려야 하는 사항이 아닌 것은?

① 사고가 일어난 시간
② 사고가 일어난 곳
③ 부상자의 부상 정도
④ 손괴한 물건 및 손괴 정도
⑤ 사상자 수

44 다음 중 운전면허 취소처분에 해당하는 위반사항이 아닌 것은?

① 허위 또는 부정한 수단으로 운전면허를 받은 경우
② 자동차 등을 이용하여 범죄행위를 한 때
③ 난폭운전으로 구속된 때
④ 공동위험행위로 형사 입건된 때
⑤ 다른 사람에게 면허증을 대여하여 운전하게 한 때

45 차량신호등이 녹색 등화일 경우 그 신호가 의미하는 것은?

① 차마는 정지선이 있거나 횡단보도가 있는 경우 그 직전에 정지하여야 한다.
② 차마는 직진 또는 우회전을 할 수 있다.
③ 차마는 정지선, 교차로의 직전에 정지하여야 한다.
④ 차마는 다른 교통에 주의하면서 진행할 수 있다.
⑤ 차마는 비보호좌회전표시가 있는 곳에서 좌회전할 수 없다.

46 졸음운전의 위험신호 및 징후에 대한 설명으로 옳지 않은 것은?

① 눈이 스르르 감기거나 전방을 제대로 주시할 수 없어진다.
② 이 생각, 저 생각이 나면서 많은 생각이 든다.
③ 차선을 제대로 유지 못하고 차가 좌우로 조금씩 왔다 갔다 하는 것을 느낀다.
④ 앞차에 바짝 붙는다거나 교통신호를 놓친다.
⑤ 순간적으로 차도에서 갓길로 벗어난다.

47 스탠딩 웨이브 현상이 계속되면 타이어 내부의 고열로 인해 타이어는 쉽게 과열되어 파손될 수 있다. 이러한 현상을 예방하기 위한 방법으로 옳은 것은?

① 주행 중인 속도를 높인다.
② 타이어 공기압을 평소보다 낮춘다.
③ 재생타이어를 사용해도 괜찮다.
④ 브레이크 액을 교환한다.
⑤ 공기압을 자주 측정해서는 안된다.

48 시야 확보가 작을 경우 나타나는 징후로 보기 어려운 것은?

① 급정거   ② 급차로 변경
③ 진로방해   ④ 급과속
⑤ 늦은 반응속도

49 운수종사자가 운행 중 주의해야 할 사항으로 적절하지 못한 것은?

① 출발할 때에는 차량주변의 보행자, 승·하차자 및 노상취객 등을 확인한 후 안전하게 운행한다.
② 보행자, 이륜차, 자전거 등과 교행, 병진할 때에는 서행하며 안전거리를 유지하면서 운행한다.
③ 후진할 때에는 유도요원을 배치하여 수신호에 따라 안전하게 후진한다.
④ 뒤따라오는 차량이 추월하는 경우에는 가속을 통한 방어 운전을 한다.
⑤ 문을 완전히 닫지 아니한 상태에서 자동차를 출발시켜서는 안 된다.

50 교통사고 발생 시 응급처치의 순서로 옳은 것은?

① 부상자의 이동 → 부상자의 관찰 → 부상자의 체위관리 → 부상상태에 따른 응급처치
② 부상자의 관찰 → 부상자의 이동 → 부상자의 체위관리 → 부상상태에 따른 응급처치
③ 부상자의 이동 → 부상자의 체위관리 → 부상자의 관찰 → 부상상태에 따른 응급처치
④ 부상자의 이동 → 부상상태에 따른 응급처치 → 부상자의 관찰 → 부상자의 체위관리
⑤ 부상자의 관찰 → 부상자의 체위관리 → 부상상태에 따른 응급처치 → 부상자의 이동

1 심폐소생술에 관한 설명 중 성인의 가슴압박 방법으로 옳지 않은 것은?

① 가슴의 중앙인 흉골의 위쪽 절반부위에 손바닥을 위치시킨다.
② 양손을 깍지 낀 상태로 손바닥의 아래 부위만을 환자의 흉골부위에 접촉시킨다.
③ 시술자의 어깨는 환자의 흉골이 맞닿는 부위와 수직이 되게 위치시킨다.
④ 양쪽 어깨 힘을 이용하여 분당 100~120회 정도의 속도로 5cm 이상 깊이로 강하고 빠르게 30회 눌러준다.
⑤ 압박과 이완시 힘의 비율은 50 : 50으로 한다.

2 교통약자가 안전하고 편리하게 이동할 수 있도록 교통수단과 여객시설의 이용편의 및 보행환경 개선을 위하여 정책을 수립하여야 할 곳은?

① 국민건강보험공단 ② 장애인고용공단
③ 도로교통공단 ④ 지방자치단체
⑤ 교통사업자

3 다음 중 도주(뺑소니) 사고인 경우는?

① 피해자가 부상사실이 없거나 극히 경미하여 구호조치가 필요하지 않아 연락처를 제공하고 떠난 경우
② 사고운전자가 심한 부상을 입어 타인에게 의뢰하여 피해자를 후송 조치한 경우
③ 사고운전자가 급한 용무로 인해 동료에게 사고처리를 위임하고 가버린 후 동료가 사고 처리한 경우
④ 피해자가 병원까지만 후송하고 계속 치료를 받을 수 있는 조치 없이 가버린 경우
⑤ 자신의 의사를 제대로 표시하지 못하는 나이 어린 피해자가 '괜찮다'라고 하였음에도 치료를 받을 수 있는 조치를 한 경우

4 자동차 구조와 기능에 대한 설명으로 옳은 것은?

① 주행장치는 운전자가 조향 휠을 회전시켜 주행방향을 임의로 바꾸는 장치이다.
② 동력전달장치는 열에너지를 기계적 에너지로 바꾸어 유효한 일을 할 수 있도록 하는 장치이다.
③ 4행정 기관의 동력 발생 순서는 흡입, 폭발, 압축, 배기이다.
④ 현가장치는 주행 중 노면에서 받은 충격이나 진동을 완화시켜주는 장치이다.
⑤ 15인 이하를 운송하기에 적합하게 제작된 자동차를 승용자동차라 한다.

5 앞지르기 금지장소가 아닌 곳은?

① 교차로   ② 터널 안
③ 다리 위   ④ 가파르지 않은 비탈길
⑤ 도로의 구부러진 곳

6 다음에서 설명하고 있는 것은?

> 이것은 휠 실린더의 피스톤이 브레이크 라이닝을 밀어주어 마찰력을 이용하여 타이어와 함께 회전하는 드럼을 잡아 멈추게 한다.

① 풋 브레이크
② 주차 브레이크
③ ABS
④ 엔진 브레이크
⑤ 에어 브레이크

7 운전자의 의무가 아닌 것은?

① 무면허 운전의 금지
② 술에 취한 상태에서의 운전 금지
③ 과로한 때 등의 운전 금지
④ 공동위험행위의 금지
⑤ 경제운전의 금지

8 고속도로 안전운전 방법에 대한 설명으로 옳지 않은 것은?

① 운전자는 앞차의 뒷부분만 주시한다.
② 고속도로에 진입할 때는 방향지시등으로 진입 의사를 표시한 후 가속차로에서 충분히 속도를 높이고 진입한다.
③ 고속도로에서는 주변 차량들과 함께 교통흐름에 따라 운전하는 것이 중요하다.
④ 교통사고로 인한 인명피해를 예방하기 위해 전 좌석 안전띠를 착용해야 한다.
⑤ 지정된 차로를 준수한다.

9 고속도로에서의 금지사항이 아닌 것은?

① 횡단하거나 유턴 또는 후진하여서는 아니 된다.
② 자동차 외의 차마의 운전자 또는 보행자는 고속도로 등을 통행하거나 횡단하여서는 아니 된다.
③ 자동차의 운전자는 고속도로에 차를 정차 또는 주차시켜서는 아니 된다.
④ 고장차는 도로의 좌측 가장자리로 이동 조치한다.
⑤ 자동차의 운전자는 고속도로에 들어가고자 하는 때에는 그 고속도로를 통행하고 있는 다른 자동차의 통행을 방해하여서는 아니 된다.

10 심폐소생술에서 가슴압박은 분당 몇 회를 하여야 하는가?

① 60~80회   ② 80~100회

③ 100~120회   ④ 120~140회

⑤ 140~160회

11 기도개방 및 인공호흡을 하는 방법으로 적당한 것은?

① 가슴이 충분히 올라올 정도로 1회 실시한다.
② 가슴이 충분히 올라올 정도로 2회 실시한다.
③ 가슴이 충분히 올라올 정도로 3회 실시한다.
④ 가슴이 충분히 내려갈 정도로 1회 실시한다.
⑤ 가슴이 충분히 내려갈 정도로 2회 실시한다.

12 교통사고 발생 시 대처 요령으로 잘못된 것은?

① 다른 차의 소통에 방해가 되지 않도록 길 가장자리나 공터 등 안전한 장소에 차를 정차시키고 엔진을 끈다.
② 주간에는 100m, 야간에는 200m 뒤에 안전 삼각대 및 불꽃 등을 설치해서 500m 후방에서 확인이 가능하도록 해야 한다.
③ 2차사고의 우려가 있더라도 부상자를 움직여서는 안 된다.
④ 사고를 낸 운전자는 사고 발생 장소, 사상자 수, 부상 정도 및 그 밖의 조치상황을 경찰공무원에게 신고하여야 한다.
⑤ 승객을 대피시키고 안심시킬 수 있도록 조치한다.

13 서비스는 재고가 없고 불량 서비스가 나와도 다른 제품처럼 반품할 수도 없으며 고치거나 수리할 수도 없는 특징을 가진다. 이는 서비스의 어떤 특성으로 인한 것인가?

① 다양성   ② 인적 의존성

③ 동시성   ④ 변동성

⑤ 소멸성

14 인사에 대한 설명으로 잘못된 것은?

① 인사는 서비스의 첫 동작이자 마지막 동작이다.

② 인사는 평범하고 쉬운 행동이며 생활화되지 않아도 실천에 옮기기 쉽다.

③ 인사는 애사심, 존경심, 우애, 자신의 교양 및 인격의 표현이다.

④ 인사는 승객에 대한 서비스 정신의 표시이다.

⑤ 친절한 인사는 승객에게 긍정적인 이미지를 심어줄 수 있다.

15 잘못된 인사가 아닌 것은?

① 턱을 쳐들거나 눈을 치켜뜨고 하는 인사

② 무표정한 인사

③ 말과 자세가 일치하는 인사

④ 머리만 까닥거리는 인사

⑤ 툭 내뱉는 말로 하는 인사

16 좋은 표정이 아닌 것은?

① 밝고 상쾌한 표정
② 얼굴 전체가 웃는 표정
③ 입을 일자로 굳게 다문 표정
④ 입의 양 꼬리가 올라간 표정
⑤ 건강한 느낌을 주는 표정

17 승객 응대 마음가짐으로 바르지 않은 것은?

① 사명감을 가진다.
② 항상 긍정적으로 생각한다.
③ 공사를 구분하지 않는다.
④ 예의를 지켜 겸손하게 대한다.
⑤ 공평하게 대한다.

18 승객에 대한 호칭과 지칭에 대한 설명으로 옳지 않은 것은?

① '승객'이나 '손님'보다는 '고객'을 사용하는 것이 좋다.
② 할아버지, 할머니 등 나이가 드신 분들은 '어르신'으로 호칭하거나 지칭한다.
③ '아줌마', '아저씨'는 상대방을 높이는 느낌이 들지 않으므로 호칭이나 지칭으로 사용하지 않는다.
④ 중·고등학생은 ○○○승객이나 손님으로 성인에 준하여 호칭하거나 지칭한다.
⑤ '저기요' 등으로 지칭하지 않는다.

19 알코올이 운전에 미치는 영향으로 옳지 않은 것은?

① 심리-운동 협응능력 상승
② 시력의 지각능력 저하
③ 판단능력 감소
④ 정보 처리능력 둔화
⑤ 주의 집중능력 감소

20 일반적으로 매시 50km로 커브를 도는 차는 매시 25km로 도는 차보다 몇 배의 원심력이 발생하는가?

① 2배   ② 3배

③ 4배   ④ 5배

⑤ 6배

21 미끄러짐 사고를 방지하기 위한 주의사항으로 가장 적절하지 않은 것은?

① 눈이나 비가 오는 날에는 평소보다 주의하여 운전한다.

② 다른 차량 주변으로 가깝게 다가가지 않는다.

③ 브레이크를 자주 밟지 않는다.

④ 제동상태가 나쁠 경우 도로 조건에 맞춰 속도를 낮춘다.

⑤ 무리하게 고속으로 운전하지 않는다.

22 LPG 차량 관리에 대한 설명으로 틀린 것은?

① LPG 탱크 밸브 개폐의 확인용기의 충전밸브는 연료 충전 시 이외에는 반드시 잠겨 있는가를 확인한다.

② 비눗물을 사용하여 각 연결부로부터 누출이 있는가를 점검한다.

③ 만일 누출이 있으면 LPG 누설방지용 씰 테이프로 감아준다.

④ 연결부를 과도하게 체결한다.

⑤ 배선의 피복에 이상이 없는지 점검한다.

23 출혈이 발생한 환자를 발견한 경우 응급처치방법으로 틀린 것은?

① 출혈이 심하다면 출혈부위보다 심장에 가까운 부위를 헝겊 또는 손수건 등으로 지혈될 때까지 꽉 잡아맨다.
② 출혈이 적을 때에는 거즈나 깨끗한 손수건으로 상처를 꽉 누른다.
③ 얼굴이 창백해지며 핏기가 없어지고 식은땀을 흘리며 호흡이 얕고 빨라지는 쇼크증상이 발생하면 내출혈을 의심하여야 한다.
④ 내출혈로 의심되는 경우 부상자가 춥지 않게 모포 등으로 덮어주고 햇볕을 쬐도록 한다.
⑤ 출혈이 멈추지 않으면 더 강하게 압박해 본다.

24 소아의 가슴압박은 어떻게 실시하여야 하는가?

① 반드시 두 손으로 실시한다.
② 실시하지 않는다.
③ 한 손으로 실시한다.
④ 두 손가락으로 실시한다.
⑤ 압박의 깊이는 흉곽의 1/3 ~ 1/2이 들어가도록 한다.

25 교통사고 발생 시 LPG 자동차 운전자가 가장 먼저 취해야 하는 조치는?

① LPG 스위치를 끈다.
② 엔진을 정지시킨다.
③ 승객을 대피시킨다.
④ LPG 용기밸브의 출구밸브를 잠근다.
⑤ 필요한 정비를 한다.

26 특별교통수단을 운행하는 운전자에게 실시하는 교통약자서비스에 관한 교육을 실시하는 기관은?

① 국토교통부장관
② 시장·군수·구청장
③ 도로교통공단
④ 교통사업자
⑤ 보건복지부장관

27 다음 경고등은 무엇인가?

① 연료잔량 경고등
② 엔진오일 압력 경고등
③ 배터리 충전 경고등
④ 엔진 정비 지시등
⑤ 비상경고 표시등

28 다음 노면표지의 의미는?

① 차로변경
② 오르막경사면
③ 정차금지지대
④ 양보
⑤ 정차·주차금지

29 다음 중 안전지대를 나타내는 노면표지는?

①

②

③

④

⑤

30 다음은 무엇을 알리는 보조표지인가?

> ### 안개지역

① 노면상태
② 구역
③ 차량한정
④ 기상상태
⑤ 통행규제

31 운수종사자의 금지행위에 대한 설명으로 옳지 않은 것은?

① 부당한 운임 또는 요금을 받아서는 안 된다.
② 일정한 장소에 정차하여 여객을 유치해서는 안 된다.
③ 운행 전 자동차의 안전설비 및 등화장치 등의 이상 유무를 확인해야 한다.
④ 문을 완전히 닫지 않은 상태에서 차를 출발시켜서는 안 된다.
⑤ 여객을 합승하도록 할 수 있다.

32 운송서비스는 실내의 공간적 제약요인으로 인해 상황의 발생 정도에 따라 시간, 요일 및 계절별로 달라질 수 있다는 성격은 서비스의 어떠한 특징에서 기인하는가?

① 무형성 ② 동시성
③ 인적 의존성 ④ 무소유성
⑤ 변동성

33 운전자가 지키거나 삼가야 하는 행동에 대한 설명으로 옳지 않은 것은?

① 교차로 전방의 정체 현상으로 통과하지 못할 때에는 교차로에 진입하지 않고 대기한다.
② 야간운행 중 반대차로에 오는 차가 있으면 전조등을 상향으로 조정한다.
③ 지그재그 운전으로 다른 운전자를 불안하게 만드는 행동은 하지 않는다.
④ 갓길로 통행하지 않는다.
⑤ 보행자가 통행하고 있는 횡단보도 내로 차가 진입하지 않도록 정지선을 지킨다.

34 교통사고 원인에는 운전자의 조급성과 자기중심적인 사고가 깔려 있다. 이렇게 볼 때 교통사고를 방지하기 위해 운전자가 가져야 할 기본자세는?

① 교통법규 이해
② 여유 있는 양보운전
③ 주의력 집중
④ 심신상태 안정
⑤ 추측운전 금지

35 교통사고 발생 시 운전자가 가장 먼저 취해야 하는 조치과정은?

① 탈출
② 인명구조
③ 후방방호
④ 연락
⑤ 대기

36 교통사고 현장의 안전관리에 대한 설명으로 틀린 것은?

① 안전한 곳에 주차하거나, 현장에 정차할 경우 비상점멸등을 켜야 한다.
② 사고차량의 부상자가 의식이 없는 경우에는 꼭 옮겨야 할 필요가 있지 않는 한 부상자를 움직이지 않도록 한다.
③ 현장에서 교통사고의 책임이 가려질 때까지 부상자를 후송하지 않는다.
④ 부상자가 구토하려 할 때에는 옆으로 뉘어서 구토하도록 자세를 조정한다.
⑤ 고속도로에 설치된 긴급전화의 수화기를 들면 곧바로 고속도로 상황실과 통화가 된다.

37 부상자의 호흡상태를 관찰하기 위한 방법으로 틀린 것은?

① 가슴이 뛰는지 살핀다.
② 뺨을 부상자의 입에 대어 본다.
③ 뺨을 부상자의 코에 대어 본다.
④ 팔을 꼬집어본다.
⑤ 맥을 짚어 본다.

38 출혈이 적을 때 출혈 부위를 직접 거즈나 깨끗한 헝겊 또는 손수건을 접어 상처 바로 위에 대고 직접 누르고 붕대를 단단히 감아주는 방법은?

① 직접 억제지혈법
② 직접 압박지혈법
③ 간접 억제지혈법
④ 간접 압박지혈법
⑤ 지혈대법

39 차멀미를 하는 승객을 위한 조치로 틀린 것은?

① 심한 경우 갑자기 쓰러질 수도 있으므로 차멀미를 호소하는 승객이 있을 경우 빠르게 대응한다.
② 창문을 열고 시원한 공기를 마실 수 있도록 한다.
③ 비교적 흔들림이 적은 앞쪽으로 앉도록 한다.
④ 차멀미 승객이 구토할 경우를 대비해 위생봉지를 준비한다.
⑤ 심한 경우 도로에 차를 정차하고 시원한 공기를 마시도록 한다.

40 승객 응대 마음가짐으로 바른 것은?

① 사명감을 가진다.
② 항상 부정적으로 생각한다.
③ 공사를 구분하지 않는다.
④ 불공평하게 대한다.
⑤ 차별한다.

41 다음 중 견인되는 차가 켜야 하는 등화가 아닌 것은?

① 전조등 ② 미등
③ 차폭등 ④ 번호등
⑤ 실내등

42 고속도로 또는 자동차전용도로에서 차를 정차 또는 주차시킬 수 있는 경우가 아닌 것은?

① 법령의 규정 또는 자치경찰공무원의 지시에 따르거나 위험을 방지하기 위하여 일시 정차 또는 주차시키는 경우
② 고장이나 그 밖의 부득이한 사유로 길가장자리구역에 정차 또는 주차시키는 경우
③ 통행료를 내기 위하여 통행료를 받는 곳에서 정차하는 경우
④ 교통이 밀리거나 그 밖의 부득이한 사유로 움직일 수 없을 때에 고속도로 또는 자동차전용도로의 차로에 일시 정차 또는 주차시키는 경우
⑤ 차 또는 주차할 수 있도록 안전표지를 설치한 곳이나 정류장에서 정차 또는 주차시키는 경우

43 운전면허를 받으려는 사람이 받아야 하는 교통안전교육이 아닌 것은?

① 운전자가 갖추어야 하는 기본예절
② 도로교통에 관한 법령과 지식
③ 긴급자동차에 길 터주기 요령
④ 보복운전 방법
⑤ 친환경 경제운전에 필요한 지식과 기능

44 법규위반 또는 교통사고로 인한 벌점은 행정처분기준을 적용하고자 하는 당해 위반 또는 사고가 있었던 날을 기준으로 하여 과거 몇 년간의 모든 벌점을 누산하여 관리하는가?

① 1년 ② 2년
③ 3년 ④ 4년
⑤ 5년

45 다음 표지가 의미하는 것은?

① 차중량 제한   ② 최고속도 제한
③ 최저속도 제한   ④ 차높이 제한
⑤ 차간거리확보

46 술에 대한 잘못된 상식으로 옳지 않은 것은?

① 운동을 하거나 사우나를 하거나 커피를 마시면 술이 빨리 깬다.
② 알코올은 음식이나 음료일 뿐이다.
③ 술을 마시면 생각이 더 명료해진다.
④ 술 마시면 얼굴이 빨개지는 사람은 건강하지 못한 사람이다.
⑤ 간장이 튼튼하면 아무리 술을 마셔도 괜찮다.

47 다음 중 여름철 자동차 점검사항으로 볼 수 없는 것은?

① 냉각장치 점검
② 와이퍼 작동상태 점검
③ 타이어 마모상태 점검
④ 세차 및 곰팡이 제거
⑤ 타이어 공기압 점검

48 안전운전을 위해서는 전후좌우를 살피며 운전을 해야 한다. 다음 중 시야 고정이 많은 운전자의 특성으로 틀린 것은?

① 위험에 대응하기 위해 경적이나 전조등을 많이 사용한다.
② 더러운 창이나 안개에 개의치 않는다.
③ 회전하기 전에 뒤를 확인하지 않는다.
④ 자기 차를 앞지르려는 차량의 접근 사실을 미리 확인하지 못한다.
⑤ 거울의 방향이 맞지 않아도 개의치 않는다.

49 택시에서 발생하기 쉬운 사고유형에 대한 내용으로 옳지 않은 것은?

① 불특정인을 대상으로 수송하며, 운행거리와 운행시간이 불규칙하거나 타 차량에 비해 길어 사고발생확률이 높다.
② 사고의 대부분은 사람과 관련되어 발생하며, 주된 사고는 승하차나 급정거로 인해 발생한다.
③ 사고는 주로 도로, 교차로 부근, 횡단보도 부근, 이면도로 등에서 많이 발생한다.
④ 출발시 승객에게 목적지를 말하고 출발하면 사고를 면할 수 있다.
⑤ 승객의 위치나 보행자의 위치를 정확히 파악한 후 운행하면 사고를 방지할 수 있다.

50 출혈·골절 부상자가 발생한 경우 응급처치방법으로 가장 적당한 것은?

① 지혈이 필요하면 손수건으로 눌러 지혈을 하도록 한다.
② 팔이 골절되었다면 헝겊으로 띠를 만들어 팔을 매단다.
③ 다리가 골절되었다면 헝겊으로 띠를 만들어 어깨에 매단다.
④ 구급차가 올 때까지 기다린다.
⑤ 출혈 부위를 심장보다 아래로 둔다.

정답_ 234p

1 운송사업자가 차내에 운전자격증명을 항상 게시하지 아니한 경우 1차 위반 시 운행정지 며칠에 처해지는가?

① 5일   ② 10일
③ 15일   ④ 20일
⑤ 30일

2 사고운전자가 피해자를 상해에 이르게 하고 사고 장소로부터 옮겨 유기하고 도주한 경우에는 몇 년 이상의 유기징역에 처하는가?

① 1년   ② 2년
③ 3년   ④ 4년
⑤ 5년

3 다음 중 교통사고로 처리되지 않는 경우가 아닌 것은?

① 명백한 자살이라고 인정되는 경우
② 건조물 등이 떨어져 운전자 또는 동승자가 사상한 경우
③ 버스의 브레이크 고장으로 정류소에 있던 사람을 친 경우
④ 축대 등이 무너져 도로를 진행 중인 차량이 손괴되는 경우
⑤ 확정적인 고의 범죄에 의해 타인을 사상하거나 물건을 손괴한 경우

4 다음 중 중앙선침범을 적용하기 가장 어려운 경우는?

① 커브 길에서 과속으로 인한 중앙선침범의 경우
② 위험을 회피하기 위해 중앙선을 침범한 경우
③ 졸다가 뒤늦은 제동으로 중앙선을 침범한 경우
④ 차내 잡담 또는 휴대폰 통화 등의 부주의로 중앙선을 침범한 경우
⑤ 앞지르기를 위해 실선으로 된 중앙선을 침범한 경우

5 고의나 인식할 수 있는 과실로 타인에게 현저한 위해를 초래하는 운전을 하는 경우를 이르는 용어는?

① 난폭운전   ② 보복운전
③ 위해운전   ④ 전투운전
⑤ 폭력운전

6 진행·정지·방향전환·주의 등의 신호를 표시하기 위하여 사람이나 전기의 힘으로 조작하는 장치를 무엇이라고 하는가?

① 안전지대   ② 횡단보도
③ 신호기   ④ 안전표지
⑤ 교차로

7 다음 중 일시정지해야 하는 장소는?

① 교통정리를 하고 있지 아니하는 교차로
② 도로가 구부러진 부근
③ 비탈길의 고갯마루 부근
④ 교통정리를 하고 있지 아니하고 교통이 빈번한 교차로
⑤ 가파른 비탈길의 내리막

8 1회의 위반·사고로 인한 벌점 또는 연간 누산점수가 271점 이상일 때 운전면허 취소 기간은?

① 6개월
② 1년
③ 2년
④ 3년
⑤ 5년

9 다음은 B씨가 자동차 운전 중 교통사고를 일으켜 발생한 인명피해이다. B씨가 사고결과에 따라 받는 벌점은?

• 사망 : 2명	• 중상 : 1명
• 경상 : 2명	• 부상신고 : 2명

① 184
② 190
③ 195
④ 209
⑤ 210

10 다음 중 도주(뺑소니) 사고인 경우는?

① 피해자가 부상사실이 없거나 극히 경미하여 구호조치가 필요하지 않아 연락처를 제공하고 떠난 경우
② 사고운전자가 심한 부상을 입어 타인에게 의뢰하여 피해자를 후송 조치한 경우
③ 사고운전자가 급한 용무로 인해 동료에게 사고처리를 위임하고 가버린 후 동료가 사고 처리한 경우
④ 피해자가 이미 사망하였다고 사체 안치 후송 등의 조치 없이 가버린 경우
⑤ 나이 어린 피해자가 부상이 경미해 '괜찮다'라고 하여 연락처를 제공하고 떠난 경우

11 정상 날씨 제한속도가 80km/h인 도로가 노면이 얼어붙은 경우 감속운행속도는?

① 30km/h
② 35km/h
③ 40km/h
④ 45km/h
⑤ 50km/h

12 다음에 설명하고 있는 개념은?

운선자가 위험을 느끼고 브레이크를 밟았을 때 자동차가 제동되기 전까지 주행한 거리

① 안전거리
② 정지거리
③ 공주거리
④ 제동거리
⑤ 주행거리

13 다음 중 보행자 보호의무위반 사고의 성립요건에서 운전자과실의 예외사항인 것은?

① 횡단보도를 건너고 있는 보행자를 충돌한 경우
② 횡단보도 전에 정지한 차량을 추돌하여 추돌된 차량이 밀려나가 보행자를 충돌한 경우
③ 녹색등화가 점멸되고 있는 횡단보도를 진입하여 건너고 있는 보행자를 적색등화에 충돌한 경우
④ 보행신호가 녹색등화일 때 횡단보도를 진입하여 건너고 있는 보행자를 보행신호가 녹색등화의 점멸로 변경된 상태에서 충돌한 경우
⑤ 보행신호가 녹색등화일 때 횡단보도를 진입하여 건너고 있는 보행자를 보행신호가 적색등화로 변경된 상태에서 충돌한 경우

14 다음 빈칸에 들어갈 내용은?

우리나라 제1종 운전면허를 취득하는 데 필요한 시력기준은 두 눈을 동시에 뜨고 잰 시력이 0.8 이상이어야 한다. 그리고 두 눈의 시력이 각각 (   ) 이상이어야 한다.

① 1.0
② 0.8
③ 0.7
④ 0.6
⑤ 0.5

15 횡단하는 보행자 보호의 주요 주의사항으로 옳지 않은 것은?

① 시야가 차단된 상황에서 나타나는 보행자를 특히 조심한다.
② 신호에 따라 횡단하는 보행자의 앞뒤에서 그들을 압박하거나 재촉한다.
③ 회전할 때는 언제나 회전 방향의 도로를 건너는 보행자가 있을 수 있음을 유의한다.
④ 주거지역 내에서는 어린이의 존재 여부를 주의 깊게 관찰한다.
⑤ 야간에 어두운 색의 옷을 입은 보행자가 보이지 않을 수 있음에 유의한다.

16 운전 중 피로를 푸는 법으로 적절하지 않은 것은?

① 차 안에는 항상 신선한 공기가 충분히 유입되도록 한다.
② 가급적 선글라스는 착용하지 않는다.
③ 정기적으로 차를 멈추어 차에서 나와, 몇 분 동안 산책을 하거나 가벼운 체조를 한다.
④ 지루하게 느껴지거나 졸음이 올 때는 라디오를 틀거나 노래 부르기, 휘파람 불기 등의 방법
   을 사용한다.
⑤ 차내 온도를 적절하게 유지한다.

17 철길 건널목에서의 방어운전에 대한 설명으로 옳지 않은 것은?

① 철길 건널목에 접근할 때에는 속도를 올려 접근한다.
② 일시정지 후에는 철도 좌·우의 안전을 확인한다.
③ 건널목을 통과할 때에는 기어를 변속하지 않는다.
④ 건널목 건너편 여유 공간을 확인한 후에 통과한다.
⑤ 건널목을 통과할 때에는 고속으로 통과하지 않는다.

18 다음 중 우회로를 나타내는 지시표지는?

①

②

③

④

⑤

19 다음은 어떤 안전표지인가?

① 주의표지　　　　　　　② 규제표지
③ 지시표지　　　　　　　④ 보조표지
⑤ 노면표지

20 다음 지시표지가 알리는 내용은?

① 회전교차로　　　　　　　　② 좌우회전
③ 양측방통행　　　　　　　　④ 우회로
⑤ 좌회로

21 버스전용차로표시 및 다인승차량 전용차선표시에 사용되는 색깔은?

① 황색　　　　　　　　　　　② 청색
③ 적색　　　　　　　　　　　④ 백색
⑤ 흑색

22 다음 중 운전면허(원동기장치자전거 제외)를 받을 수 없는 사람을 모두 고른 것은?

> ㉠ 만 18세인 김종인 군
> ㉡ 전문의로부터 치매 진단을 받은 72세 김철수 씨
> ㉢ 한쪽 팔의 팔꿈치관절을 잃은 37세 이재인 씨
> ㉣ 척추 장애로 인하여 앉아 있을 수 없는 53세 박갑동 씨

① ㉠, ㉡　　　　　　　　　　② ㉡, ㉢
③ ㉡, ㉣　　　　　　　　　　④ ㉢, ㉣
⑤ ㉡, ㉢, ㉣

23 교통약자의 이동편의 증진법상 인구가 10만 명을 초과하는 시·군의 경우 중증보행장애인 몇 명당 특별교통수단 1대를 운행하여야 하는가?

① 50명　　　　　　　　　　　　② 100명
③ 150명　　　　　　　　　　　　④ 200명
⑤ 250명

24 출혈이 발생한 교통사고 환자에게 지혈대를 이용한 지혈방법으로 옳지 않은 것은?

① 출혈이 발생한 환자에게 가장 먼저 시행하는 방법이다.
② 신경이나 혈관에 손상을 줄 수 있어 주의해야 한다.
③ 지혈이 어려운 절박한 상황에서만 활용해야 한다.
④ 일정한 시간마다 지혈대를 풀어서 괴사를 방지하는 것이 중요하다.
⑤ 지혈대는 상처와 가장 가까운 곳에 완전 지혈이 되도록 꼭 매야 한다.

25 음주운전으로 운전면허가 취소처분 또는 정지처분을 받은 경우 중 형을 감경할 수 없는 경우는?

① 운전이 가족의 생계를 유지할 중요한 수단이 되는 경우
② 모범운전자로서 처분당시 3년 이상 교통봉사활동에 종사하고 있는 경우
③ 혈중알코올농도가 0.1퍼센트 미만으로 운전한 경우
④ 과거 5년 이내에 음주운전의 전력이 있는 경우
⑤ 교통사고로 물적 피해 교통사고를 일으킨 경우

26 자동차를 운행하는 사람이 매일 자동차를 운행하기 전에 점검하는 것을 이르는 용어는?

① 일상점검　　　　　　　　　　② 정기점검
③ 특별점검　　　　　　　　　　④ 수시점검
⑤ 매일점검

27 인간에 의한 사고원인으로 보기 어려운 것은?

① 피로　　　　　　　　　　② 신경성 질환

③ 날씨　　　　　　　　　　④ 직업에 대한 만족도

⑤ 운전기술의 부족

28 착각·오인으로 인해 교통상의 위험한 정보를 인지하는 과정에서 일어나는 운전조작의 실수는?

① 정보 인지의 실수

② 판단의 실수

③ 조작 처리의 실수

④ 실행의 실수

⑤ 환경 파악의 실수

29 조명이 어두운 조건에서 밝은 조건으로 변할 때 사람의 눈이 그 상황에 적응하여 시력이 회복되는 것은?

① 명순응　　　　　　　　　② 암순응

③ 빛순응　　　　　　　　　④ 어둠순응

⑤ 백순응

30 명순응과 암순응에 대처하는 방법으로 바르지 않은 것은?

① 대향차량의 전조등 불빛을 직접보지 않는다.

② 전조등 불빛을 피해 멀리 도로 오른쪽 가장자리를 바라본다.

③ 주변시로 다가오는 차를 계속하여 주시한다.

④ 순간적으로 앞을 잘 볼 수 없다면 급정거를 한다.

⑤ 가파른 도로나 커브길에서는 미리 명순응과 암순응에 대비한다.

31 피로가 운전에 미치는 정신적 영향이 아닌 것은?

① 주의가 산만해진다.
② 정신활동이 둔화된다.
③ 손 또는 눈꺼풀이 떨린다.
④ 자발적인 행동이 감소한다.
⑤ 사소한 일에도 신경질적인 반응을 보인다.

32 영아에게 가슴압박 방법으로 심폐소생술을 실시할 경우 옳은 설명은?

① 1분당 70~80회의 속도와 3cm 이상의 깊이로 강하고 빠르게 30회 눌러준다.
② 1분당 80~100회의 속도와 4cm 이상의 깊이로 강하고 빠르게 30회 눌러준다.
③ 1분당 100~120회의 속도와 4cm 이상의 깊이로 강하고 빠르게 30회 눌러준다.
④ 1분당 100~130회의 속도와 5cm 이상의 깊이로 강하고 빠르게 30회 눌러준다.
⑤ 1분당 120~140회의 속도와 5cm 이상의 깊이로 강하고 빠르게 30회 눌러준다.

33 베이퍼 록 현상이 발생하는 주요 원인이 아닌 것은?

① 긴 내리막길에서 계속 브레이크를 사용하여 브레이크 드럼이 과열되었을 때
② 불량한 브레이크 오일을 사용하였을 때
③ 브레이크 오일이 변질되어 비등점이 저하되었을 때
④ 엔진 브레이크를 사용하여 저단기어를 유지하였을 때
⑤ 브레이크 드럼과 라이닝 간격이 작아 라이닝이 끌릴 때

34 도로를 통행할 때의 방어운전에 대한 설명으로 틀린 것은?

① 급제동을 하지 않으면 안 되는 운전을 피한다.
② 브레이크를 조작할 때에는 한 번에 세게 밟는다.
③ 신호기가 없는 교차로를 통과할 때에는 속도를 낮추고 좌·우의 안전을 확인한다.
④ 대형 화물차나 버스의 바로 뒤를 따라서 진행할 때에는 함부로 앞지르기를 하지 않는다.
⑤ 뒤차가 앞지르려고 할 때에는 도로의 오른쪽으로 다가서 진행하거나 감속하여 뒤차가 앞지르기하기 쉽도록 피해준다.

35 성인에게 가슴압박 방법으로 심폐소생술을 실시할 경우 틀린 설명은?

① 가슴의 중앙인 흉골의 아래쪽 절반부위에 손바닥을 위치시킨다.
② 양손을 깍지 낀 상태로 손바닥의 아래 부위만을 환자의 흉골부위에 접촉시킨다
③ 시술자의 어깨는 환자의 흉골이 맞닿는 부위와 수직이 되게 위치시킨다.
④ 양쪽 어깨 힘을 이용하여 분당 100~120회 정도의 속도로 3cm 이상 깊이로 강하고 빠르게 30회 눌러준다.
⑤ 양쪽 유두를 이은 가상선 흉골의 중심부를 압박한다.

36 여객운송업에 있어 서비스의 개념을 잘못 설명한 것은?

① 서비스란 승객의 이익을 위해 행동하는 육체적 노동만을 말한다.
② 서비스도 하나의 상품이다.
③ 승객만족을 위해 계속적으로 제공하는 모든 활동을 의미한다.
④ 예객운송서비스는 택시를 이용하여 승객을 출발지에서 최종 목적지까지 이동시키는 상업적 행위를 말한다.
⑤ 택시를 이용하여 승객을 대상으로 승객이 원하는 구간이동 서비스를 제공하는 그 행위 자체이다.

37 올바른 서비스 제공을 위한 5요소가 아닌 것은?

① 단정한 복장
② 밝은 표정
③ 공손한 인사
④ 친근한 말
⑤ 과도한 친절

38 승객만족을 위한 기본예절이 아닌 것은?

① 승객을 기억한다.
② 자신의 것만 챙기는 이기주의는 바람직한 인간관계 형성의 저해요소이다.
③ 상스러운 말을 하지 않는다.
④ 승객의 입장을 이해하고 존중한다.
⑤ 승객의 여건, 능력이 동일하다고 생각한다.

39 운전자가 가져야 할 기본자세가 아닌 것은?

① 교통법규 준수
② 자기중심적인 사고
③ 심신상태 안정
④ 운전기술 과신 금물
⑤ 배출가스로 인한 대기오염 최소화 노력

40 심장 마사지 시 흉부압박과 불어넣기의 비율은?

① 30 : 2

② 15 : 4

③ 15 : 6

④ 15 : 11

⑤ 15 : 13

41 다음은 등화의 조작에 대한 설명이다. 옳지 않은 것은?

① 밤에 서로 마주보고 진행할 때에는 전조등의 밝기를 줄이거나 불빛의 방향을 아래로 향하게 하거나 잠시 전조등을 끈다.

② 밤에 앞차의 바로 뒤를 따라가는 때에는 전조등 불빛의 방향을 아래로 향하게 한다.

③ 밤에 앞차의 바로 뒤를 따라가는 때에는 전조등 불빛의 밝기를 함부로 조작하여 앞차의 운전을 방해하지 않는다.

④ 모든 차의 운전자는 교통이 빈번한 곳에서 운행하는 때에는 전조등 불빛의 방향을 계속 위로 유지하여야 한다.

⑤ 도로의 상황으로 보아 마주보고 진행하는 차 또는 노면전차의 교통을 방해할 우려가 없는 경우에는 전조등의 밝기를 줄이지 않아도 된다.

42 다음은 속도에 대한 정의이다. 옳지 않은 것은?

① 규제속도 : 법정속도와 제한속도

② 설계속도 : 도로설계의 기초가 되는 자동차의 속도

③ 주행속도 : 정지시간을 포함한 주행거리의 평균 주행속도

④ 속도제한 : 달리는 차량의 속도에 일정한 한계를 정하는 일

⑤ 운영속도 : 자유로운 교통흐름 상태에서 운전자가 자신의 차량을 운행할 때 관찰되는 속도

43 다음 중 자동차의 관리방법과 안전운전에 필요한 점검 요령에 관한 시험의 실시사항으로 바르지 않은 것은?

① 중대한 고장의 분별
② 교통안전수칙과 교통안전교육에 관한 지침에 규정된 사항
③ 자동차등의 기본적인 점검 요령
④ 유류를 절약할 수 있는 운전방법 등을 포함한 운전 장치의 관리방법
⑤ 경미한 고장의 분별

44 운송사업자가 천재지변이나 교통사고 등으로 여객이 죽거나 다칠 경우 취하여야 할 조치사항으로 볼 수 없는 것은?

① 신속한 응급수송수단의 마련
② 유류품의 폐기
③ 가족이나 그 밖의 연고자에 대한 신속한 통지
④ 사상자의 보호 등 필요한 조치
⑤ 목적지까지 여객을 운송하기 위한 대체운송수단의 확보

45 의식이 없는 환자에게 가슴압박과 인공호흡을 통해 심폐소생술을 하려고 할 때 몇 회씩 반복하여야 하는가?

① 20회 가슴압박과 1회 인공호흡 반복 실시
② 20회 가슴압박과 2회 인공호흡 반복 실시
③ 30회 가슴압박과 1회 인공호흡 반복 실시
④ 30회 가슴압박과 2회 인공호흡 반복 실시
④ 40회 가슴압박과 3회 인공호흡 반복 실시

46 다음 운전과 관련되는 시각의 특성에 관한 설명으로 가장 옳지 않은 것은?

① 운전자는 운전에 필요한 정보의 대부분을 시각을 통해 획득한다.
② 속도가 빨라질수록 전방주시점은 멀어진다.
③ 속도가 빨라질수록 시야의 범위가 넓어진다.
④ 속도가 빨라질수록 시력은 떨어진다.
⑤ 속도가 느려지면 시야의 범위가 넓어진다.

47 음주운전이 위험한 이유로 보기 어려운 것은?

① 발견지연으로 인한 사고 위험이 증가하기 때문에
② 운전에 대한 통제력 강화로 과잉조작에 의한 사고가 증가하기 때문에
③ 시력저하 및 졸음으로 인한 사고가 증가하기 때문에
④ 2차 사고를 유발할 수 있기 때문에
⑤ 음주량에 따라 사고의 위험도가 증가하기 때문에

48 다음에서 설명하고 있는 것은?

> 이것은 휠 실린더의 피스톤에 의해 브레이크 라이닝을 밀어 주어 타이어와 함께 회전하는 드럼을 잡아 멈추게 한다.

① ABS
② 엔진 브레이크
③ 풋 브레이크
④ 주차 브레이크
⑤ 보조 브레이크

49 도로를 운전하는 운전자가 지켜야 할 운전예절로 볼 수 없는 것은?

① 횡단보도에서는 보행자가 먼저 지나가도록 일시 정지하여 보행자를 보호하는데 앞장서고 정지선을 반드시 지키도록 한다.

② 교차로나 좁은 길에서 마주 오는 차끼리 만나면 먼저 가도록 양보해 주고 전조등은 끄거나 하향으로 하여 상대방 운전자의 눈이 부시지 않도록 한다.

③ 방향지시등을 켜고 끼어들려고 할 때에는 눈인사를 하면서 양보해 주는 여유를 가지며, 이웃 운전자에게 도움이나 양보를 받았을 때에는 정중하게 손을 들어 답례한다.

④ 도로상에서 고장차량을 발견하였을 때에는 즉시 경찰에 신고하고 그 자리를 빠르게 통과하도록 한다.

⑤ 교차로에 정체 현상이 있을 때에는 앞차가 다 빠져나간 후에 여유를 가지고 서서히 출발한다.

50 교통사고로 인해 사망자와 부상자가 발생한 경우 먼저 취해야 할 행동으로 옳은 것은?

① 사망자의 시신 보존
② 경찰서에 신고
③ 부상자 구출
④ 보험회사에 연락
⑤ 차량손상 확인

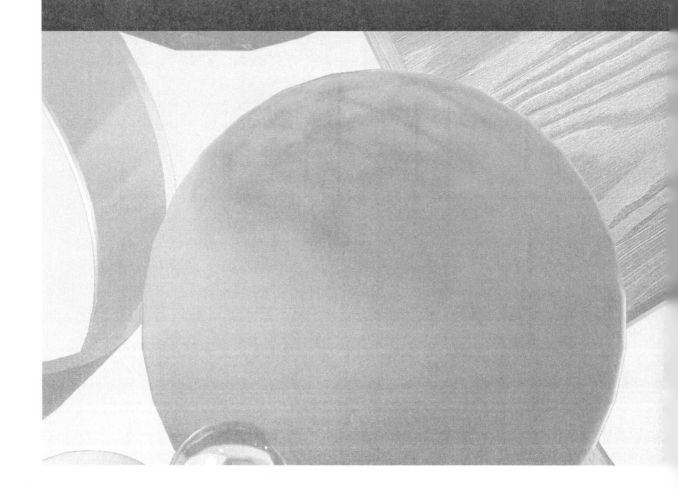

PART

05 정답 및 해설

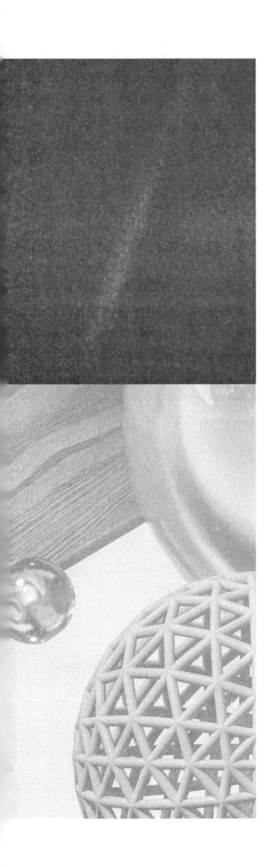

제1회 정답 및 해설

1	②	2	②	3	③	4	②	5	④	6	③	7	④	8	⑤	9	②	10	②
11	②	12	①	13	②	14	⑤	15	①	16	③	17	④	18	④	19	①	20	③
21	①	22	③	23	③	24	④	25	①	26	③	27	③	28	③	29	①	30	③
31	①	32	④	33	①	34	③	35	④	36	④	37	④	38	②	39	②	40	③
41	③	42	④	43	④	44	④	45	⑤	46	④	47	①	48	④	49	①	50	①

1 ②

② 「도로교통법」 제1조
① 「여객자동차 운수사업법」의 목적
③ 「택시운송사업의 발전에 관한 법률」의 목적
④ 「교통사고처리 특례법」의 목적
⑤ 「도로법」의 목적

2 ②

② 자동차전용도로란 자동차만 다닐 수 있도록 설치된 도로를 말한다.

3 ③

차란 다음의 어느 하나에 해당하는 것을 말한다.
㉠ 자동차
㉡ 건설기계
㉢ 원동기장치자전거
㉣ 자전거
㉤ 사람 또는 가축의 힘이나 그 밖의 동력으로 도로에서 운전되는 것. 다만, 철길이나 가설된 선을 이용하여 운전되는 것, 유모차와 행정안전부령으로 정하는 보행보조용 의자차는 제외한다.

4 ②

② 자동차를 소유하고 있으면 불의의 사고로 인한 최소한의 피해자 보상을 위해 법으로 가입을 의무화하고 있는 보험이다.

5 ④

④ 차마의 운전자는 안전지대 등 안전표지에 의하여 진입이 금지된 장소에 들어가서는 아니 된다.

6 ③

앞지르기 금지의 시기 및 장소〈도로교통법 제22조〉

㉠ 모든 차의 운전자는 다음의 어느 하나에 해당하는 경우에는 앞차를 앞지르지 못한다.

- 앞차의 좌측에 다른 차가 앞차와 나란히 가고 있는 경우
- 앞차가 다른 차를 앞지르고 있거나 앞지르려고 하는 경우

㉡ 모든 차의 운전자는 다음의 어느 하나에 해당하는 다른 차를 앞지르지 못한다.

- 이 법이나 이 법에 따른 명령에 따라 정지하거나 서행하고 있는 차
- 경찰공무원의 지시에 따라 정지하거나 서행하고 있는 차
- 위험을 방지하기 위하여 정지하거나 서행하고 있는 차

㉢ 모든 차의 운전자는 다음의 어느 하나에 해당하는 곳에서는 다른 차를 앞지르지 못한다.

- 교차로
- 터널 안
- 다리 위
- 도로의 구부러진 곳, 비탈길의 고갯마루 부근 또는 가파른 비탈길의 내리막 등 지방경찰청장이 도로에서의 위험을 방지하고 교통의 안전과 원활한 소통을 확보하기 위하여 필요하다고 인정하는 곳으로서 안전표지로 지정한 곳

7 ④

④ 비가 내려 노면이 젖어있는 경우에는 최고속도의 100분의 20을 줄인 속도로 운행하여야 한다. 따라서 정상 날씨 제한속도가 80km/h인 경우에는 64km/h의 속도로 감속하여 운행하여야 한다.

8 ⑤

⑤ 편도 1차로의 고속도로에서의 최고속도는 매시 80km이고, 최저속도는 매시 50km이다.

9 ②

②의 내용은 가중사유이다.

※ 가중사유
   ㉠ 위반행위가 사소한 부주의나 오류가 아닌 고의나 중대한 과실에 의한 것으로 인정되는 경우
   ㉡ 위반의 내용정도가 중대하여 이용객에게 미치는 피해가 크다고 인정되는 경우

10 ②

모범운전자 ⋯ 무사고운전자 또는 유공운전자의 표시장을 받거나 2년 이상 사업용 자동차 운전에 종사하면서 교통사고를 일으킨 전력이 없는 사람으로서 경찰청장이 정하는 바에 따라 선발되어 교통안전 봉사활동에 종사하는 사람

11 ②

안전표지〈도로교통법 시행규칙 제8조 제1항〉
- ⊙ 주의표지 : 도로상태가 위험하거나 도로 또는 그 부근에 위험물이 있는 경우에 필요한 안전조치를 할 수 있도록 이를 도로사용자에게 알리는 표지
- ⓒ 규제표지 : 도로교통의 안전을 위하여 각종 제한·금지 등의 규제를 하는 경우에 이를 도로사용자에게 알리는 표지
- ⓒ 지시표지 : 도로의 통행방법·통행구분 등 도로교통의 안전을 위하여 필요한 지시를 하는 경우에 도로사용자가 이에 따르도록 알리는 표지
- ⓔ 보조표지 : 주의표지·규제표지 또는 지시표지의 주기능을 보충하여 도로사용자에게 알리는 표지
- ⓜ 노면표지 : 도로교통의 안전을 위하여 각종 주의·규제·지시 등의 내용을 노면에 기호·문자 또는 선으로 도로사용자에게 알리는 표지

12 ①

정차 및 주차의 금지〈도로교통법 제32조〉⋯ 모든 차의 운전자는 다음의 어느 하나에 해당하는 곳에서는 차를 정차하거나 주차하여서는 아니 된다. 다만, 이 법이나 이 법에 따른 명령 또는 경찰공무원의 지시를 따르는 경우와 위험방지를 위하여 일시정지하는 경우에는 그러하지 아니하다.
- ⊙ 교차로·횡단보도·건널목이나 보도와 차도가 구분된 도로의 보도(「주차장법」에 따라 차도와 보도에 걸쳐서 설치된 노상주차장은 제외)
- ⓒ 교차로의 가장자리나 도로의 모퉁이로부터 5미터 이내인 곳
- ⓒ 안전지대가 설치된 도로에서는 그 안전지대의 사방으로부터 각각 10미터 이내인 곳
- ⓔ 버스여객자동차의 정류지임을 표시하는 기둥이나 표지판 또는 선이 설치된 곳으로부터 10미터 이내인 곳. 다만, 버스여객자동차의 운전자가 그 버스여객자동차의 운행시간 중에 운행노선에 따르는 정류장에서 승객을 태우거나 내리기 위하여 차를 정차하거나 주차하는 경우에는 그러하지 아니하다.
- ⓜ 건널목의 가장자리 또는 횡단보도로부터 10미터 이내인 곳
- ⓗ 지방경찰청장이 도로에서의 위험을 방지하고 교통의 안전과 원활한 소통을 확보하기 위하여 필요하다고 인정하여 지정한 곳

13 ②

처분벌점이 40점 미만인 경우에, 최종의 위반일 또는 사고일로부터 위반 및 사고 없이 1년이 경과한 때에는 그 처분벌점은 소멸한다.

14 ⑤

자동차 후면에 장착된 머플러(소음기) 배관에서 배출되는 가스의 색을 자세히 살펴보면 엔진 상태를 알 수 있다.
㉠ 무색 : 완전 연소 시 정상 배출 가스의 색은 무색 또는 약간 엷은 청색을 띤다.
㉠ 검은색 : 농후한 혼합 가스가 들어가 불완전하게 연소되는 경우이다.
㉢ 백색 : 엔진 안에서 다량의 엔진 오일이 실린더 위로 올라와 연소되는 경우이다.

15 ①

과속사고에 따른 행정처분

항목	승용자동차의 범칙금			
	60km/h 초과	40km/h 초과 60km/h 이하	20km/h 초과 40km/h 이하	20km/h 이하
범칙금	12만 원	9만 원	6만 원	3만 원

항목	100km/h 초과	80km/h 초과 100km/h 이하	60km/h 초과 80km/h 이하	40km/h 초과 60km/h 이하	20km/h 초과 40km/h 이하
벌점	100점	80점	60점	30점	15점

16 ③

운수종사자의 교육 등〈여객자동차 운수사업법 제25조 제1항〉
㉠ 여객자동차 운수사업 관계 법령 및 도로교통 관계 법령
㉡ 서비스의 자세 및 운송질서의 확립
㉢ 교통안전수칙
㉣ 응급처치의 방법
㉤ 차량용 소화기 사용법 등 차량화재 발생 시 대응방법
㉥ 「지속가능 교통물류 발전법」에 따른 경제운전
㉦ 그 밖에 운전업무에 필요한 사항

17 ④

사망 1명(90점) + 중상 1명(15점) + 경상 2명(5점 × 2) = 115점

※ 사고결과에 따른 벌점기준

구분		벌점	내용
인적피해 교통사고	사망 1명마다	90	사고발생 시부터 72시간 이내에 사망한 때
	중상 1명마다	15	3주 이상의 치료를 요하는 의사의 진단이 있는 사고
	경상 1명마다	5	3주 미만 5일 이상의 치료를 요하는 의사의 진단이 있는 사고
	부상신고 1명마다	2	5일 미만의 치료를 요하는 의사의 진단이 있는 사고

18 ④

④ 자동차의 운전자가 고장난 자동차의 표지를 직접 설치하는 경우 그 자동차의 후방에서 접근하는 차량들의 운전자들이 확인할 수 있는 위치에 설치하여야 한다. 밤에는 사방 500m 지점에서 식별할 수 있는 적색의 섬광 신호, 전기제등 또는 불꽃 신호를 추가로 설치한다.

19 ①

① 60점   ② 30점   ③ 15점   ④ 10점   ⑤ 40점

20 ③

벌점 · 누산점수 초과로 인한 면허 취소

기간	벌점 또는 누산점수
1년간	121점 이상
2년간	201점 이상
3년간	271점 이상

21 ①

①은 과속방지턱 주의표지이다. 노면 고르지 못함을 알리는 주의표지는 이다.

22 ③

교통사고로 처리되지 않는 경우

㉠ 자살·자해 행위로 인정되는 경우

㉡ 확정적인 고의 범죄에 의해 타인을 사상하거나 물건을 손괴한 경우

㉢ 낙하물에 의해 차량 탑승자가 사상하였거나 물건이 손괴된 경우

㉣ 축대·절개지 등이 무너져 차량 탑승자가 사상하였거나 물건이 손괴된 경우

㉤ 사람이 건물, 육교 등에서 추락하여 운행 중인 차량과 충돌 또는 접촉하여 사상한 경우

㉥ 그 밖의 차의 교통으로 발생하였다고 인정되지 아니한 안전사고의 경우

23 ③

제시된 규제표지는 최저속도 제한을 알리는 표지이다.

①   ②   ④   ⑤

24 ④

우리나라 제2종 운전면허를 취득하는 데 필요한 시력기준은 두 눈을 동시에 뜨고 잰 시력이 0.5 이상이어야 한다. 다만, 한쪽 눈을 보지 못하는 사람은 다른 쪽 눈의 시력이 0.6 이상이어야 한다.

25 ①

① 차 안에는 항상 신선한 공기가 충분히 유입되도록 한다. 차가 너무 덥거나 환기 상태가 나쁘면 쉽게 피로감과 졸음을 느끼게 된다.

26 ③

페이드 현상 … 내리막길을 내려갈 때 브레이크를 반복하여 사용하면 마찰열이 라이닝에 축적되어 브레이크의 제동력이 저하되는 현상으로, 브레이크 라이닝의 온도상승으로 과열되어 라이닝의 마찰계수가 저하됨에 따라 페달을 강하게 밟아도 제동이 잘 되지 않는 것이다.

27 ③

안전운전의 5가지 기본 기술

㉠ 운전 중에 전방 멀리 본다.

㉡ 전체적으로 살펴본다.

㉢ 눈을 계속해서 움직인다.

ⓔ 다른 사람들이 자신을 볼 수 있게 한다.
ⓜ 차가 빠져나갈 공간을 확보한다.

28 ③

③ 함부로 부상자를 움직여서는 안 되며, 특히 두부에 상처를 입었을 때에는 움직이지 말아야 한다. 그러나 2차 사고의 우려가 있을 경우에는 부상자를 안전한 장소로 이동시킨다.

29 ①

① 서비스는 형태가 없는 무형의 상품으로서 제품과 같이 누구나 볼 수 있는 형태로 제시되지 않는다.

※ 서비스의 특징
  ㉠ 무형성
  ㉡ 동시성
  ㉢ 인적 의존성
  ㉣ 소멸성
  ㉤ 무소유권
  ㉥ 변동성
  ㉦ 다양성

30 ③

응급 상황시 행동요령

단계	행동요령
1단계 현장조사	• 현장 안전상태와 위험요소 파악 • 구조자 본인의 안전 여부 확인 • 사고 상황과 부상자 수 파악 • 지원 가능한 주변 인력 파악 • 환자의 상태 확인
2단계 구조요청	• 현장 조사와 동시에 응급구조 체계에 신고 • 의식이 없는 경우 즉시 119에 구조 요청 • 자동심장충격기(AED) 요청
3단계 응급처치	• 의식이 없을 경우 구조 요청 후 즉시 심폐소생술 시행 • 주변이 위험한 환경이면 안전한 장소로 환자 이동 • 의식이 있을 경우 따뜻한 음료 등을 공급해 체온 회복을 도움

31 ①

① 고객은 기억되고 싶어 하는 욕구가 있다.

32 ④

④ 계속 맥박은 뛰고 있는데도 호흡을 하지 않으면 부상자가 스스로 호흡을 하거나 응급서비스요원이 도착할 때까지 매 5초마다 계속 인공호흡을 실시한다.

33 ①

올바른 서비스 제공을 위한 5요소
㉠ 단정한 용모 및 복장
㉡ 밝은 표정
㉢ 공손한 인사
㉣ 친근한 말
㉤ 따뜻한 응대

34 ③

③ 양측방통행을 지시하는 지시표지이다.

35 ④

④ 기름 또는 왁스가 묻어 있는 걸레로 닦으면 야간에 빛이 반사되어 앞이 잘 보이지 않게 된다.

36 ④

제시된 표시등은 '엔진 예열작동 표시등'으로 엔진 예열상태에서 점등되고 예열이 완료되면 소등된다.

37 ④

자동차 타이어 트레드 홈의 깊이 사용한계는 1.6mm이다.

38 ②

① 창상 : 칼, 창, 총검 따위에 다친 상처
③ 절상 : 뼈가 부러지거나 뼈마디가 어긋나 다침. 또는 그런 부상
④ 자상 : 칼 따위의 날카로운 것에 찔려서 입은 상처
⑤ 화상 : 높은 온도의 기체, 액체, 고체, 화염 따위에 데었을 때에 일어나는 피부의 손상

39 ②

② 부상자가 입고 있는 옷의 단추를 푸는 등 옷을 헐렁하게 하고 하반신을 높게 한다.

40 ③

③ 운전자는 정당한 사유 없이 반복적이거나 연속적으로 경음기를 울리는 행위로 다른 사람에게 피해를 주는 소음을 발생시키지 아니해야 한다.

41 ③

③ 차로란 차마가 한 줄로 도로의 정하여진 부분을 통행하도록 차선으로 구분한 차도의 부분을 말한다. 차로와 차로를 구분하기 위하여 그 경계지점을 안전표지로 표시한 선은 차선이다.

42 ④

④ 응급처치를 통해 상황을 안정시키고 환자의 안정감을 높일 수 있으며, 이는 응급의료 체계의 확립과 시민들의 자발적 응급처치 참여와 교육이 중요하다.

43 ④

④ 경미한 부상은 안전한 곳으로 이동하지만, 심각한 경우에는 2차 피해의 우려가 있으므로 함부로 이동하면 위험하다. 도주 차량이 있더라도 추적하는 것은 위험하므로 차의 종류나 차 번호 등을 기억하였다가 신고한다.

44 ④

검지와 중지 또는 중지와 약지 손가락을 모은 후 첫마디 부위를 환자의 흉골부위에 접촉시킨다.

45 ⑤

자동차검사의 종류에는 정기검사, 종합검사, 신규검사, 튜닝검사, 임시검사, 수리검사, 이륜차검사 등이 있다.

46 ④

교통안전시설의 종류

ⓐ 신호기

ⓑ 신호등

ⓒ 안전표지 : 주의표지 · 규제표지 · 지시표지 · 보조표지 · 노면표시

47 ①

① 유도선
② 좌회전 유도차로
③ 유도
④ 유도
⑤ 직각주차

48 ④

④ 오비 스티어 현상을 예방하기 위해서는 커브길 진입 전에 충분히 감속하여야 한다. 만일 오버 스티어 현상이 발생할 때에는 가속페달을 살짝 밟아 뒷바퀴의 구동력을 유지하면서 동시에 감은 핸들을 살짝 풀어줌으로서 방향을 유지하도록 한다.

49 ①

승객만족

㉠ 승객이 무엇을 원하고 있으며 무엇이 불만인지 알아내어 승객의 기대에 부응하는 양질의 서비스를 제공함으로써 승객으로 하여금 만족감을 느끼게 하는 것
㉡ 승객을 만족시키기 위한 추진력과 분위기 조성은 경영자의 몫이라 할 수 있으나 실제로 승객을 상대하고 승객을 만족시키는 사람은 승객과 직접 접촉하는 최일선의 운전사이다.

50 ①

의식을 확인하려면 환자의 양쪽 어깨를 가볍게 두드리며 "괜찮으세요?"라고 말한 후 반응을 확인하여야 한다.

1	③	2	④	3	②	4	①	5	③	6	②	7	①	8	③	9	③	10	②
11	②	12	③	13	②	14	②	15	④	16	③	17	④	18	③	19	②	20	①
21	②	22	①	23	③	24	②	25	④	26	④	27	②	28	①	29	⑤	30	①
31	②	32	③	33	⑤	34	④	35	⑤	36	④	37	④	38	②	39	①	40	⑤
41	②	42	①	43	⑤	44	②	45	②	46	④	47	③	48	④	49	④	50	③

1 ③

① 중앙선 : 차마의 통행 방향을 명확하게 구분하기 위하여 도로에 황색 실선이나 황색 점선 등의 안전표지로 표시한 선 또는 중앙분리대나 울타리 등으로 설치한 시설물

② 차선 : 차로와 차로를 구분하기 위하여 그 경계지점을 안전표지로 표시한 선

④ 차로 : 차마가 한 줄로 도로의 정하여진 부분을 통행하도록 차선으로 구분한 차도의 부분

⑤ 교차로 : 십자로, T자로나 그 밖에 둘 이상의 도로가 교차하는 부분

2 ④

① 차도 : 연석선, 안전표지 또는 그와 비슷한 인공구조물을 이용하여 경계를 표시하여 모든 차가 통행할 수 있도록 설치된 도로의 부분

② 차로 : 차마가 한 줄로 도로의 정하여진 부분을 통행하도록 차선으로 구분한 차도의 부분

③ 자전거도로 : 안전표지, 위험방지용 울타리나 그와 비슷한 인공구조물로 경계를 표시하여 자전거가 통행할 수 있도록 설치된 자전거 전용도로, 자전거 · 보행자 겸용도로, 자전거 전용차로, 자전거 우선도로

⑤ 안전지대 : 도로를 횡단하는 보행자나 통행하는 차마의 안전을 위하여 안전표지나 이와 비슷한 인공구조물로 표시한 도로의 부분

3 ②

② 교통약자의 이동편의 증진법의 목적을 설명한 것이다.

4 ①

② 주차 : 운전자가 승객을 기다리거나 화물을 싣거나 차가 고장 나거나 그 밖의 사유로 차를 계속 정지 상태에 두는 것 또는 운전자가 차에서 떠나서 즉시 그 차를 운전할 수 없는 상태에 두는 것

③ 운전 : 도로에서 차마 또는 노면전차를 그 본래의 사용방법에 따라 사용하는 것

④ 서행 : 운전자가 차 또는 노면전차를 즉시 정지시킬 수 있는 정도의 느린 속도로 진행하는 것

⑤ 일시정지 : 차 또는 노면전차의 운전자가 그 차 또는 노면전차의 바퀴를 일시적으로 완전히 정지시키는 것

5 ③

일반도로(고속도로 및 자동차전용도로 외의 모든 도로)에서의 속도

㉠ 주거지역·상업지역 및 공업지역의 일반도로에서는 매시 50킬로미터 이내. 다만, 시·도경찰청장이 원활한 소통을 위하여 특히 필요하다고 인정하여 지정한 노선 또는 구간에서는 매시 60킬로미터 이내

㉡ ㉠ 외의 일반도로에서는 매시 60킬로미터 이내. 다만, 편도 2차로 이상의 도로에서는 매시 80킬로미터 이내

6 ②

횡단보도 보행자가 아닌 경우

㉠ 횡단보도에서 원동기장치자전거나 자전거를 타고 가는 사람

㉡ 횡단보도에 누워 있거나, 앉아 있거나, 엎드려 있는 사람

㉢ 횡단보도 내에서 교통정리를 하고 있는 사람

㉣ 횡단보도 내에서 택시를 잡고 있는 사람

㉤ 횡단보도 내에서 화물 하역작업을 하고 있는 사람

㉥ 보도에 서 있다가 횡단보도 내로 넘어진 사람

7 ①

도로교통법 시행규칙 제39조(고속도로에서의 차로에 따른 통행구분)

고속도로	편도 3차로 이상	1차로	• 앞지르기를 하려는 승용자동차 및 앞지르기를 하려는 경형·소형·중형 승합자동차. 다만, 차량통행량 증가 등 도로상황으로 인해 부득이하게 시속 80km 미만으로 통행할 수밖에 없는 경우에는 앞지르기를 하는 경우가 아니라도 통행할 수 있다.
		왼쪽 차로	• 승용자동차 및 경형·소형·중형 승합자동차
		오른쪽 차로	• 대형 승합자동차, 화물자동차, 특수자동차, 법 제2조 제18호 나목에 따른 건설기계

8 ③

도로교통법상 술에 취한 상태의 혈중알코올농도 기준은 0.03%이다.

9 ③

일상 점검 시 주의사항

㉠ 경사가 없는 평탄한 장소에서 점검한다.

㉡ 변속레버는 P(주차)에 위치시킨 후 주차 브레이크를 당겨 놓는다.

㉢ 엔진 시동 상태에서 점검해야 할 사항이 아니면 엔진 시동을 끄고 한다.

㉣ 점검은 환기가 잘 되는 장소에서 실시한다.

㉤ 엔진을 점검할 때에는 가급적 엔진을 끄고, 식은 다음에 실시한다(화상예방)

㉥ 연료장치나 배터리 부근에서는 불꽃을 멀리 한다.(화재예방)

㉦ 배터리, 전기 배선을 만질 때에는 미리 배터리의 ⊖단자를 분리한다.(감전 예방)

10 ②

② 처분벌점이 40점 미만인 경우에 1년간 무위반, 무사고일 때에는 벌점이 소멸된다.

11 ②

사고결과에 따른 벌점 기준

구분	벌점	내용
사망 1명마다	90점	사고발생 시로부터 72시간 내에 사망한 때
중상 1명마다	15점	3주 이상의 치료를 요하는 의사의 진단이 있는 사고
경상 1명마다	5점	3주 미만 5일 이상의 치료를 요하는 의사의 진단이 있는 사고
부상신고 1명마다	2점	5일 미만의 치료를 요하는 의사의 진단이 있는 사고

12 ③

중앙선 침범을 적용할 수 없는 경우(부득이한 경우)

㉠ 사고를 피하기 위해 급제동하다 중앙선을 침범한 경우

㉡ 위험을 회피하기 위해 중앙선을 침범한 경우

㉢ 빙판길 또는 빗길에서 미끄러져 중앙선을 침범한 경우(제한속도 준수)

13 ②

타이어의 마모에 영향을 미치는 요소
㉠ 타이어 공기압
㉡ 차의 하중
㉢ 차의 속도
㉣ 커브(도로의 굽은 부분)
㉤ 브레이크
㉥ 노면
㉦ 정비불량
㉧ 기온
㉨ 운전자의 운전습관, 타이어 트레드 패턴

14 ②

② 충전 경고등에 불이 들어온 상태에서 계속 운행을 하게 되면 남은 전기를 사용하게 되어 배터리가 방전되어 시동이 꺼질 가능성이 매우 높아진다.

15 ④

④ 녹색화살표의 등화는 차마가 화살표시 방향으로 진행할 수 있음을 의미한다.

16 ③

① 주의표지 : 도로상태가 위험하거나 도로 또는 그 부근에 위험물이 있는 경우에 필요한 안전조치를 할 수 있도록 이를 도로사용자에게 알리는 표지
② 규제표지 : 도로교통의 안전을 위하여 각종 제한·금지 등의 규제를 하는 경우에 이를 도로사용자에게 알리는 표지
④ 보조표지 : 주의표지·규제표지 또는 지시표지의 주기능을 보충하여 도로사용자에게 알리는 표지
⑤ 노면표지 : 도로교통의 안전을 위하여 각종 주의·규제·지시 등의 내용을 노면에 기호·문자 또는 선으로 도로사용자에게 알리는 표지

17 ④

①②③⑤는 신체-생리적 요인이고, ④는 사회 환경적 요인이다.

18 ③

③ 움직이는 물체를 보거나 움직이면서 물체를 볼 수 있는 시력을 동체시력이라고 한다.

19 ②

응급조치에 대한 설명이다. 응급조치는 위급한 상황에서 전문적인 치료를 받을 수 있도록 119에 연락하는 것부터 부상이나 질병을 의학적 처치 없이도 회복될 수 있도록 도와주는 행위도 포함한다. 이에 따라서 사람의 삶과 죽음이 좌우되기도 하며, 회복기간이 단축되기도 한다.

20 ①

① 옥외 주차 시에는 엔진 룸의 위치가 건물벽을 향해 주차한다.

21 ②

② 신호를 무시하고 뛰어드는 자동차나 보행자가 있으므로 신호를 절대적인 것으로만 믿지 말고 안전을 확인한 뒤에 진행한다.

22 ①

제시된 주의표지는 낙석도로에 주의하라는 의미이다.

23 ③

③ 의식이 없거나 구토할 때는 목이 오물로 막혀 질식하지 않도록 옆으로 눕힌다.

24 ②

② 질병 · 피로 · 음주나 그 밖의 사유로 안전한 운전을 할 수 없을 때에는 그 사정을 해당 운송사업자에게 알리고 운행을 중단해야 한다.

25 ④

올바른 서비스 제공을 위한 5요소
㉠ 단정한 복장
㉡ 밝은 표정
㉢ 공손한 인사
㉣ 친근한 말
㉤ 따뜻한 응대

26 ④

④ 서비스는 누릴 수는 있으나 소유할 수는 없는 무소유성을 가진다.

27 ②

② 약간의 어려움을 감수하는 것은 좋은 인간관계 유지를 위한 투자이다.

28 ①

① 신호등이 없는 횡단보도를 통행하고 있는 보행자가 있으면 일시정지하여 보행자를 보호한다.

29 ⑤

⑤ 운전이란 혼자 하는 것이 아니라 도로이용자인 다른 운전자, 보행자 등과 함께 하는 것이므로 운전기술에 대한 과신은 금물이다.

30 ①

교통사고 발생 시 운전자가 취할 조치과정은 탈출 → 인명구조 → 후방방호 → 연락 → 대기의 순으로 이루어져야 한다.

31 ②

② 인명구출 시 부상자, 노인, 어린아이 및 부녀자 등 노약자를 우선적으로 구조한다.

32 ③

③ 야간에는 밝은 색 옷이나 야광이 되는 옷을 착용하는 것이 좋다.

33 ⑤

자동차의 운전자는 고장이나 그 밖의 사유로 고속도로 또는 자동차전용도로에서 자동차를 운행할 수 없게 되었을 때 표지를 설치하여야 하는데 밤의 경우 안전삼각대 표지를 이용하여 사방 500미터 지점에서 식별할 수 있는 적색의 섬광신호·전기제등 또는 불꽃신호로 활용한다. 이는 다만, 밤에 고장이나 그 밖의 사유로 고속도로 등에서 자동차를 운행할 수 없게 되었을 때로 한정한다.

34 ④

④ 부상자가 구토하려 할 때에는 이물질이 기도를 막는 경우가 있으므로 옆으로 뉘어서 구토하도록 자세를 조정한다.

35 ⑤

⑤ 신체의 일부가 변형되어 있을 경우 움직이지 않도록 조치한다.

36 ③

③ 얼굴색이 창백한 경우는 하체를 높게 한다.

37 ④

④ 심장 마사지를 할 때에는 압박할 때마다 흉골을 1.5∼2인치 정도씩 누르고 1분에 100∼120회 정도 부드럽게 실시한다.

38 ②

② 교통사고로 인한 호흡과 의식이 없는 부상자 발생 시에는 가장 먼저 가슴압박을 실시한 후 기도확보, 인공호흡 순으로 실시한다. 출혈이 심한 경우에 강한 압박은 오히려 부상을 크게 할 수 있다.

39 ①

① 차멀미를 하는 환자의 경우 통풍이 잘 되고 비교적 흔들림이 적은 앞쪽으로 앉도록 한다.

40 ⑤

①②③④ 모두 저하된다.

41 ②

② 의식이 없는 부상자는 가장 먼저 가슴압박을 실시한 후 기도확보, 인공 호흡 순으로 실시한다.

42 ①

전용차로통행차 외에 전용차로로 통행할 수 있는 경우〈도로교통법 시행령 제10조〉
㉠ 긴급자동차가 그 본래의 긴급한 용도로 운행되고 있는 경우
㉡ 전용차로통행차의 통행에 장해를 주지 아니하는 범위에서 택시가 승객을 태우거나 내려주기 위하여 일시 통행하는 경우. 이 경우 택시 운전자는 승객이 타거나 내린 즉시 전용차로를 벗어나야 한다.
㉢ 도로의 파손, 공사, 그 밖의 부득이한 장애로 인하여 전용차로가 아니면 통행할 수 없는 경우

43 ⑤

안전거리 확보 등〈도로교통법 제19조〉

㉠ 모든 차의 운전자는 같은 방향으로 가고 있는 앞차의 뒤를 따르는 경우에는 앞차가 갑자기 정지하게 되는 경우 그 앞차와의 충돌을 피할 수 있는 필요한 거리를 확보하여야 한다.

㉡ 자동차 등의 운전자는 같은 방향으로 가고 있는 자전거등의 운전자에 주의하여야 하며, 그 옆을 지날 때에는 자전거등과의 충돌을 피할 수 있는 필요한 거리를 확보하여야 한다.

㉢ 모든 차의 운전자는 차의 진로를 변경하려는 경우에 그 변경하려는 방향으로 오고 있는 다른 차의 정상적인 통행에 장애를 줄 우려가 있을 때에는 진로를 변경하여서는 아니 된다.

㉣ 모든 차의 운전자는 위험방지를 위한 경우와 그 밖의 부득이한 경우가 아니면 운전하는 차를 갑자기 정지시키거나 속도를 줄이는 등의 급제동을 하여서는 아니 된다.

44 ②

② 앞지르려고 하는 모든 차의 운전자는 반대방향의 교통과 앞차 앞쪽의 교통에도 주의를 충분히 기울여야 하며, 앞차의 속도·진로와 그 밖의 도로상황에 따라 방향지시기, 등화 또는 경음기를 사용하는 등 안전한 속도와 방법으로 앞지르기를 하여야 한다〈도로교통법 제21조 제3항〉.

45 ②

② 자동차를 후진시키기 위하여 운전하는 때

※ 좌석안전띠 미착용 사유〈도로교통법 시행규칙 제31조〉

㉠ 부상·질병·장애 또는 임신 등으로 인하여 좌석안전띠의 착용이 적당하지 아니하다고 인정되는 자가 자동차를 운전하거나 승차하는 때

㉡ 자동차를 후진시키기 위하여 운전하는 때

㉢ 신장·비만, 그 밖의 신체의 상태에 의하여 좌석안전띠의 착용이 적당하지 아니하다고 인정되는 자가 자동차를 운전하거나 승차하는 때

㉣ 긴급자동차가 그 본래의 용도로 운행되고 있는 때

㉤ 경호 등을 위한 경찰용 자동차에 의하여 호위되거나 유도되고 있는 자동차를 운전하거나 승차하는 때

㉥ 「국민투표법」 및 공직선거관계법령에 의하여 국민투표운동·선거운동 및 국민투표·선거관리업무에 사용되는 자동차를 운전하거나 승차하는 때

㉦ 우편물의 집배, 폐기물의 수집 그 밖에 빈번히 승강하는 것을 필요로 하는 업무에 종사하는 자가 해당업무를 위하여 자동차를 운전하거나 승차하는 때

㉧ 「여객자동차 운수사업법」에 의한 여객자동차운송사업용 자동차의 운전자가 승객의 주취·약물복용 등으로 좌석안전띠를 매도록 할 수 없거나 승객에게 좌석안전띠 착용을 안내하였음에도 불구하고 승객이 착용하지 않은 때

46 ④

운전상황에서 감정이 야기되는 것을 최소화하기 위해 운전자 자신이 불안반응이나 감정적 반응을 강화시키는 자기 암시적 사고를 하지 않도록 하여야 한다.

47 ③

모닝 록 현상이 발생하였을 경우 평소 감각대로 브레이크를 밟으면 급제동되어 사고가 발생할 수 있다.

48 ④

예측 회피 운전행동의 기본적 방법
㉠ 속도의 가 · 감속
㉡ 진로변경
㉢ 다른 운전자에게 신호하기

49 ④

골절 부상자를 잘못 다루면 오히려 더 위험해질 수 있으므로 구급차가 올 때까지 가급적 기다리는 것이 바람직하다.

50 ③

1 ~ 8세인 소아의 가슴압박은 가급적 한 손으로 실시하며. 소아의 가슴압박은 성인과 같이 분당 100~120회의 속도로 실시한다.

1	③	2	③	3	②	4	①	5	⑤	6	④	7	④	8	②	9	③	10	②
11	①	12	④	13	③	14	⑤	15	③	16	③	17	②	18	④	19	③	20	⑤
21	④	22	②	23	①	24	④	25	⑤	26	⑤	27	⑤	28	③	29	④	30	①
31	②	32	③	33	⑤	34	④	35	②	36	③	37	④	38	④	39	⑤	40	①
41	③	42	③	43	①	44	④	45	②	46	⑤	47	④	48	④	49	④	50	①

1 ③

③ 중앙선 : 차마의 통행방향을 명확하게 구분하기 위하여 도로에 황색실선이나 황색점선 등의 안전표지로 표시한 선 또는 중앙분리대나 울타리 등으로 설치한 시설물

2 ③

③ 수사기관의 자동차 중 범죄수사를 위하여 사용되는 자동차

3 ②

초보운전자는 처음 운전면허를 받은 날(처음 운전면허를 받은 날부터 2년이 지나기 전에 운전면허의 취소 처분을 받은 경우에는 그 후 다시 운전면허를 받은 날)부터 2년이 지나지 아니한 사람을 말한다.

4 ①

② 횡단보도 : 보행자가 도로를 횡단할 수 있도록 안전표지로 표시한 도로의 부분
③ 자동차전용도로 : 자동차만 다닐 수 있도록 설치된 도로
④ 자전거도로 : 안전표지, 위험방지용 울타리나 그와 비슷한 인공구조물로 경계를 표시하여 자전거가 통행할 수 있도록 설치된 도로
⑤ 길가장자리구역 : 보도와 차도가 구분되지 아니한 도로에서 보행자의 안전을 확보하기 위하여 안전표지 등으로 경계를 표시한 도로의 가장자리 부분

5 ⑤

㉠ 상처 ㉡ 안전한 장소 ㉢ 119 ㉣ 장소 ㉤ 눈동자 ㉥ 뼈가 부러진

6 ④

①②③⑤는 차도의 우측으로 통행하여야 한다.

7 ④

④ 도로의 우측부분의 폭이 차마의 통행에 충분하지 아니한 경우 좌측부분을 통행할 수 있다.

8 ②

9인승 이상 승용자동차 및 승합자동차(승용자동차 또는 12인승 이하의 승합자동차는 6인 이상이 승차한 경우에 한함)는 고속도로에서 전용차로를 통행할 수 있다.

9 ③

③ 사고가 발생하면 상당수의 운전자들이 먼저 목격자를 확인하거나 경찰서 또는 보험사에 연락을 하고 있는데, 사고가 발생하면 바로 정차하여 사상자가 발생하였는지 여부를 확인한 후 경찰관서에 신고하는 등의 조치를 해야 한다.

10 ②

② 통행하고 있는 도로의 폭보다 교차하는 도로의 폭이 넓은 경우에는 서행하여야 한다.

11 ①

자동차의 승차인원은 승차정원의 110% 이내로, 다만 고속도로에서는 승차정원을 넘어서 운행할 수 없다.

12 ④

자동차 창유리 가시광선 투과율의 기준
㉠ 앞면 창유리 : 70퍼센트 미만
㉡ 운전석 좌우 옆면 창유리 : 40퍼센트 미만

13 ③

③ 운전자는 자동차 등 또는 노면전차의 운전 중에는 휴대용 전화를 사용하지 아니할 것. 다만 다음에 해당하는 경우에는 그러하지 아니하다.
- 자동차 등 또는 노면전차가 정지하고 있는 경우
- 긴급자동차를 운전하는 경우
- 각종 범죄 및 재해신고 등 긴급한 필요가 있는 경우
- 안전운전에 장애를 주지 아니하는 장치로서 손으로 잡지 아니하고도 휴대용 전화를 사용할 수 있는 장치를 이용하는 경우

14 ⑤

무면허 운전으로 사람을 사상한 후 구호·신고조치를 아니한 경우 취소일로부터 5년간 운전면허를 받을 수 없다.

15 ③

③ 교통약자란 장애인, 고령자, 임산부, 영유아를 동반한 사람, 어린이 등 일상생활에서 이동에 불편을 느끼는 사람을 말한다.

16 ③

③ 진흙이나 모래 속을 빠져나오기 위해 무리하게 엔진 회전수를 올리게 되면 엔진 손상, 과열, 변속기 손상 및 타이어의 손상을 초래할 수 있다.

17 ②

특례 적용 제외자(중요법규 11개 위반 항목)
㉠ 신호기가 표시하는 신호 또는 교통정리를 하는 경찰공무원 등의 신호를 위반하거나 통행금지 또는 일시정지를 내용으로 하는 안전표지가 표시하는 지시를 위반하여 운전한 경우
㉡ 중앙선을 침범하거나 고속도로(전용도로)에서 횡단, 유턴 또는 후진한 경우
㉢ 제한속도를 시속 20킬로미터 초과하여 운전한 경우
㉣ 앞지르기의 방법·금지시기·금지장소 또는 끼어들기의 금지를 위반하거나 고속도로에서의 앞지르기 방법을 위반하여 운전한 경우
㉤ 철길건널목 통과방법을 위반하여 운전한 경우
㉥ 횡단보도에서의 보행자 보호의무를 위반하여 운전한 경우
㉦ 운전면허 또는 건설기계조종사면허를 받지 아니하거나 국제운전면허증을 소지하지 아니하고 운전한 경우
㉧ 술에 취한 상태에서 운전을 하거나 약물의 영향으로 정상적으로 운전하지 못할 우려가 있는 상태에서 운전한 경우
㉨ 보도가 설치된 도로의 보도를 침범하거나 보도 횡단방법을 위반하여 운전한 경우
㉩ 승객의 추락 방지의무를 위반하여 운전한 경우
㉪ 어린이 보호구역에서 어린이의 안전에 유의하면서 운전하여야 할 의무를 위반하여 어린이의 신체를 상해에 이르게 한 경우
㉫ 자동차의 화물이 떨어지지 아니하도록 필요한 조치를 하지 아니하고 운전한 경우

18 ④

④ 피해자를 병원까지만 후송하고 계속 치료를 받을 수 있는 조치 없이 가버린 경우 도주(뺑소니)사고에 해당한다.

19 ③

① 녹색화살표 등화
② 황색화살표 등화
④ 황색화살표 등화 점멸
⑤ 적색화살표 등화 점멸

20 ⑤

① 주의표지 : 도로상태가 위험하거나 도로 또는 그 부근에 위험물이 있는 경우에 필요한 안전조치를 할 수 있도록 이를 도로사용자에게 알리는 표지
② 규제표지 : 도로교통의 안전을 위하여 각종 제한·금지 등의 규제를 하는 경우에 이를 도로사용자에게 알리는 표지
③ 지시표지 : 도로의 통행방법·통행구분 등 도로교통의 안전을 위하여 필요한 지시를 하는 경우에 도로사용자가 이에 따르도록 알리는 표지
④ 보조표지 : 주의표지·규제표지 또는 지시표지의 주기능을 보충하여 도로사용자에게 알리는 표지

21 ④

④ 부목은 골절된 뼈의 양쪽 관절너머까지 걸칠 만큼 긴 것을 사용하며 부목을 대는 대신 신체 부위만큼 넓은 것이 좋다.

22 ②

증발현상 … 야간에 대향차의 전조등 눈부심으로 인해 순간적으로 보행자를 잘 볼 수 없게 되는 현상으로 보행자가 교차하는 차량의 불빛 중간에 있게 되면 운전자가 순간적으로 보행자를 전혀 보지 못하는 현상을 말한다.

23 ①

②③④⑤ 피로가 운전에 미치는 신체적 영향이다.

24 ④

④ 장시간 계속 운전하지 않는다.

25 ⑤

⑤ 리브형 타이어는 배수효과가 좋아 수막현상을 예방하기에 적절하다.

26 ⑤

지혈 순서 : 직접압박 → 거상 → 압박붕대 → 압박점 → 지혈대

27 ⑤

액출밸브는 적색이다.

28 ③

제시된 주의표지는 도로폭이 좁아짐을 알리는 주의표지이다.

29 ④

제시된 규제표지는 앞지르기를 금지하는 규제표지이다.

30 ①

제시된 노면표지는 유턴구역임을 알리는 유턴구역선이다.

31 ②

① 우회전금지
③ 일시정지
④ 주차금지
⑤ 직진금지

32 ③

서비스의 특징
㉠ 무형성
㉡ 동시성
㉢ 인적 의존성
㉣ 소멸성
㉤ 무소유성
㉥ 변동성
㉦ 다양성

33 ⑤

⑤ 운전기술 과신 금물

34 ④

④ 비상전화를 하기 전에 차의 후방에 경고반사판을 설치해야 한다.

35 ②

운전의 위험을 다루는 효율적인 정보처리 방법의 하나는 소위 확인, 예측, 판단, 실행 과정을 따르는 것으로 안전운전을 하는 데 필수적 과정이다.

36 ③

③ 교통사고 현장은 사고의 원인을 규명하기 위하여 필요한 곳이므로 부근에 있는 것을 필요 이상 이동한다거나 분별없이 치워서는 아니 된다.

37 ④

④ 인공호흡은 매 5초마다 한 번씩 1~1.5초 동안 공기를 불어 넣어야 하며 약 1분간(12회) 계속 실시 후 경동맥을 조사한다.

38 ④

① 어서 오세요.
② 안녕하십니까(오전 인사).
③ 무엇을 도와드릴까요?
⑤ 영어를 조금밖에 못합니다.

39 ⑤

승객에게 쾌적함을 제공하기 위해 항상 택시의 청결을 유지해야 한다.

40 ①

교통사고 발생 시 보험회사나 경찰 등에 알려야 할 사항
㉠ 사고발생 지점 및 상태
㉡ 부상정도 및 부상자수
㉢ 회사명
㉣ 운전자 성명
㉤ 화물의 상태
㉥ 연료 유출 여부 등

41 ③

③ 교통사고 발생 시 지체 없이 경찰관서에 신고해야 될 사항은 사고가 일어난 곳, 사상자 수 및 부상 정도, 손괴한 물건 및 손괴 정도, 그 밖의 조치사항 등이다.

42 ③

폭우·폭설·안개 등으로 가시거리가 100미터 이내인 경우 최고속도의 100분의 50으로 줄인 속도로 운행하여야 한다.

$$\therefore\ 100 \times \frac{50}{100} = 50 \text{km/h}$$

43 ①

사고발생 시의 조치〈도로교통법 제54조 제2항〉

차 또는 노면전차의 운전 등 교통으로 인하여 사람을 사상하거나 물건을 손괴한 경우(교통사고)에는 그 차 또는 노면전차의 운전자등은 경찰공무원이 현장에 있을 때에는 그 경찰공무원에게, 경찰공무원이 현장에 없을 때에는 가장 가까운 국가경찰관서(지구대, 파출소 및 출장소를 포함)에 다음의 사항을 지체 없이 신고하여야 한다. 다만, 차 또는 노면전차만 손괴된 것이 분명하고 도로에서의 위험방지와 원활한 소통을 위하여 필요한 조치를 한 경우에는 그러하지 아니하다.

ⓐ 사고가 일어난 곳
ⓑ 사상자 수 및 부상 정도
ⓒ 손괴한 물건 및 손괴 정도
ⓓ 그 밖의 조치사항 등

44 ④

운전면허 취소처분 개별기준

ⓐ 교통사고로 사람을 죽게 하거나 다치게 하고, 구호조치를 하지 아니한 때
ⓑ 술에 취한 상태에서의 운전 관련
• 술에 취한 상태의 기준(혈중알코올농도 0.03퍼센트 이상)을 넘어서 운전을 하다가 교통사고로 사람을 죽게 하거나 다치게 한 때
• 혈중알코올농도 0.08퍼센트 이상의 상태에서 운전한 때
• 술에 취한 상태의 기준을 넘어 운전하거나 술에 취한 상태의 측정에 불응한 사람이 다시 술에 취한 상태(혈중알코올농도 0.03퍼센트 이상)에서 운전한 때
ⓒ 술에 취한 상태에서 운전하거나 술에 취한 상태에서 운전하였다고 인정할 만한 상당한 이유가 있음에도 불구하고 경찰공무원의 측정 요구에 불응한 때
ⓓ 운전면허 대여 관련
• 면허증 소지자가 다른 사람에게 면허증을 대여하여 운전하게 한 때

- 면허 취득자가 다른 사람의 면허증을 대여 받거나 그 밖에 부정한 방법으로 입수한 면허증으로 운전한 때
ⓜ 결격사유 해당 관련
- 교통상의 위험과 장해를 일으킬 수 있는 정신질환자 또는 뇌전증환자로서 정상적인 운전을 할 수 없다고 해당 분야 전문의가 인정하는 사람
- 앞을 보지 못하는 사람, 듣지 못하는 사람(제1종 운전면허 중 대형면허·특수면허에 한함)
- 양 팔의 팔꿈치 관절 이상을 잃은 사람, 또는 양팔을 전혀 쓸 수 없는 사람. 다만, 본인의 신체장애 정도에 적합하게 제작된 자동차를 이용하여 정상적으로 운전할 수 있는 경우에는 그러하지 아니하다.
- 다리, 머리, 척추 그 밖의 신체장애로 인하여 앉아 있을 수 없는 사람
- 교통상의 위험과 장해를 일으킬 수 있는 마약, 대마, 향정신성 의약품 또는 알코올 중독자로서 정상적인 운전을 할 수 없다고 해당 분야 전문의가 인정하는 사람
ⓗ 약물(마약·대마33·향정신성 의약품 및 환각물질)의 투약·흡연·섭취·주사 등으로 정상적인 운전을 하지 못할 염려가 있는 상태에서 자동차 등을 운전한 때
ⓢ 공동위험행위로 구속된 때
ⓞ 난폭운전으로 구속된 때
ⓙ 고속도보다 100km/h를 초과한 속도로 3회 이상 운전한 때
ⓒ 정기적성검사에 불합격하거나 적성검사기간 만료일 다음 날부터 적성검사를 받지 아니하고 1년을 초과한 때
ⓚ 수시적성검사에 불합격하거나 수시적성검사 기간을 초과한 때
ⓣ 운전면허 행정처분 기간 중에 운전한 때
ⓟ 허위 또는 부정한 수단으로 운전면허를 받은 경우 관련
- 허위·부정한 수단으로 운전면허를 받은 때
- 결격사유에 해당하여 운전면허를 받을 자격이 없는 사람이 운전면허를 받은 때
- 운전면허 효력의 정지기간 중에 면허증 또는 운전면허증에 갈음하는 증명서를 교부받은 사실이 드러난 때
ⓗ 「자동차관리법」에 따라 등록되지 아니하거나 임시운행 허가를 받지 아니한 자동차(이륜자동차를 제외)를 운전한 때
㉮ 자동차등을 이용하여 형법상 특수상해, 특수폭행, 특수협박, 특수손괴를 행하여 구속된 때
㉯ 운전면허를 가진 사람이 다른 사람을 부정하게 합격시키기 위하여 운전면허 시험에 응시한 때
㉰ 단속하는 경찰공무원 등 및 시·군·구 공무원을 폭행하여 형사 입건된 때
㉱ 제1종 보통 및 제2종 보통면허를 받기 이전에 연습면허의 취소사유가 있었던 때(연습면허에 대한 취소절차 진행 중 제1종 보통 및 제2종 보통면허를 받은 경우를 포함)

45 ②

차량신호등에 녹색이 등화되었을 경우
㉠ 차마는 직진 또는 우회전 할 수 있다.
㉡ 비보호좌회전표지 또는 비보호좌회전표시가 있는 곳에서는 좌회전할 수 있다.

46 ②

졸음운전의 증후

㉠ 눈이 스르르 감기거나 전방을 제대로 주시할 수 없어진다.

㉡ 머리를 똑바로 유지하기가 힘들어진다.

㉢ 하품이 자주 난다.

㉣ 이 생각 저 생각이 나면서 생각이 단절된다.

㉤ 지난 몇 km를 어떻게 운전해 왔는지 가물가물하다.

㉥ 차선을 제대로 유지하지 못하고 차가 좌우로 조금씩 왔다 갔다 하는 것을 느낀다.

㉦ 앞차에 바짝 붙는다거나 교통신호를 놓친다.

㉧ 순간적으로 차도에서 갓길로 벗어나거나 거의 사고 직전에 이르기도 한다.

47 ④

스탠딩 웨이브 현상 예방법

㉠ 주행 중인 속도를 줄인다.

㉡ 타이어 공기압을 평소보다 높인다.

㉢ 과다 마모된 타이어나 재생타이어를 사용하지 않는다.

㉣ 정기적으로 타이어 공기압 측정을 하여 관리를 해준다.

48 ④

시야 확보가 적은 징후

㉠ 급정거

㉡ 앞차에 바짝 붙어 가는 경우

㉢ 좌·우회전 등의 차량에 진로를 방해받음

㉣ 반응이 늦은 경우

㉤ 빈번하게 놀라는 경우

㉥ 급차로 변경 등이 많을 경우

49 ④

뒤따라오는 차량이 추월하는 경우에는 감속 등을 통한 양보 운전을 한다.

50 ①

응급처치는 부상자의 이동 → 부상자의 관찰 → 부상자의 체위관리 → 부상상태에 따른 응급처치의 순서로 실시하여야 한다.

1	①	2	④	3	④	4	④	5	④	6	①	7	⑤	8	①	9	④	10	③
11	②	12	③	13	③	14	②	15	③	16	③	17	③	18	①	19	①	20	③
21	③	22	④	23	④	24	④	25	①	26	②	27	②	28	②	29	③	30	④
31	⑤	32	⑤	33	③	34	②	35	①	36	③	37	④	38	②	39	⑤	40	①
41	①	42	①	43	③	44	③	45	⑤	46	④	47	④	48	①	49	④	50	④

1 ①

① 가슴의 중앙인 흉골의 아래쪽 절반부위에 손바닥을 위치시킨다.

2 ④

국가와 지방자치단체는 교통약자가 안전하고 편리하게 이동할 수 있도록 교통수단과 여객시설의 이용편의 및 보행환경 개선을 위한 정책을 수립하고 시행하여야 할 책무가 있다〈교통약자의 이동편의 증진법 제4조〉.

3 ④

도주(뺑소니) 사고

㉠ 피해자 사상 사실을 인식하거나 예견됨에도 가버린 경우

㉡ 피해자를 사고현장에 방치한 채 가버린 경우

㉢ 현장에 도착한 경찰관에게 거짓으로 진술한 경우

㉣ 사고운전자를 바꿔치기 하여 신고한 경우

㉤ 사고운전자가 연락처를 거짓으로 알려준 경우

㉥ 피해자가 이미 사망하였다고 사체 안치 후송 등의 조치 없이 가버린 경우

㉦ 피해자가 병원까지만 후송하고 계속 치료를 받을 수 있는 조치 없이 가버린 경우

㉧ 쌍방 업무상 과실이 있는 경우에 발생한 사고로 과실이 적은 차량이 도주한 경우

㉨ 자신의 의사를 제대로 표시하지 못하는 나이 어린 피해자가 '괜찮다'라고 하여 조치 없이 가버린 경우

4 ④

① 조향장치에 대한 설명이다.

② 내연기관에 대한 설명이다.

③ 동력 발생 순서는 흡입 → 압축 → 폭발 → 배기 순이다.

⑤ 승용자동차는 10인 이하를 운송하기에 적합하게 제작된 자동차를 말한다.

5 ④

④ 가파르지 않은 비탈길에서는 앞지르기를 할 수 있다.

6 ①

풋 브레이크

㉠ 주행 중 발을 이용하여 조작하는 주 제동 장치

㉡ 휠 실린더의 피스톤이 브레이크 라이닝을 밀어주어 마찰력을 이용하여 타이어와 함께 회전하는 드럼을 잡아
감속, 정지시킨다.

7 ⑤

경제운전 … 운전 중 접하게 되는 여러 가지 외적 조건에 따라 운전방식을 맞추어 감으로써 연료 소모율을 낮추
고 공해배출을 최소화하며 안전의 효과를 가져 오고자 하는 운전방식으로 에코드라이빙이라고도 한다.

8 ①

① 고속도로 교통사고 원인의 대부분은 전방주시 의무를 게을리 한 탓이다. 운전자는 앞차의 뒷부분만 봐서는
안 되면 앞차의 전방까지 시야를 두면서 운전한다.

9 ④

④ 고장차는 도로의 우측 가장자리로 이동 조치한다.

10 ③

분당 100~120회의 속도로 강하고 빠르게 압박하여야 한다.

11 ②

② 인공호흡은 가슴이 충분히 올라올 정도로 2회(1회당 1초간) 실시한다.

12 ③

③ 함부로 부상자를 움직여서는 안 되며, 특히 두부에 상처를 입었을 때에는 움직이지 말아야 한다. 그러나 2
차사고의 우려가 있을 경우에는 부상자를 안전한 장소로 이동시킨다.

13 ③

③ 서비스는 생산과 소비가 동시에 발생하므로 재고가 발생하지 않는다. 서비스 공급자에 의해 제공됨과 동시에 승객에 의해 소비되기 때문에 불량 서비스가 나와도 다른 제품처럼 반품할 수도 없으며 고치거나 수리할 수도 없는 특징을 가진다.

14 ②

② 인사는 평범하고도 대단히 쉬운 행동이지만 생활화되지 않으면 실천에 옮기기 어렵다.

15 ③

③ 인사를 할 때는 성의 있는 말과 함께 예의바른 자세가 일치해야 한다. 성의 없이 말로만 하는 인사나 자세가 흐트러진 인사는 잘못된 인사이다.

16 ③

③ 입을 일자로 굳게 다문 표정은 인상을 굳어 보이게 한다.

17 ③

③ 공사를 구분하고 공평하게 대한다.

18 ①

① '고객'보다는 '차를 타는 손님'이라는 뜻이 담긴 '승객'이나 '손님'을 사용하는 것이 좋다.

19 ①

알코올이 운전에 미치는 영향
㉠ 심리-운동 협응능력 저하
㉡ 시력의 지각능력 저하
㉢ 주의 집중능력 감소
㉣ 정보 처리능력 둔화
㉤ 판단능력 감소
㉥ 차선을 지키는 능력 감소

20 ③

③ 일반적으로 매시 50km로 커브를 도는 차는 매시 25km로 도는 차보다 4배의 원심력이 발생한다.

※ 원심력은 속도가 빠를수록, 커브 반경이 작을수록, 차의 중량이 무거울수록 커지게 되며, 특히 속도의 제곱에 비례해서 커진다.

21 ③

③ 수시로 브레이크 페달을 작동해서 제동이 제대로 되는지를 살펴본다.

22 ④

④ 연결부를 과도하게 체결하면 나사부가 파손될 우려가 있다.

23 ④

내출혈로 의심되는 환자의 경우 춥지 않도록 모포 등을 덮어주지만, 햇볕을 직접 쬐지 않도록 하여야 한다.

24 ③

소아의 가슴압박은 가급적 한 손으로 실시한다.

25 ①

교통사고 발생 시 LPG 자동차 운전자는 가장 먼저 LPG 스위치를 끄고 엔진을 정지시킨다.

26 ②

② 특별교통수단을 운행하는 운전자는 시·도지사 또는 시장·군수·구청장이 실시하는 교통약자서비스에 관한 교육을 받아야 한다〈교통약자의 이동편의 증진법 제13조 제2항〉.

27 ②

제시된 경고등은 엔진 오일이 부족하거나 유압이 낮아졌을 때 점등되는 경고등으로 '엔진오일 압력 경고등'이다.

28 ②

제시된 노면표지는 오르막경사면을 표시하는 것이다.

29 ③

① 유도 ② 정차금지지대 ④ 서행 ⑤ 유턴구역선

30 ④

④ 제시된 보조표지는 기상상태에 대해 도로사용자에게 알리는 보조표지이다.

31 ⑤

⑤ 여객을 합승하도록 하는 행위는 금지된다.

32 ⑤

운송서비스의 소비활동은 실내의 공간적 제약요인으로 인해 상황의 발생 정도에 따라 시간, 요일 및 계절별로 변동성을 가질 수 있다.

33 ②

② 야간운행 중 반대차로에서 오는 차가 있으면 전조등을 하향으로 조정하여 상대 운전자의 눈부심 현상을 방지한다.

34 ②

② 항상 마음의 여유를 가지고 서로 양보하는 자세로 운전한다.

35 ①

① 운전자는 교통사고 발생 시 우선 엔진을 멈추게 하고 연료가 인화되지 않도록 한 후 안전하고 신속하게 사고차량으로부터 탈출해야 한다.
※ 교통사고 발생 시 운전자의 조치과정 ··· 탈출 → 인명구조 → 후방방호 → 연락 → 대기

36 ③

③ 가능한 한 부상자를 빨리 인근병원으로 후송한다.

37 ④

④ 팔을 꼬집어보는 것은 의식 상태를 확인하기 위한 방법이다.

38 ②

② 직접 압박지혈법은 출혈이 적을 때 시행할 수 있는 가장 확실한 지혈법이다.

39 ⑤

⑤ 심한 경우 휴게소 내지는 안전하게 정차할 수 있는 곳에 정차해 시원한 공기를 마시도록 한다.

40 ①

① 승객을 대할 때는 사명감을 가지고 대하는 것이 바람직하다.

41 ①

견인되는 차는 미등 · 차폭등 및 번호등을 켜야 한다.

42 ①

① 자치경찰공무원은 제외된다.

※ 고속도로 등에서의 정차 및 주차의 금지〈도로교통법 제64조〉
- ㉠ 법령의 규정 또는 경찰공무원(자치경찰공무원은 제외)의 지시에 따르거나 위험을 방지하기 위하여 일시 정차 또는 주차시키는 경우
- ㉡ 정차 또는 주차할 수 있도록 안전표지를 설치한 곳이나 정류장에서 정차 또는 주차시키는 경우
- ㉢ 고장이나 그 밖의 부득이한 사유로 길가장자리구역(갓길을 포함)에 정차 또는 주차시키는 경우
- ㉣ 통행료를 내기 위하여 통행료를 받는 곳에서 정차하는 경우
- ㉤ 도로의 관리자가 고속도로 등을 보수 · 유지 또는 순회하기 위하여 정차 또는 주차시키는 경우
- ㉥ 경찰용 긴급자동차가 고속도로 등에서 범죄수사, 교통단속이나 그 밖의 경찰임무를 수행하기 위하여 정차 또는 주차시키는 경우
- ㉦ 소방차가 고속도로등에서 화재진압 및 인명 구조 · 구급 등 소방활동, 소방지원활동 및 생활안전활동을 수행하기 위하여 정차 또는 주차시키는 경우
- ㉧ 경찰용 긴급자동차 및 소방차를 제외한 긴급자동차가 사용 목적을 달성하기 위하여 정차 또는 주차시키는 경우
- ㉨ 교통이 밀리거나 그 밖의 부득이한 사유로 움직일 수 없을 때에 고속도로 등의 차로에 일시 정차 또는 주차시키는 경우

43 ④

교통안전교육〈도로교통법 제73조 제1항〉 … 운전면허를 받으려는 사람은 대통령령으로 정하는 바에 따라 시험에 응시하기 전에 다음의 사항에 관한 교통안전교육을 받아야 한다. 다만, 특별교통안전 의무교육을 받은 사람 또는 자동차운전 전문학원에서 학과교육을 수료한 사람은 그러하지 아니하다.

ㄱ 운전자가 갖추어야 하는 기본예절
ㄴ 도로교통에 관한 법령과 지식
ㄷ 안전운전 능력
ㄹ 교통사고의 예방과 처리에 관한 사항
ㅁ 어린이 · 장애인 및 노인의 교통사고 예방에 관한 사항
ㅂ 친환경 경제운전에 필요한 지식과 기능
ㅅ 긴급자동차에 길 터주기 요령
ㅇ 그 밖에 교통안전의 확보를 위하여 필요한 사항

44 ③

법규위반 또는 교통사고로 인한 벌점은 행정처분기준을 적용하고자 하는 당해 위반 또는 사고가 있었던 날을 기준으로 하여 과거 3년간의 모든 벌점을 누산하여 관리한다.

45 ⑤

제시된 규제표지는 차간거리확보를 알리는 표지이다.

① (5.t.5) ② (50) ③ (30) ④ (3.5m)

46 ④

술에 대한 잘못된 상식
ㄱ 운동을 하거나 사우나를 하는 것 그리고 커피를 마시면 술이 빨리 깬다.
ㄴ 알코올은 음식이나 음료일 뿐이다.
ㄷ 술을 마시면 생각이 더 명료해진다.
ㄹ 술 마시면 얼굴이 빨개지는 사람은 건강하기 때문이다.
ㅁ 술 마실 때는 담배 맛이 좋다.
ㅂ 간장이 튼튼하면 아무리 술을 마셔도 괜찮다.

47 ④

④ 가을철 자동차 점검사항에 해당한다.

48 ①

시야 고정이 많은 운전자의 특성

㉠ 위험에 대응하기 위해 경적이나 전조등을 좀처럼 사용하지 않는다.

㉡ 더러운 창이나 안개에 개의치 않는다.

㉢ 거울이 더럽거나 방향이 맞지 않는데도 개의치 않는다.

㉣ 정지선 등에서 정지 후, 다시 출발할 때 좌우를 확인하지 않는다.

㉤ 회전하기 전에 뒤를 확인하지 않는다.

㉥ 자기 차를 앞지르려는 차량의 접근 사실을 미리 확인하지 못한다.

49 ④

택시에서 발생하기 쉬운 사고유형과 대책

㉠ 불 특정인을 대상으로 수송하며, 운행거리와 운행시간이 불규칙하거나 타 차량에 비해 길어 사고발생확률이 높다.

㉡ 사고의 대부분은 사람과 관련되어 발생하며, 주된 사고는 승하차나 급정거로 인해 발생한다.

㉢ 사고는 주로 도로, 교차로 부근, 횡단보도 부근, 이면도로 등에서 많이 발생한다.

㉣ 급출발이나 급정거를 하지 않도록 하며, 승객의 위치나 보행자의 위치를 정확히 파악한 후 운행하면 사고를 방지할 수 있다.

50 ④

골절 부상자를 잘못 다루면 오히려 더 위험해질 수 있으므로 구급차가 올 때까지 가급적 기다리는 것이 바람직하다.

제5회 정답 및 해설

1	①	2	③	3	③	4	②	5	①	6	③	7	④	8	④	9	④	10	④
11	③	12	③	13	③	14	⑤	15	②	16	②	17	①	18	⑤	19	①	20	②
21	②	22	③	23	③	24	①	25	④	26	①	27	③	28	①	29	①	30	④
31	③	32	③	33	④	34	②	35	④	36	①	37	⑤	38	⑤	39	②	40	①
41	④	42	③	43	①	44	②	45	④	46	①	47	②	48	③	49	④	50	③

1 ①

운송사업자에 대한 행정처분

위반내용	1차 위반	2차 위반
운송사업자가 차내에 운전자격증명을 항상 게시하지 아니한 경우	운행정지(5일)	
운수종사자의 자격요건을 갖추지 아니한 사람을 운전업무에 종사하게 한 경우	감차 명령	노선폐지 명령

2 ③

도주차량 운전자의 가중처벌〈특정범죄 가중처벌 등에 관한 법률 제5조의3〉

㉠ 「도로교통법」에 규정된 자동차·원동기장치자전거의 교통으로 인하여 업무상과실·중과실 치사상의 죄를 범한 해당 차량의 운전자가 피해자를 구호하는 등 「도로교통법」에 따른 조치를 하지 아니하고 도주한 경우에는 다음의 구분에 따라 가중처벌 한다.

• 피해자를 사망에 이르게 하고 도주하거나, 도주 후에 피해자가 사망한 경우에는 무기 또는 5년 이상의 징역에 처한다.

• 피해자를 상해에 이르게 한 경우에는 1년 이상의 유기징역 또는 500만 원 이상 3천만 원 이하의 벌금에 처한다.

㉡ 사고운전자가 피해자를 사고 장소로부터 옮겨 유기하고 도주한 경우에는 다음의 구분에 따라 가중처벌한다.

• 피해자를 사망에 이르게 하고 도주하거나, 도주 후에 피해자가 사망한 경우에는 사형, 무기 또는 5년 이상의 징역에 처한다.

• 피해자를 상해에 이르게 한 경우에는 3년 이상의 유기징역에 처한다.

3 ③

교통사고로 처리되지 않는 경우

㉠ 자살·자해 행위로 인정되는 경우

㉡ 확정적인 고의 범죄에 의해 타인을 사상하거나 물건을 손괴한 경우

㉢ 낙하물에 의하여 차량 탑승자가 사상하였거나 물건이 손괴된 경우

㉣ 축대 등이 무너져 차량 탑승자가 사상하였거나 물건이 손괴된 경우

㉤ 사람이 건물, 육교 등에서 추락하여 운행 중인 차량과 충돌 또는 접촉하여 사상한 경우

㉥ 그 밖의 차의 교통으로 발생하였다고 인정되지 아니한 경우

4 ②

①③④⑤의 경우 현저한 부주의로 중앙선침범을 한 경우로 중앙선침범을 적용하는 반면, ②의 경우 부득이하게 중앙선침범을 한 경우로 중앙선침범 적용을 할 수 없다.

5 ①

난폭운전

㉠ 고의나 인식할 수 있는 과실로 타인에게 현저한 위해를 초래하는 운전을 하는 경우

㉡ 타인의 통행을 현저히 방해하는 운전을 하는 경우

㉢ 난폭운전 사례 : 급차로 변경, 지그재그 운전, 좌·우로 핸들을 급조작하는 운전, 지선도로에서 간선도로로 진입할 때 일시정지 없이 급진입하는 운전 등

6 ③

신호기는 도로교통에서 문자·기호 또는 등화(燈火)를 사용하여 진행·정지·방향전환·주의 등의 신호를 표시하기 위하여 사람이나 전기의 힘으로 조작하는 장치를 말한다.

① 안전지대는 도로를 횡단하는 보행자나 통행하는 차마의 안전을 위하여 안전표지나 이와 비슷한 인공구조물로 표시한 도로의 부분을 말한다.

② 횡단보도는 보행자가 도로를 횡단할 수 있도록 안전표지로 표시한 도로의 부분을 말한다.

④ 안전표지는 교통안전에 필요한 주의·규제·지시 등을 표시하는 표지판이나 도로의 바닥에 표시하는 기호·문자 또는 선 등을 말한다.

⑤ 교차로는 '십'자로, 'ㅜ'자로나 그 밖에 둘 이상의 도로(보도와 차도가 구분되어 있는 도로에서는 차도를 말한다)가 교차하는 부분을 말한다.

7 ④

①②③⑤는 서행하여야 하는 장소이다.

※ 서행 또는 일시정지할 장소〈도로교통법 제31조〉

　　㉠ 모든 차 또는 노면전차의 운전자는 다음의 어느 하나에 해당하는 곳에서는 서행하여야 한다.
- 교통정리를 하고 있지 아니하는 교차로
- 도로가 구부러진 부근
- 비탈길의 고갯마루 부근
- 가파른 비탈길의 내리막
- 지방경찰청장이 도로에서의 위험을 방지하고 교통의 안전과 원활한 소통을 확보하기 위하여 필요하다고 인정하여 안전표지로 지정한 곳

　　㉡ 모든 차 또는 노면전차의 운전자는 다음의 어느 하나에 해당하는 곳에서는 일시정지하여야 한다.
- 교통정리를 하고 있지 아니하고 좌우를 확인할 수 없거나 교통이 빈번한 교차로
- 지방경찰청장이 도로에서의 위험을 방지하고 교통의 안전과 원활한 소통을 확보하기 위하여 필요하다고 인정하여 안전표지로 지정한 곳

8 ④

벌점·누산점수 초과로 인한 면허 취소

기간	별점 또는 누산점수
1년간	121점 이상
2년간	201점 이상
3년간	271점 이상

9 ④

사망 2명(90×2) + 중상 1명(15×1) + 경상 2명(5×2) + 부상신고$(2 \times 2) = 209$

※ 사고결과에 따른 벌점기준

구분		벌점	내용
인적 피해 교통 사고	사망 1명마다	90	사고발생 시부터 72시간 이내에 사망한 때
	중상 1명마다	15	3주 이상의 치료를 요하는 의사의 진단이 있는 사고
	경상 1명마다	5	3주 미만 5일 이상의 치료를 요하는 의사의 진단이 있는 사고
	부상신고 1명마다	2	5일 미만의 치료를 요하는 의사의 진단이 있는 사고

10 ④

도주(뺑소니) 사고

㉠ 피해자 사상 사실을 인식하거나 예견됨에도 가버린 경우

㉡ 피해자를 사고현장에 방치한 채 가버린 경우

㉢ 현장에 도착한 경찰관에게 거짓으로 진술한 경우

㉣ 사고운전자를 바꿔치기 하여 신고한 경우

㉤ 사고운전자가 연락처를 거짓으로 알려준 경우

㉥ 피해자가 이미 사망하였다고 사체 안치 후송 등의 조치 없이 가버린 경우

㉦ 피해자가 병원까지만 후송하고 계속 치료를 받을 수 있는 조치 없이 가버린 경우

㉧ 쌍방 업무상 과실이 있는 경우에 발생한 사고로 과실이 적은 차량이 도주한 경우

㉨ 자신의 의사를 제대로 표시하지 못하는 나이 어린 피해자가 '괜찮다'라고 하여 조치 없이 가버린 경우

11 ③

폭우·폭설·안개 등으로 가시거리가 100m 이내이거나, 노면이 얼어붙은 경우, 눈이 20mm 이상 쌓인 경우 최고속도의 100분의 50을 줄인 속도로 운행하여야 한다.

$$\therefore\ 80 \times \frac{50}{100} = 40$$

12 ③

① 안전거리 : 같은 방향으로 가고 있는 앞차가 갑자기 정지하게 되는 경우 그 앞차와의 추돌을 피할 수 있는 데 필요한 거리

② 정지거리 : 공주거리 + 제동거리

④ 제동거리 : 제동되기 시작하여 정지될 때까지 주행한 거리

⑤ 주행거리 : 자동차 등의 교통수단이 일정한 속도로 움직여 갈 수 있는 전체거리

13 ③

보행자 보호의무위반 사고 성립요건 중 운전자과실 예외사항

㉠ 적색등화에 횡단보도를 진입하여 건너고 있는 보행자를 충돌한 경우

㉡ 횡단보도를 건너다가 신호가 변경되어 중앙선에 서 있는 보행자를 충돌한 경우

㉢ 횡단보도를 건너고 있을 때 보행신호가 적색등화로 변경되어 되돌아가고 있는 보행자를 충돌한 경우

㉣ 녹색등화가 점멸되고 있는 횡단보도를 진입하여 건너고 있는 보행자를 적색등화에 충돌한 경우

14 ⑤

우리나라 제1종 운전면허를 취득하는데 필요한 시력기준은 두 눈을 동시에 뜨고 잰 시력이 0.8 이상, 두 눈의 시력이 각각 0.5 이상이어야 한다.

15 ②

② 신호에 따라 횡단하는 보행자의 앞뒤에서 그들을 압박하거나 재촉해서는 안 된다.

16 ②

② 태양빛이 강하거나 눈의 반사가 심할 때는 선글라스를 착용한다.

17 ①

① 철길 건널목에 접근할 때에는 속도를 줄여 접근한다.

18 ⑤

① 우회전   ② 좌우회전   ③ 직진   ④ 회전교차로

19 ①

① 좌합류도로에 주의하라는 주의표지이다.

20 ②

② 좌우회전을 지시하는 지시표지이다.

21 ②

노면표지의 색채 기준
ⓐ 황색 : 중앙선표시, 노상장애물 중 도로중앙장애물표시, 주차금지표시, 정차·주차금지표시 및 안전지대표시
　(반대방향의 교통류분리 또는 도로이용의 제한 및 지시)
ⓑ 청색 : 버스전용차로표시 및 다인승차량 전용차선표시(지정방향의 교통류 분리 표시)
ⓒ 적색 : 어린이보호구역 또는 주거지역 안에 설치하는 속도제한표시의 테두리선
ⓓ 백색 : 황색 내지 적색에서 지정된 외의 표시(동일방향의 교통류 분리 및 경계표시)

22 ③

운전면허의 결격사유〈도로교통법 제82조 제1항〉
ⓐ 18세 미만(원동기장치자전거의 경우에는 16세 미만)인 사람
ⓑ 교통상의 위험과 장해를 일으킬 수 있는 정신질환자 또는 뇌전증 환자로서 대통령령으로 정하는 사람(치매,
　조현병, 조현정동장애, 양극성 정동장애, 재발성 우울장애 등의 정신질환 또는 정신 발육지연, 뇌전증 등으
　로 인하여 정상적인 운전을 할 수 없다고 해당 분야 전문의가 인정하는 사람)

ⓒ 듣지 못하는 사람(제1종 운전면허 중 대형면허 · 특수면허만 해당), 앞을 보지 못하는 사람(한쪽 눈만 보지 못하는 사람의 경우에는 제1종 운전면허 중 대형면허 · 특수면허만 해당)이나 그 밖에 대통령령으로 정하는 신체장애인(다리, 머리, 척추, 그 밖의 신체의 장애로 인하여 앉아 있을 수 없는 사람. 다만, 신체장애 정도에 적합하게 제작 · 승인된 자동차를 사용하여 정상적인 운전을 할 수 있는 경우는 제외)

ⓔ 양쪽 팔의 팔꿈치관절 이상을 잃은 사람이나 양쪽 팔을 전혀 쓸 수 없는 사람. 다만, 본인의 신체장애 정도에 적합하게 제작된 자동차를 이용하여 정상적인 운전을 할 수 있는 경우에는 그러하지 아니하다.

ⓜ 교통상의 위험과 장해를 일으킬 수 있는 마약 · 대마 · 향정신성의약품 또는 알코올 중독자로서 대통령령으로 정하는 사람(마약 · 대마 · 향정신성의약품 또는 알코올 관련 장애 등으로 인하여 정상적인 운전을 할 수 없다고 해당 분야 전문의가 인정하는 사람)

ⓑ 제1종 대형면허 또는 제1종 특수면허를 받으려는 경우로서 19세 미만이거나 자동차(이륜자동차는 제외한다)의 운전경험이 1년 미만인 사람

ⓢ 대한민국의 국적을 가지지 아니한 사람 중 「출입국관리법」에 따라 외국인등록을 하지 아니한 사람(외국인등록이 면제된 사람은 제외한다)이나 「재외동포의 출입국과 법적 지위에 관한 법률」에 따라 국내거소신고를 하지 아니한 사람

23 ③

특별교통수단 운행 대수
㉠ 인구가 10만 명 이하인 특별시 · 광역시 · 특별자치시 · 특별자치도 · 시 · 군(광역시에 있는 군은 제외)의 경우 : 보행상의 장애인으로서 중증보행장애인 100명당 1대
㉡ 인구가 10만 명을 초과하는 시 · 군의 경우 : 중증보행장애인 150명당 1대

24 ①

① 지혈대는 다른 방법으로도 출혈을 멈출 수가 없을 때에 사용되는 방법이다.

25 ④

음주운전으로 운전면허 취소처분 또는 정지처분을 받은 경우 운전이 가족의 생계를 유지할 중요한 수단이 되거나, 모범운전자로서 처분당시 3년 이상 교통봉사활동에 종사하고 있거나, 교통사고를 일으키고 도주한 운전자를 검거하여 경찰서장 이상의 표창을 받은 사람으로서 다음의 어느 하나에 해당되는 경우가 없을 시 처분기준을 감경할 수 있다.
㉠ 혈중알코올농도가 0.1퍼센트를 초과하여 운전한 경우
㉡ 음주운전 중 인적피해 교통사고를 일으킨 경우
㉢ 경찰관의 음주측정요구에 불응하거나 도주한 때 또는 단속경찰관을 폭행한 경우
㉣ 과거 5년 이내에 3회 이상의 인적피해 교통사고의 전력이 있는 경우
㉤ 과거 5년 이내에 음주운전의 전력이 있는 경우

26 ①

일상점검이란 자동차를 운행하는 사람이 매일 자동차를 운행하기 전에 점검하는 것으로 엔진룸 내부, 운전석 등을 점검한다.

27 ③

③ 날씨는 자연 환경적 원인이다.

28 ①

운전조작의 실수 3가지
㉠ 정보 인지의 실수
㉡ 판단의 실수
㉢ 조작 처리의 실수

29 ①

명순응과 암순응
㉠ 명순응 : 조명이 어두운 조건에서 밝은 조건으로 변할 때 사람의 눈이 그 상황에 적응하여 시력을 회복하는 것
㉡ 암순응 : 조명이 밝은 조건에서 어두운 조건으로 변할 때 사람의 눈이 그 상황에 적응하여 시력이 회복되는 것

30 ④

④ 순간적으로 앞을 잘 볼 수 없다면 속도를 줄인다. 급정거 할 경우 사고의 위험이 있다.

31 ③

③ 피로가 운전에 미치는 신체적 영향이다.

32 ③

1분당 100~120회의 속도와 4cm 이상의 깊이로 강하고 빠르게 30회 눌러준다.

33 ④

④ 베이퍼 록 현상 방지 요령이다.

34 ②

② 브레이크를 조작할 때에는 가볍게 여러 번으로 나누어 밟아 뒤차에 정지하겠다는 것을 알려 준다.

35 ④

④ 양쪽 어깨 힘을 이용하여 분당 100~120회 정도의 속도로 5cm 이상 깊이로 강하고 빠르게 30회 눌러준다.

36 ①

① 서비스에는 정신적 노동도 포함된다.

37 ⑤

올바른 서비스 제공을 위한 5요소
㉠ 단정한 복장
㉡ 밝은 표정
㉢ 공손한 인사
㉣ 친근한 말
㉤ 따뜻한 응대

38 ⑤

⑤ 승객의 여건, 능력, 개인차를 인정하고 배려한다.

39 ②

② 운전자의 조급성과 자기중심적인 사고는 교통사고의 원인이 되므로 자기중심적인 사고를 지양해야 한다.

40 ①

흉부압박과 불어넣기 비율은 30회 압박과 2번 불어넣기를 한 주기로 하여 실시한다.

41 ④

④ 모든 차의 운전자는 교통이 빈번한 곳에서 운행하는 때에는 전조등 불빛의 방향을 계속 아래로 유지하여야 한다. 다만, 지방경찰청장이 교통의 안전과 원활한 소통을 확보하기 위하여 필요하다고 인정하여 지정한 지역에서는 그러하지 아니하다.

42 ③

③ 주행속도는 정지시간을 제외한 실제 주행거리의 평균 주행속도이다. 정지시간을 포함한 주행거리의 평균 주행속도는 구간속도라고 한다.

43 ①

자동차의 관리방법과 안전운전에 필요한 점검 요령에 관한 시험의 실시사항〈도로교통법 시행령 제47조 제1항〉
㉠ 자동차 등의 기본적인 점검 요령
㉡ 경미한 고장의 분별
㉢ 유류를 절약할 수 있는 운전방법 등을 포함한 운전 장치의 관리방법
㉣ 교통안전수칙과 교통안전교육에 관한 지침에 규정된 사항

44 ②

사고 시의 조치 등〈여객자동차 운수사업법 시행규칙 제41조〉
㉠ 신속한 응급수송수단의 마련
㉡ 가족이나 그 밖의 연고자에 대한 신속한 통지
㉢ 목적지까지 여객을 운송하기 위한 대체운송수단의 확보와 여객에 대한 편의의 제공
㉣ 유류품의 보관
㉤ 그 밖에 사상자의 보호 등 필요한 조치

45 ④

③ 30회 가슴압박과 2회 인공호흡을 반복 실시하도록 한다.

46 ③

속도가 빨라질수록 시야의 범위가 좁아진다.

47 ②

음주운전이 위험한 이유
㉠ 발견지연으로 인한 사고 위험 증가
㉡ 운전에 대한 통제력 약화로 과잉조작에 의한 사고 증가
㉢ 시력저하와 졸음 등으로 인한 사고의 증가
㉣ 2차 사고 유발
㉤ 사고의 대형화
㉥ 마신 양에 따른 사고 위험도의 지속적 증가

48 ③

풋 브레이크는 주행 중에 발로써 조작하는 주 제동장치로서 브레이크 페달을 밟으면 페달의 바로 앞에 있는 마스터 실린더 내의 피스톤이 작동해 브레이크액이 압축되어 압축된 브레이크액은 파이프를 따라 휠 실린더로 전달된다.

49 ④

도로상에서 고장차량을 발견하였을 때에는 즉시 서로 도와 길 가장자리 구역으로 유도하여야 한다.

50 ③

교통사고로 인해 사망자와 부상자가 발생한 경우 가장 먼저 해야 할 행동은 부상자의 구호이다. 성공취업을 위한 다양한 유형의 인성검사를 수록하여 마무리까지 확실하게 준비할 수 있도록 하였습니다.

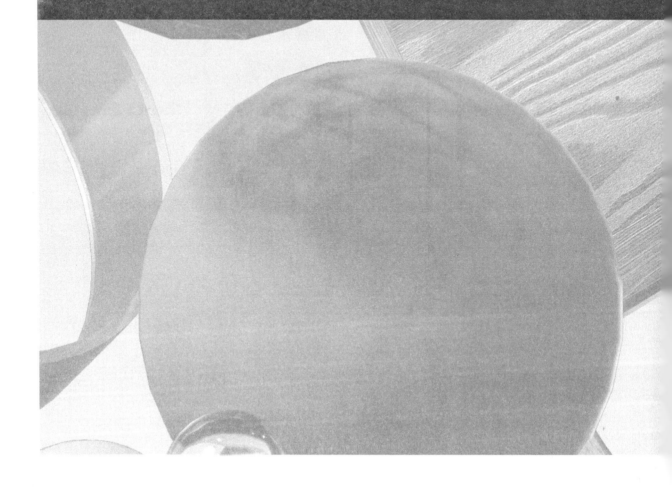

PART

06 인성검사

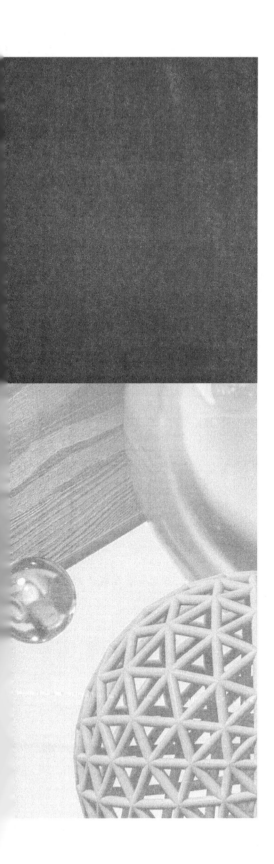

인성검사의 개요

1 인성(성격)검사의 개념과 목적

인성(성격)이란 개인을 특징짓는 평범하고 일상적인 사회적 이미지, 즉 지속적이고 일관된 공적 성격(Public-personality)이며, 환경에 대응함으로써 선천적·후천적 요소의 상호작용으로 결정화된 심리적·사회적 특성 및 경향을 의미한다. 여러 연구 결과에 따르면 직무에서의 성공과 관련된 특성들은 개인의 능력보다 성격과 관련이 있다고 한다.

공기업에서는 인성검사를 통하여 각 개인이 어떠한 성격 특성이 발달되어 있고, 어떤 특성이 얼마나 부족한지, 그것이 해당 직무의 특성 및 조직문화와 얼마나 맞는지를 알아보고 이에 적합한 인재를 선발하고자 한다. 또한 개인에게 적합한 직무 배분과 부족한 부분을 교육을 통해 보완하도록 할 수 있다.

현재 공기업들은 인성검사를 한국행동과학연구소나 한국에스에이치엘 등의 기관에 의뢰하여 시행하고 있다. 한국수력원자력, 한국남동발전, 한국중부발전, 한국동서발전, 한국남부발전, 한국서부발전, 한국전력기술, 한전원자력연료, 한전KDN, 한국석유공사, 한국토지공사, 한국가스공사, 한국방송공사(KBS), 한국방송광고공사, 대한송유관공사, 한국기업평가, 법무부 등은 한국행동과학연구소에 인성검사를 의뢰하고 있는 곳이다.

인성검사의 문항은 각 개인의 특성을 알아보고자 하는 것으로 절대적으로 옳거나 틀린 답이 없다. 결과를 지나치게 의식하여 솔직하게 응답하지 않으면 과장 반응으로 분류될 수 있다. 그러므로 각 문항에 대해 자신의 생각이나 행동을 있는 그대로 솔직하게 나타내는 것이 가장 바람직하다.

인성검사의 측정요소는 검사방법에 따라 차이가 있다. 일부 기관의 경우는 보안을 위해 인성검사를 의뢰한 기업과 문항에 대한 공개를 하지 않아서 인성검사의 유형을 정확히 파악하는 것이 어렵다.

본 책에서는 일상생활에 활용할 수 있도록 고안된 자기보고식 성격유형지표인 MBTI와 인간의 행동유형(성격)과 행동패턴을 파악하는데 유용한 DISC행동유형, U-K 검사에 대한 간략한 소개를 실었다.

2 인성검사 대책

(1) 솔직하게 있는 그대로 표현한다

인성검사는 평범한 일상생활 내용들을 다룬 짧은 문장과 어떤 대상이나 일에 대한 선호를 선택하는 문장으로 구성되었으므로 평소에 자신이 생각한 바를 너무 골똘히 생각하지 말고 문제를 보는 순간 떠오른 것을 표현한다.

(2) 모든 문제를 신속하게 대답한다

인성검사는 시간제한이 없는 것이 원칙이지만 일정한 시간제한을 두고 있다. 인성검사는 개인의 성격과 자질을 알아보기 위한 검사이기 때문에 정답이 없다. 다만, 해당 공기업에서 바람직하게 생각하거나 기대되는 결과가 있을 뿐이다. 따라서 시간에 쫓겨서 대충 대답을 하는 것은 바람직하지 못하다.

(3) 일관성 있게 대답한다

간혹 반복되는 문제들이 출제되기 때문에 일관성 있게 답하지 않으면 감점될 수 있으므로 유의한다. 실제로 공기업 인사부 직원의 인터뷰에 따르면 일관성이 없게 대답한 응시자들이 감점을 받아 탈락했다고 한다. 거짓된 응답을 하다보면 일관성 없는 결과가 나타날 수 있으므로 신속하고 솔직하게 체크하다 보면 일관성 있는 응답이 될 것이다.

(4) 마지막까지 집중해서 검사에 임한다

장시간 진행되는 검사에 지칠 수 있으므로 마지막까지 집중해서 정확히 답할 수 있도록 해야 한다.

3 ‖ MBTI 16가지 성격유형

Myers와 Briggs가 고안한 도표로, 생각이 많은 내향성은 도표의 위쪽 두 줄에, 적극적이고 활동적인 외향성은 도표의 아래쪽 두 줄에, 감각형은 도표의 왼쪽 두 줄에, 직관형은 도표의 오른쪽 두 줄에 배치하였고, 분석적이고 논리적인 사고형은 도표의 왼편과 오른편에 배치하고, 관계지향적인 감정형은 도표의 중앙에 배치시켰다. 정리정돈을 잘하는 판단형은 도표의 아래위로 배치하고, 개방적이며 때로는 즉흥적인 인식형은 도표의 가운데로 모아놓았다.

✿ ISTJ

신중하고 조용하며 집중력이 강하고 매사에 철저하다. 구체적, 체계적, 사실적, 논리적, 현실적인 성격을 띠고 있으며, 신뢰할 만한다. 만사를 체계적으로 조직화시키려고 하며 책임감이 강하다. 성취해야 한다고 생각하는 일이면 주위의 시선에 아랑곳하지 않고 꾸준하고 건실하게 추진해 나간다.

✿ ISFJ

조용하고 친근하고 책임감이 있으며 양심바르다. 맡은 일에 헌신적이며 어떤 계획의 추진이나 집단에 안정감을 준다. 매사에 철저하고 성실하고 정확하다. 기계분야에는 관심이 적다. 필요하면 세세한 면까지도 잘 처리해 나간다. 충실하고 동정심이 많고 타인의 감정에 민감하다.

✿ INFJ

인내심이 많고 독창적이며 필요하거나 원하는 일이라면 끝까지 이루려고 한다. 자기 일에 최선의 노력을 다한다. 타인에게 말없이 영향력을 미치며, 양심이 바르고 다른 사람에게 따뜻한 관심을 가지고 있다. 확고부동한 원리원칙을 중시한다. 공동선을 위해서는 확신에 찬 신념을 가지고 있기 때문에 존경을 받으며 사람들이 따른다.

✿ INTJ

대체로 독창적이며 자기 아이디어나 목표를 달성하는데 강한 추진력을 가지고 있다. 관심을 끄는 일이라면 남의 도움이 있든 없든 이를 계획하고 추진해 나가는 능력이 뛰어나다. 회의적, 비판적, 독립적이고 확고부동하며 때로는 고집스러울 때도 많다. 타인의 감정을 고려하고 타인의 관점에도 귀를 기울이는 법을 배워야 한다.

✿ ISTP

차분한 방관자이다. 조용하고 과묵하며, 절제된 호기심을 가지고 인생을 관찰하고 분석한다. 때로는 예기치 않게 유머 감각을 나타내기도 한다. 대체로 인간관계에 관심이 없고, 기계가 어떻게 왜 작동하는지 흥미가 없다. 논리적인 원칙에 따라 사실을 조직화하기를 좋아한다.

✿ ISFP

말없이 다정하고 친절하고 민감하며 자기 능력을 뽐내지 않고 겸손하다. 의견의 충돌을 피하고 자기 견해나 가치를 타인에게 강요하지 않는다. 남 앞에 서서 주도해 나가기 보다 충실히 따르는 편이다. 일하는 데에도 여유가 있다. 왜냐하면 목표를 달성하기 위해 안달복달하지 않고 현재를 즐기기 때문이다.

✿ INTP

조용하고 과묵하다. 특히 이론적·과학적 추구를 즐기며, 논리와 분석으로 문제를 해결하기를 좋아한다. 주로 자기 아이디어에 관심이 많으나, 사람들의 모임이나 잡담에는 관심이 없다. 관심의 종류가 뚜렷하므로 자기의 지적 호기심을 활용할 수 있는 분야에서 능력을 발휘할 수 있다.

✿ ESTP

현실적인 문제해결에 능하다. 근심이 없고 어떤 일이든 즐길 줄 안다. 기계 다루는 일이나 운동을 좋아하고 친구사귀기를 좋아한다. 적응력이 강하고 관용적이며, 보수적인 가치관을 가지고 있다. 긴 설명을 싫어한다. 기계의 분해 또는 조립과 같은 실제적인 일을 다루는데 능하다.

✿ ESFP

사교적이고 태평스럽고 수용적이고 친절하며, 만사를 즐기는 형이기 때문에 다른 사람들로 하여금 일에 재미를 느끼게 한다. 운동을 좋아하고 주위에 벌어지는 일에 관심이 많아 끼어들기 좋아한다. 추상적인 이론보다는 구체적인 사실을 잘 기억하는 편이다. 건전한 상식이나 사물 뿐 아니라 사람들을 대상으로 구체적인 능력이 요구되는 분야에서 능력을 발휘할 수 있다.

✿ ENFP

따뜻하고 정열적이고 활기에 넘치며 재능이 많고 상상력이 풍부하다. 관심이 있는 일이라면 어떤 일이든지 척척 해낸다. 어려운 일이라도 해결을 잘하며 항상 남을 도와줄 태세를 가지고 있다. 자기 능력을 과시한 나머지 미리 준비하기보다 즉흥적으로 덤비는 경우가 많다. 자기가 원하는 일이라면 어떠한 이유라도 갖다 붙이며 부단히 새로운 것을 찾아 나선다.

❈ ENTP

민첩하고 독창적이고 안목이 넓으며 다방면에 재능이 많다. 새로운 일을 시도하고 추진하려는 의욕이 넘치며, 새로운 문제나 복잡한 문제를 해결하는 능력이 뛰어나며 달변이다. 그러나 일상적이고 세부적인 면은 간과하기 쉽다. 한 일에 관심을 가져도 부단히 새로운 것을 찾아나간다. 자기가 원하는 일이면 논리적인 이유를 찾아내는데 능하다.

❈ ESTJ

구체적이고 현실적이고 사실적이며, 기업 또는 기계에 재능을 타고난다. 실용성이 없는 일에는 관심이 없으며 필요할 때 응용할 줄 안다. 활동을 조직화하고 주도해 나가기를 좋아한다. 타인의 감정이나 관점에 귀를 기울일 줄 알면 훌륭한 행정가가 될 수 있다.

❈ ESFJ

마음이 따뜻하고 이야기하기 좋아하고, 사람들에게 인기가 있고 양심 바르고 남을 돕는 데에 타고난 기질이 있으며 집단에서도 능동적인 구성원이다. 조화를 중시하고 인화를 이루는데 능하다. 항상 남에게 잘 해주며, 격려나 칭찬을 들을 때 가장 신바람을 낸다. 사람들에게 직접적이고 가시적인 영향을 줄 수 있는 일에 가장 관심이 많다.

❈ ENFJ

주위에 민감하며 책임감이 강하다. 다른 사람들의 생각이나 의견을 중히 여기고, 다름 사람들의 감정에 맞추어 일을 처리하려고 한다. 편안하고 능란하게 계획을 내놓거나 집단을 이끌어 가는 능력이 있다. 사교성이 풍부하고 인기 있고 동정심이 많다. 남의 칭찬이나 비판에 지나치게 민감하게 반응한다.

❈ ENTJ

열성이 많고 솔직하고 단호하고 통솔력이 있다. 대중 연설과 같이 추리와 지적담화가 요구되는 일이라면 어떤 것이든 능하다. 보통 정보에 밝고 지식에 대한 관심과 욕구가 많다. 때로는 실제의 자신보다 더 긍정적이거나 자신 있는 듯한 사람으로 비칠 때도 있다.

4 DISC 행동유형

일반적으로 사람들은 태어나서부터 성장하여 현재에 이르기까지 자기 나름대로의 독특한 동기요인에 의해 선택적으로 일정한 방식으로 행동을 취하게 된다. 그것은 하나의 경향성을 이루게 되어 자신이 일하고 있거나 생활하고 있는 환경에서 아주 편안한 상태로 자연스럽게 그러한 행동을 하게 된다. 우리는 그것을 행동 패턴(Behavior Pattern) 또는 행동 스타일(Behavior Style)이라고 한다. 사람들이 이렇게 행동의 경향성을 보이는 것에 대해 1928년 미국 콜롬비아대학 심리학교수인 William Mouston Marston박사는 독자적인 행동유형모델을 만들어 설명하고 있다. Marston 박사에 의하면 인간은 환경을 어떻게 인식하고 또한 그 환경 속에서 자기 개인의 힘을 어떻게 인식하느냐에 따라 4가지 형태로 행동을 하게 된다고 한다. 이러한 인식을 축으로 한 인간의 행동을 Marston박사는 각각 주도형, 사교형, 안정형, 신중형, 즉 DISC 행동유형으로 부르고 있다. DISC는 인간의 행동유형(성격)을 구성하는 핵심 4개요소인 Dominance, Influence, Steadiness, Conscientiousness의 약자로 다음과 같은 특징을 보인다.

Dominance(주도형) 담즙질	Influence(사교형) 다혈질
D 결과를 성취하기 위해 장애를 극복함으로써 스스로 환경을 조성한다.	I 다른 사람을 설득하거나 영향을 미침으로써 스스로 환경을 조성한다.
• 빠르게 결과를 얻는다. • 다른 사람의 행동을 유발시킨다. • 도전을 받아들인다. • 의사결정을 빠르게 내린다. • 기존의 상태에 문제를 제기한다. • 지도력을 발휘한다. • 어려운 문제를 처리한다. • 문제를 해결한다.	• 사람들과 접촉한다. • 호의적인 인상을 준다. • 말솜씨가 있다. • 다른 사람을 동기 유발시킨다. • 열정적이다. • 사람들을 즐겁게 한다. • 사람과 상황에 대해 낙관적이다. • 그룹활동을 좋아한다.
Conscientiousness(신중형) 우울질	Steadiness(안정형) 점액질
C 업무의 품질과 정확성을 높이기 위해 기존의 환경 안에서 신중하게 일한다.	S 과업을 수행하기 위해서 다른 사람과 협력을 한다.
• 중요한 지시나 기준에 관심을 둔다. • 세부사항에 신경을 쓴다. • 분석적으로 사고하고 찬반, 장단점 등을 고려한다. • 외교적 수완이 있다. • 갈등에 대해 간접적 혹은 우회적으로 접근한다. • 정확성을 점검한다. • 업무수행에 대해 비평적으로 분석한다.	• 예측가능하고 일관성 있게 일을 수행한다. • 참을성을 보인다. • 전문적인 기술을 개발한다. • 다른 사람을 돕고 지원한다. • 충성심을 보인다. • 남의 말을 잘 듣는다. • 흥분한 사람을 진정시킨다. • 인정되고, 조화로운 업무

5 U-K 검사(Uchida – Kraepelin TEST ; 직업검사)

(1) 의의

UK검사란 Uchida Kraepelin 정신작업 검사로 일정한 조건 아래 단순한 작업을 시키고 나서 그 작업량의 패턴에서 인격을 파악하려고 하는 것이다. UK검사는 1~9까지의 숫자를 나열하고 앞과 뒤의 더한 수의 일의 자리 수를 기록하는 방법으로 진행된다. 예를 들어 1 2 3 4 5 6 ··· 이란 숫자의 나열이 있을 때 1 + 2 = 3이면 3을 1과 2 사이에 기록하고 5 + 6 = 11은 일의 자리 수, 즉 1을 5와 6 사이에 기록한다.

예

```
2 5 7 8 5 1 9 5 8 7 2 6 4 7 1
 7 2 5 3 6 0 4 3 5 9 8 0 1 8
```

각 행마다 1분이 주어지며 1분이 지나면 다음 행으로 넘어가는 방식으로 진행된다. 시험 시작 전에 2분간 연습이 주어지고 전반부 15분, 휴식 5분, 후반부 15분으로 진행된다. 시간은 시행하는 곳마다 다를 수 있고 결과의 판단은 각 행의 마지막 계산이 있던 곳에 작업량 곡선을 표기하고 오답을 검사한다고 한다.

(2) Kraepelin 작업 5요인설

Kraepelin은 연속 덧셈의 결과 곡선을 다음과 같은 5가지 요소에 의거해 진단하였다.

① **추동**(drive) : 처음 시작할 때 과도하게 진행하는 것을 의미한다. 도입부이므로 의욕도 높고 피로도도 적어서 작업량이 많다.

② **흥분**(excitement) : 흥분 정도에 따라서 곡선의 기복이 나타난다.

③ **경험**(experience) : 학습 효과로 인해 어떻게 하는 건지 익혔음이 곡선에 보인다.

④ **피로**(fatigue) : 시간이 갈수록 지치고 반복에 의해 집중력이 떨어지므로 작업량이 줄어든다.

⑤ **연습**(practice) : 횟수를 거듭할수록 익숙해져서 작업량이 증가한다. 후반부에는 연습과 피로 효과가 동시에 일어난다.

(3) UK검사로 측정되는 것

① 능력 : 일정 시간 동안 주어진 일을 수행할 수 있는 능력의 측정

② 흥미 : 일정 시간 동안 주어진 일에 대해 보이는 흥미의 정도(변덕스러움)를 측정

③ 성격 : 대상자가 나타내는 일관적인 기질을 확인

(4) 일반적인 작업 곡선

① 전반, 후반 모두 처음 1분의 작업량이 많다.

② 대체적으로 2분 이후 작업이 저하되었다가 다시 많아진다.

③ 대체적으로 전기보다 후기의 작업량이 많다(휴식효과).

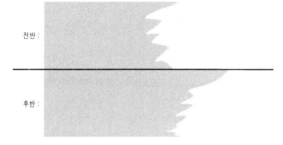

(5) 비정상인의 작업곡선

① 초두노력 부족 : 전반, 후반 모두 처음 1분간의 작업량이 눈에 띄게 높지 않다.

② 휴식효과 부족 : 중간에 5분 쉬었는데도 후반의 전체적인 작업량이 증가하지 않는다.

③ 작업량이 일정하지 않음 : 각 행 사이의 작업량이 많고 적음의 차가 극단적이다.

④ 긴장하지 않음 : 작업량이 월등히 적고 아래 행으로 갈수록 작업량이 계속 줄어든다.

⑤ 비정상자 : 오답이 너무 많다.

(6) 예시문제 1

① 전반부

```
5 7 8 4 2 3 6 1 8 9 7 2 1 7 8 9 5 7 8 5 1 8 4 5 6 9 2 3 8
2 8 6 2 4 3 2 4 8 1 9 4 6 5 3 2 1 4 8 4 3 7 1 8 2 5 2 5 8
4 2 5 8 9 1 7 5 3 6 4 8 9 5 2 3 4 1 2 4 9 1 8 2 4 6 1 2 3
2 8 9 5 7 2 6 5 2 7 5 1 6 8 5 4 6 1 2 7 4 5 2 8 6 8 7 5 7
1 3 3 6 1 8 9 7 2 1 3 7 8 5 7 8 4 2 7 5 8 2 3 4 7 1 2 1 5
3 2 4 1 5 9 4 2 2 7 5 4 6 9 1 8 2 4 7 6 7 8 1 2 8 9 5 9 5
5 9 5 4 7 5 3 2 7 1 4 6 4 7 8 4 9 1 5 3 2 4 5 8 5 2 1 3 2
4 4 3 9 5 3 1 1 2 7 8 2 5 8 3 9 4 6 7 5 1 2 8 9 7 3 5 8 4
2 8 5 6 7 1 5 5 3 7 4 7 8 5 9 1 2 6 2 9 6 2 5 6 6 7 4 1 5
1 5 8 3 7 2 4 3 7 4 5 6 9 8 7 1 2 3 5 4 6 8 8 5 3 1 3 1 2
2 3 8 4 6 7 9 5 2 9 5 1 3 7 4 5 1 7 8 5 9 8 2 3 4 1 5 5 7
2 5 5 7 4 9 5 9 5 2 3 5 6 4 6 7 4 6 9 8 5 2 5 3 1 5 6 7 9
```

② 후반부

```
5 7 8 5 1 8 4 5 6 9 2 3 8 2 8 6 2 4 3 2 4 8 1 9 4 6 5 3 5
6 7 9 5 2 9 5 1 3 7 4 5 1 7 8 5 9 4 2 5 8 9 1 7 5 3 6 2 4
2 1 4 8 4 3 7 1 8 2 5 2 4 8 4 3 7 4 5 6 9 8 7 1 2 3 5 4 1
9 5 2 3 4 1 2 4 9 1 8 2 4 6 1 2 3 2 1 6 4 6 7 4 6 3 6 1 9
8 9 7 2 1 7 8 9 5 7 8 8 5 4 6 1 2 7 4 5 2 8 6 8 8 7 5 7 5 8
1 5 5 3 7 4 7 8 5 9 1 1 5 8 6 1 3 3 7 1 2 1 5 2 4 1 5 5 3
9 4 2 2 7 5 4 6 9 1 8 2 4 7 6 7 8 1 2 8 9 5 9 5 6 8 4 3 1
3 5 6 1 8 9 7 5 8 2 3 4 5 9 5 4 7 5 3 2 7 1 4 6 4 7 8 4 6
1 9 1 5 3 2 4 5 8 5 2 1 3 2 4 4 3 9 5 3 1 1 4 2 5 5 7 4 8
2 9 5 9 5 2 2 7 8 2 5 8 3 9 4 6 7 5 1 2 8 9 7 3 5 8 4 6 5
2 8 5 6 7 2 9 6 2 5 6 6 7 4 1 5 2 9 8 5 2 5 3 1 5 8 3 7 2
3 6 8 8 5 3 1 3 1 2 2 1 3 7 8 5 7 8 4 2 7 2 3 8 4 8 2 3 1
```

(7) 예시문제 2

① 전반부

```
8 5 6 7 5 9 4 2 8 6 3 4 8 7 5 6 1 2 7 1 5 7 8 9 1 5 2 3 4
1 2 3 4 1 5 9 7 3 1 3 0 1 7 3 8 9 1 7 3 7 5 2 4 6 1 3 5 1
2 5 8 7 6 3 4 9 7 8 5 1 1 7 9 2 2 3 8 9 4 5 7 2 3 9 1 4 8
1 2 2 3 2 4 3 4 8 8 6 5 5 6 1 2 7 3 9 4 8 5 6 7 4 2 3 8 6
1 2 3 6 7 2 8 4 1 6 8 9 0 7 6 0 7 9 1 3 4 6 6 5 1 0 9 7 2
6 3 3 7 1 2 1 5 8 2 5 2 4 8 5 1 8 3 4 0 8 7 9 1 2 4 5 5 7
3 2 5 8 9 1 3 7 5 2 0 7 4 7 8 1 0 3 7 6 4 8 7 9 1 7 2 0 4
6 5 3 1 3 1 2 2 1 3 7 8 6 1 5 0 7 6 1 3 0 7 1 5 1 3 0 7 6
6 9 7 8 7 0 1 2 3 6 4 5 7 0 7 8 9 1 2 5 3 4 7 6 2 8 8 3 1
4 0 9 7 0 2 7 3 1 9 7 8 6 1 8 7 3 5 1 6 2 5 0 4 5 6 0 5 6
3 7 8 9 5 7 2 0 9 7 1 1 5 6 5 8 2 1 5 2 4 1 5 5 3 5 5 0 7
8 6 0 7 3 7 5 1 3 6 9 7 0 9 8 1 3 5 7 2 8 6 4 1 8 3 5 7 0
```

② 후반부

```
2 9 5 9 5 2 2 7 1 2 8 9 7 3 5 8 4 6 5 5 9 5 9 5 2 3 4 6 1
2 3 2 1 6 4 6 7 4 6 3 6 1 9 2 4 3 2 4 8 1 9 4 6 5 3 5 5 2
5 3 1 5 8 3 7 2 9 6 1 2 7 4 5 2 8 6 8 7 5 7 5 8 4 1 2 4 9
1 8 2 1 5 5 3 7 4 7 8 5 9 1 1 3 6 8 8 5 3 1 3 1 2 2 1 0
3 7 8 5 7 8 4 2 7 2 3 8 4 8 2 3 1 4 5 8 3 1 1 4 2 5 5 7 8
4 8 5 7 8 5 1 8 4 5 6 9 2 3 8 2 8 6 2 9 5 1 3 7 4 5 1 7 7
1 8 2 5 2 4 8 4 3 7 4 5 6 9 8 7 1 2 3 5 4 7 2 1 1 9 1 5 3
5 8 6 1 3 3 7 1 2 1 5 2 4 1 5 5 3 9 4 2 2 7 5 4 6 9 1 8 5
2 4 7 6 8 4 8 1 8 5 9 4 2 5 8 9 1 2 8 5 6 7 2 9 6 2 5 6 6
7 4 1 5 2 9 8 4 5 2 1 3 2 4 4 3 9 5 6 7 8 8 2 5 8 3 9 4 8
6 7 5 1 2 8 9 3 5 6 1 8 9 7 5 8 2 3 4 5 9 5 4 7 5 3 2 7 1
1 4 6 4 7 8 4 0 7 8 9 5 7 8 8 5 6 7 9 5 7 5 3 6 2 2 4 5 7
```

CHAPTER 02 인성검사의 유형

인성검사는 개인의 성격, 특질, 기질 등의 측정을 위해 여러 가지 방법으로 검사가 실시되고 있다. 개인의 인격, 성격을 평가하는 검사로 정확한 정답은 존재하지 않는다.

┃1~200┃ 다음 각 문항들을 처음부터 끝까지 잘 읽은 후 솔직하게 답하시오.

① 전혀 그렇지 않다.　② 그렇지 않다.　③ 보통이다.　④ 그렇다.　⑤ 매우 그렇다.

1. 모임에서 회장에 어울리지 않는다고 생각한다. ┄┄┄┄┄┄┄┄┄┄ ① ② ③ ④ ⑤

2. 착실한 노력의 이야기를 좋아한다. ┄┄┄┄┄┄┄┄┄┄ ① ② ③ ④ ⑤

3. 어떠한 일에도 의욕이 없이 임하는 편이다. ┄┄┄┄┄┄┄┄┄┄ ① ② ③ ④ ⑤

4. 학창시절 학급에서 존재가 두드러졌다. ┄┄┄┄┄┄┄┄┄┄ ① ② ③ ④ ⑤

5. 아무것도 생각하지 않을 때가 많다. ┄┄┄┄┄┄┄┄┄┄ ① ② ③ ④ ⑤

6. 좀 더 노력하라는 말을 자주 듣는다. ┄┄┄┄┄┄┄┄┄┄ ① ② ③ ④ ⑤

7. 비가 오지 않으면 우산을 가지고 가지 않는다. ┄┄┄┄┄┄┄┄┄┄ ① ② ③ ④ ⑤

8. 주연보다는 멋진 조연을 좋아한다. ┄┄┄┄┄┄┄┄┄┄ ① ② ③ ④ ⑤

9. 모으는 것보다 지키는 타입이다. ┄┄┄┄┄┄┄┄┄┄ ① ② ③ ④ ⑤

10. 리드를 하는 것을 좋아한다. ┄┄┄┄┄┄┄┄┄┄ ① ② ③ ④ ⑤

11. 신중함이 부족해서 후회한 적이 많다. ┄┄┄┄┄┄┄┄┄┄ ① ② ③ ④ ⑤

12. 모든 일에 여유있게 임하는 편이다. ┄┄┄┄┄┄┄┄┄┄ ① ② ③ ④ ⑤

13. 업무가 진행 중이라도 야근은 하지 않을 것이다. ┄┄┄┄┄┄┄┄┄┄ ① ② ③ ④ ⑤

14. 부재중 전화가 걸려와도 전화를 걸지 않는다. ┄┄┄┄┄┄┄┄┄┄ ① ② ③ ④ ⑤

15. 노력하는 과정이 중요하고 결과는 중요하지 않다. ┄┄┄┄┄┄┄┄┄┄ ① ② ③ ④ ⑤

16. 모든 일에 무리할 필요는 없다고 생각한다. ┄┄┄┄┄┄┄┄┄┄ ① ② ③ ④ ⑤

17. 유행에 민감하게 반응한다. ┄┄┄┄┄┄┄┄┄┄ ① ② ③ ④ ⑤

18. 정해진 대로 움직이는 것이 안심된다. ································· ① ② ③ ④ ⑤

19. 현실을 직시하는 편이다. ··· ① ② ③ ④ ⑤

20. 자유보다 질서를 중요시한다. ·· ① ② ③ ④ ⑤

21. 잡담하는 것을 좋아한다. ·· ① ② ③ ④ ⑤

22. 경험에 비추어 판단하는 것이 옳다. ······································ ① ② ③ ④ ⑤

23. 영화나 드라마는 각본의 완성도가 주인공보다 더 중요하다. ·· ① ② ③ ④ ⑤

24. 시대의 흐름에 맞게 변화하면서 살고 있다. ····························· ① ② ③ ④ ⑤

25. 다른 사람의 소문에 관심이 많다. ·· ① ② ③ ④ ⑤

26. 실리를 추구한다. ··· ① ② ③ ④ ⑤

27. 냉정한 편이다. ··· ① ② ③ ④ ⑤

28. 협동심이 중요하다고 생각한다. ··· ① ② ③ ④ ⑤

29. 친구의 휴대전화번호를 모두 외운다. ····································· ① ② ③ ④ ⑤

30. 순서를 정해서 일을 정확하게 진행하는 것이 좋다. ················ ① ② ③ ④ ⑤

31. 나는 조직의 일원으로 어울린다. ·· ① ② ③ ④ ⑤

32. 세상 돌아가는 일에 관심이 많다. ·· ① ② ③ ④ ⑤

33. 안정을 추구하는 편이다. ·· ① ② ③ ④ ⑤

34. 업무는 내용이 중요하다. ·· ① ② ③ ④ ⑤

35. 환경은 변하지 않는 게 좋다. ·· ① ② ③ ④ ⑤

36. 성격이 밝다. ··· ① ② ③ ④ ⑤

37. 매일 매일 반성을 하는 편이다. ··· ① ② ③ ④ ⑤

38. 활동범위가 좁다. ··· ① ② ③ ④ ⑤

39. 자신을 시원시원한 사람이라 생각한다. ·································· ① ② ③ ④ ⑤

40. 좋다고 생각하면 바로 행동한다. ··· ① ② ③ ④ ⑤

41. 모두에게 좋은 사람으로 보이고 싶다. ···································· ① ② ③ ④ ⑤

42. 한 번에 많은 일을 할 수 없다. ·· ① ② ③ ④ ⑤

43. 사람과 만날 약속을 하는 것은 즐겁다. ·································· ① ② ③ ④ ⑤

44. 질문을 받으면 바로 바로 대답할 수 있다. ···························· ① ② ③ ④ ⑤

45. 땀 흘리며 일하는 것보다 머리를 쓰는 일이 좋다. ································· ① ② ③ ④ ⑤

46. 한 번 결정하면 다시는 번복하지 않는다. ································· ① ② ③ ④ ⑤

47. 외출 시 문을 잠갔는지 두 번 이상 확인하지 않는다. ················· ① ② ③ ④ ⑤

48. 복장은 지위에 어울리게 입어야 한다. ································· ① ② ③ ④ ⑤

49. 최상의 안전책을 찾는 편이다. ································· ① ② ③ ④ ⑤

50. 나는 사교적인 타입이다. ································· ① ② ③ ④ ⑤

51. 나는 아무렇게나 행동한다. ································· ① ② ③ ④ ⑤

52. 착하다는 소릴 자주 듣는다. ································· ① ② ③ ④ ⑤

53. 단념은 빠를수록 좋다. ································· ① ② ③ ④ ⑤

54. 누구도 예상하지 못한 일을 하고 싶다. ································· ① ② ③ ④ ⑤

55. 평범하고 평온하게 살고 싶다. ································· ① ② ③ ④ ⑤

56. 매사 귀찮은 편이다. ································· ① ② ③ ④ ⑤

57. 소극적이라고 생각한다. ································· ① ② ③ ④ ⑤

58. 이것저것 평하는 것을 좋아한다. ································· ① ② ③ ④ ⑤

59. 성격이 급하지 않다. ································· ① ② ③ ④ ⑤

60. 꾸준히 노력하는 것을 좋아하지 않는다. ································· ① ② ③ ④ ⑤

61. 내일의 계획은 미리 머릿속에 생각한다. ································· ① ② ③ ④ ⑤

62. 협동성이 있는 사람이 되고 싶다. ································· ① ② ③ ④ ⑤

63. 열정적인 사람이라 생각한다. ································· ① ② ③ ④ ⑤

64. 다른 사람들 앞에서 이야기를 잘 한다. ································· ① ② ③ ④ ⑤

65. 행동력이 강하다. ································· ① ② ③ ④ ⑤

66. 엉덩이가 무겁다. ································· ① ② ③ ④ ⑤

67. 누구에게 구애받는 것이 싫다. ································· ① ② ③ ④ ⑤

68. 돌다리도 두들겨 보고 건넌다. ································· ① ② ③ ④ ⑤

69. 권력에 대한 욕심이 없다. ································· ① ② ③ ④ ⑤

70. 과중한 업무를 할당받으면 부담스럽다. ································· ① ② ③ ④ ⑤

71. 나는 매우 활동적인 사람이다. ································· ① ② ③ ④ ⑤

72. 나는 매우 보수적인 사람이다. ······ ① ② ③ ④ ⑤

73. 나는 매사 계산적으로 행동한다. ······ ① ② ③ ④ ⑤

74. 우리나라의 전통을 고수하는 것이 좋다. ······ ① ② ③ ④ ⑤

75. 사람을 사귈 때 교제범위가 넓다. ······ ① ② ③ ④ ⑤

76. 나는 상식이 매우 풍부하다. ······ ① ② ③ ④ ⑤

77. 지극히 객관적이다. ······ ① ② ③ ④ ⑤

78. 보수적인 면을 추구하는 편이다. ······ ① ② ③ ④ ⑤

79. 주변 사람들과 비밀을 공유하고 있다. ······ ① ② ③ ④ ⑤

80. 다른 사람에게 필요한 것을 선물할 줄 안다. ······ ① ② ③ ④ ⑤

81. 여행은 계획을 세워서 가야 한다. ······ ① ② ③ ④ ⑤

82. 착실한 편이다. ······ ① ② ③ ④ ⑤

83. 괴로워하는 사람을 보면 그 이유가 궁금하다. ······ ① ② ③ ④ ⑤

84. 나만의 가치 기준이 명확하다. ······ ① ② ③ ④ ⑤

85. 개방적 사고를 가지고 있다. ······ ① ② ③ ④ ⑤

86. 현실을 직시한다. ······ ① ② ③ ④ ⑤

87. 공평하고 공정한 상사를 만나고 싶다. ······ ① ② ③ ④ ⑤

88. 시시해도 계획적인 것이 좋다. ······ ① ② ③ ④ ⑤

89. 특정 인물 및 집단에서도 가볍게 대화할 수 있다. ······ ① ② ③ ④ ⑤

90. 사물에 대해 가볍게 생각한다. ······ ① ② ③ ④ ⑤

91. 계획을 세워 행동으로 옮기는 편이다. ······ ① ② ③ ④ ⑤

92. 주변의 일을 여유 있게 바라본다. ······ ① ② ③ ④ ⑤

93. 생각하면 반드시 행동으로 옮겨야 한다. ······ ① ② ③ ④ ⑤

94. 목표달성을 위해 뭐든지 한다. ······ ① ② ③ ④ ⑤

95. 남과 경쟁하는 것을 즐긴다. ······ ① ② ③ ④ ⑤

96. 정해진 친구만 만난다. ······ ① ② ③ ④ ⑤

97. 황당하단 소릴 자주 듣는다. ······ ① ② ③ ④ ⑤

98. 절대 단념하지 않는다. ······ ① ② ③ ④ ⑤

99. 학창시절 체육을 가장 잘했다. ································· ① ② ③ ④ ⑤

100. 결과보다는 과정이 중요하다. ································· ① ② ③ ④ ⑤

101. 도전하는 것을 즐긴다. ································· ① ② ③ ④ ⑤

102. 새로운 사람을 만나려면 용기가 필요하다. ················· ① ② ③ ④ ⑤

103. 차분하고 사려 깊은 사람을 존경한다. ··················· ① ② ③ ④ ⑤

104. 글을 쓸 때 내용만 생각한다. ··························· ① ② ③ ④ ⑤

105. 세상 모든 일을 다 경험하고 싶다. ····················· ① ② ③ ④ ⑤

106. 스트레스 해소를 위해 잠을 잔다. ······················ ① ② ③ ④ ⑤

107. 기한 내에 일을 마무리 못할 때가 많다. ················· ① ② ③ ④ ⑤

108. 무리한 도전은 하지 않는다. ··························· ① ② ③ ④ ⑤

109. 남의 앞에 나서는 것이 두렵다. ························· ① ② ③ ④ ⑤

110. 납득이 안 되면 행동하지 않는다. ······················ ① ② ③ ④ ⑤

111. 약속장소에 늘 남보다 일찍 도착한다. ··················· ① ② ③ ④ ⑤

112. 휴일에는 매일 집에 있는다. ··························· ① ② ③ ④ ⑤

113. 위험을 무릅쓰고 행동하고 싶지는 않다. ················· ① ② ③ ④ ⑤

114. 누군가가 도와주지 않으면 일이 안 된다. ················· ① ② ③ ④ ⑤

115. 친구가 적다. ····································· ① ② ③ ④ ⑤

116. 결론이 난 일도 여러 번 다시 생각한다. ················· ① ② ③ ④ ⑤

117. 미래의 일을 미리 생각하지 않는다. ···················· ① ② ③ ④ ⑤

118. 같은 일을 반복하는 것은 지루하다. ···················· ① ② ③ ④ ⑤

119. 행동보다 생각이 빠르다. ····························· ① ② ③ ④ ⑤

120. 현실보다 공상적이다. ······························· ① ② ③ ④ ⑤

121. 오늘 할 일을 내일로 미룬다. ·························· ① ② ③ ④ ⑤

122. 친구가 적지만 깊게 사귀는 편이다. ···················· ① ② ③ ④ ⑤

123. 경험을 중요하게 생각한다. ···························· ① ② ③ ④ ⑤

124. 사리를 판별하는 사람이 좋다. ························· ① ② ③ ④ ⑤

125. 성격이 유연하다. ································· ① ② ③ ④ ⑤

126. 쉬는 날은 무조건 밖에 나가야 한다. ································· ① ② ③ ④ ⑤

127. 비현실적인 생각이 너무 많다. ····································· ① ② ③ ④ ⑤

128. 욕심이 나면 바로 물건을 사야 한다. ······························ ① ② ③ ④ ⑤

129. 이성적인 사람이 되고 싶다. ······································· ① ② ③ ④ ⑤

130. 사람을 처음 만날 때는 말을 잘 하지 않는다. ···················· ① ② ③ ④ ⑤

131. 재미있는 일만 하고 싶다. ··· ① ② ③ ④ ⑤

132. 어려움에 처해 있는 사람을 보면 돕고 싶다. ····················· ① ② ③ ④ ⑤

133. 한 가지 일에 몰두하는 것이 좋다. ······························· ① ② ③ ④ ⑤

134. 연구는 이론체계를 만들어 내는 것이 핵심이다. ··················· ① ② ③ ④ ⑤

135. 규칙을 벗어나는 행동은 하기 싫다. ······························ ① ② ③ ④ ⑤

136. 위험한 일은 절대 하지 않는다. ··································· ① ② ③ ④ ⑤

137. 남의 주목을 받는 것이 좋다. ····································· ① ② ③ ④ ⑤

138. 조금이라도 나쁜 소식이 들리면 바로 절망한다. ·················· ① ② ③ ④ ⑤

139. 실패가 걱정되어 일을 시작하지 못한다. ·························· ① ② ③ ④ ⑤

140. 다수결의 의견을 존중한다. ······································· ① ② ③ ④ ⑤

141. 혼자 노래방을 갈 수 있다. ······································· ① ② ③ ④ ⑤

142. 승부근성이 매우 강하다. ··· ① ② ③ ④ ⑤

143. 흥분을 자주 한다. ··· ① ② ③ ④ ⑤

144. 지금까지 살면서 타인에게 해를 끼친 적이 없다. ················· ① ② ③ ④ ⑤

145. 사람들이 소곤거리면 내 욕을 하는 것 같다. ····················· ① ② ③ ④ ⑤

146. 무슨 일이 생기면 다 내 탓 같다. ································· ① ② ③ ④ ⑤

147. 나는 변덕스런 사람이다. ··· ① ② ③ ④ ⑤

148. 고독을 즐긴다. ··· ① ② ③ ④ ⑤

149. 나는 자존심이 매우 강하다. ······································ ① ② ③ ④ ⑤

150. 나는 절대 흥분을 하지 않는다. ··································· ① ② ③ ④ ⑤

151. 태어나서 한 번도 거짓말을 한 적이 없다. ······················· ① ② ③ ④ ⑤

152. 신경질적이라는 말을 자주 듣는다. ······························· ① ② ③ ④ ⑤

153. 혼자 고민하는 일이 많다. ·· ① ② ③ ④ ⑤

154. 나는 매우 감정적으로 행동한다. ··· ① ② ③ ④ ⑤

155. 나만의 신념이 강하다. ··· ① ② ③ ④ ⑤

156. 타인을 바보라고 생각한 적이 한 번도 없다. ··························· ① ② ③ ④ ⑤

157. 남에게 들은 말은 바로 말해버린다. ······································· ① ② ③ ④ ⑤

158. 나를 싫어하는 사람은 없다. ··· ① ② ③ ④ ⑤

159. 대재앙이 일어날까 늘 걱정이다. ·· ① ② ③ ④ ⑤

160. 쓸데없는 고생을 하는 편이다. ··· ① ② ③ ④ ⑤

161. 생각이 자주 바뀐다. ··· ① ② ③ ④ ⑤

162. 문제를 해결하기 위해서는 다른 사람과 의논해야 한다. ········· ① ② ③ ④ ⑤

163. 내 방식대로 일을 처리하는 편이다. ····································· ① ② ③ ④ ⑤

164. 영화를 보면서 눈물을 흘린 적이 많다. ································· ① ② ③ ④ ⑤

165. 사소한 충고에도 근심이 생긴다. ·· ① ② ③ ④ ⑤

166. 나는 도움이 안되는 사람이라 생각한다. ······························· ① ② ③ ④ ⑤

167. 모든 일에 싫증을 잘 낸다. ··· ① ② ③ ④ ⑤

168. 개성적인 스타일이다. ·· ① ② ③ ④ ⑤

169. 나의 주장이 매우 강하다. ··· ① ② ③ ④ ⑤

170. 뒤숭숭한 말을 들으면 불안하다. ·· ① ② ③ ④ ⑤

171. 학교를 쉬고 싶다고 생각한 적이 없다. ································· ① ② ③ ④ ⑤

172. 사교성이 강하다. ·· ① ② ③ ④ ⑤

173. 끈기가 약하다. ··· ① ② ③ ④ ⑤

174. 매사 신중하다. ··· ① ② ③ ④ ⑤

175. 목표는 클수록 좋다. ··· ① ② ③ ④ ⑤

176. 무슨 일이든 생각하지 않고 바로 행동한다. ·························· ① ② ③ ④ ⑤

177. 낯가림이 심하다. ·· ① ② ③ ④ ⑤

178. 쉬는 시간마다 독서를 즐긴다. ··· ① ② ③ ④ ⑤

179. 한 번 시작하면 반드시 끝을 봐야 한다. ······························· ① ② ③ ④ ⑤

180. 야망이 크다. ·· ① ② ③ ④ ⑤

181. 많은 사람들과 함께 식사를 하면 불편하다. ·········· ① ② ③ ④ ⑤

182. 돈을 낭비한 적이 없다. ·· ① ② ③ ④ ⑤

183. 학창시절 운동회 날이 가장 즐거웠다. ·················· ① ② ③ ④ ⑤

184. 모임에서 리더를 하지 않으면 화가 난다. ·············· ① ② ③ ④ ⑤

185. 입신양명을 꿈꾼다. ·· ① ② ③ ④ ⑤

186. 모든 일에 의욕을 가지고 임한다. ·························· ① ② ③ ④ ⑤

187. 항상 생각이 많은 편이다. ·· ① ② ③ ④ ⑤

188. 스포츠는 하는 것이 보는 것보다 좋다. ·················· ① ② ③ ④ ⑤

189. 말을 잘 한다는 소릴 자주 듣는다. ························ ① ② ③ ④ ⑤

190. 흐린 날은 우산을 반드시 챙긴다. ·························· ① ② ③ ④ ⑤

191. 영화배우는 주연만 좋다. ·· ① ② ③ ④ ⑤

192. 공격적이라는 말을 자주 듣는다. ···························· ① ② ③ ④ ⑤

193. 너무 신중해서 기회를 놓친 적이 많다. ·················· ① ② ③ ④ ⑤

194. 야근을 해서라도 업무는 끝내야 한다. ·················· ① ② ③ ④ ⑤

195. 누군가를 방문할 때에는 반드시 사전에 확인을 한다. ······ ① ② ③ ④ ⑤

196. 나는 항상 꿈을 꾼다. ·· ① ② ③ ④ ⑤

197. 다른 사람의 말에는 관심이 없다. ·························· ① ② ③ ④ ⑤

198. 융통성이 없다. ·· ① ② ③ ④ ⑤

199. 눈물이 많은 편이다. ·· ① ② ③ ④ ⑤

200. 정이 많은 사람이 되고 싶다. ·································· ① ② ③ ④ ⑤

│1~20│ 다음 중 자신이 선호하는 도형의 형태를 고르시오.

1	①	②	③	④	⑤
2	①	②	③	④	⑤
3	①	②	③	④	⑤
4	①	②	③	④	⑤
5	①	②	③	④	⑤
6	①	②	③	④	⑤
7	①	②	③	④	⑤
8	①	②	③	④	⑤
9	①	②	③	④	⑤
10	①	②	③	④	⑤

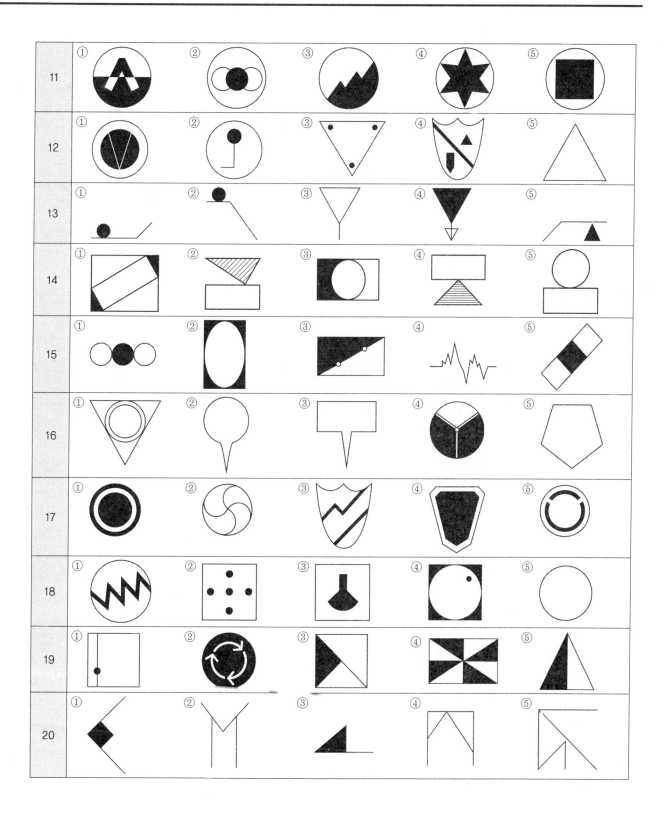

|1~200| 다음 상황을 읽고 당신에게 적합하다면 YES, 그렇지 않다면 NO를 선택하시오.

질문지	YES	NO
1. 언제나 실패가 걱정이 되어 어쩔 줄 모른다.		
2. 승부근성이 매우 강하다.		
3. 조금이라도 나쁜 소식을 들으면 절망적이라고 생각한다.		
4. 다수결의 의견을 존중하는 편이다.		
5. 혼자서 식당에서 밥을 먹는 것은 어려운 일이 아니다.		
6. 흥분을 자주 한다.		
7. 지금까지 살면서 타인에게 폐를 끼친 적이 없다.		
8. 소곤소곤 이야기하는 것을 보면 나의 험담을 하는 것 같다.		
9. 무슨 일이 생기면 내가 잘못한 것이라 생각이 든다.		
10. 나는 변덕스러운 사람이다.		
11. 고독을 즐기는 편이다.		
12. 나는 자존심이 매우 강하다.		
13. 영화를 보고 슬픈 장면에서 운 적이 많다.		
14. 내 방식대로 일을 처리하는 경우가 많다.		
15. 문제를 해결하기 위해서는 항상 다른 사람들과 상의를 해야 한다.		
16. 생각이 너무 자주 바뀐다.		
17. 쓸데없는 고생을 하는 일이 많다.		
18. 남에게 들은 얘기는 금방 말을 해버린다.		
19. 지구가 멸망하기 않을까 하는 걱정을 늘 한다.		
20. 다른 사람을 바보라고 생각한 적이 많다.		
21. 나는 태어나서 한 번도 거짓말을 한 적이 없다.		
22. 무슨 일이 생기면 혼자 끙끙대며 고민하는 타입이다.		
23. 감정기복이 심하다.		
24. 나만의 신념을 가지고 산다.		
25. 나를 싫어하는 사람은 한 명도 없다.		
26. 사소한 일에도 결코 화를 낸 적이 없다.		
27. 타인의 사소한 충고에도 걱정을 하는 편이다.		
28. 나는 다른 사람에게 도움이 되지 않는다고 생각한다.		
29. 싫증을 빨리 내는 편이다.		
30. 나는 매우 개성이 강한 편이다.		
31. 뒤숭숭하다는 말을 자주 들었다.		
32. 학창시절 학교를 쉬고 싶다고 생각해 본적이 없다.		

질문지	YES	NO
33. 사람들과 금방 친해질 수 있다.		
34. 남에 대한 배려가 남달리 깊은 편이다.		
35. 몸을 움직이며 활동하는 것을 좋아한다.		
36. 무슨 일이든 꼭 마무리를 깔끔하게 지어야 한다.		
37. 매사 신중하게 결정을 하는 편이다.		
38. 인생의 목표는 클수록 좋다.		
39. 무슨 일이든지 바로 시작하는 타입이다.		
40. 낯가림이 심하다.		
41. 생각하고 행동하는 타입이다.		
42. 쉬는 날은 밖에 나가지 않는 경우가 많다.		
43. 한 번 시작한 일은 반드시 완성시킨다.		
44. 면밀한 계획을 짜고 여행을 하는 타입이다.		
45. 야망이 강한 편이다.		
46. 스포츠는 보는 것이 더 좋다.		
47. 사람들이 붐비는 식당은 들러가고 싶지 않다.		
48. 한 번도 돈을 허비한 적이 없다.		
49. 체육대회, 운동회를 좋아한다.		
50. 하나의 취미에 열중하는 타입이다.		
51. 모임에서 반드시 회장을 해야 한다.		
52. 입신출세 등 성공이야기를 좋아한다.		
53. 무슨 일이든 의욕이 앞선다.		
54. 학창시절 학급에서 존재가 희미했다.		
55. 항상 무언가 생각하는 것을 좋아한다.		
56. 축구는 보는 것보다 직접 하는 것이 더 좋다.		
57. 어려서부터 칭찬을 많이 들었다.		
58. 흐린 날은 비가 오지 않더라도 반드시 우산을 챙긴다.		
59. 주연급 배우만 좋아한다.		
60. 모임에서 리드를 받는 편이다.		
61. 너무 신중하게 생각해서 기회를 놓친 적이 많다.		
62. 시원시원하다는 소릴 자주 듣는다.		
63. 과중한 업무는 야근을 해서라도 끝내야 한다고 생각한다.		
64. 누군가를 방문할 때에는 반드시 사전에 여러 번 확인을 해야 한다.		
65. 노력해도 결과가 좋지 않으면 의미가 없다.		
66. 생각보다 먼저 행동을 해야 한다.		

질문지	YES	NO
67. 나는 유행에 매우 민감하다.		
68. 정해진 틀대로 움직이는 것은 시시하다.		
69. 항상 꿈을 가지고 산다.		
70. 질서보다 자유를 중시한다.		
71. 혼자서 하는 일이 좋다.		
72. 직관적으로 판단한다.		
73. 영화나 드라마를 보면 등장인물의 감정에 쉽게 이입된다.		
74. 시대의 흐름에 역행을 하더라도 나를 관철하고 싶다.		
75. 다른 사람의 소문에 관심이 많다.		
76. 나는 창조적인 사람이다.		
77. 눈물이 많은 편이다.		
78. 융통성이 많다.		
79. 다른 사람의 휴대전화 번호를 잘 외운다.		
80. 짜여 진 틀보다 스스로 고안하는 것이 좋다.		
81. 나는 조직의 일원을 어울리지 않는다.		
82. 세상 일에 관심이 없다.		
83. 변화를 추구하는 편이다.		
84. 업무는 인간관계로 선택한다.		
85. 환경이 변하는 것에 구애받지 않는다.		
86. 불안감이 강하다.		
87. 인생을 살 가치가 있다고 생각한다.		
88. 의지가 다른 사람보다 약한 편이다.		
89. 사람을 설득하는 일은 정말 쉽다.		
90. 심심하고 따분한 것을 못 견딘다.		
91. 다른 사람에 대해 나쁘게 말 한 적이 없다.		
92. 다른 사람이 날 어떻게 볼 지 항상 신경을 쓴다.		
93. 쉽게 낙심하는 편이다.		
94. 다른 사람에게 의존하는 경향이 강하다.		
95. 나는 융통성이 있는 사람이 아니다.		
96. 다른 사람이 나의 의견에 간섭하는 것은 정말 싫다.		
97. 매우 낙천적이라는 소릴 자주 듣는다.		
98. 학창시절 한 번도 숙제를 빼먹은 적이 없다.		
99. 밤길에 발소리만 들려도 불안해진다.		
100. 상냥하다는 소릴 들어 본 적이 없다.		

질문지	YES	NO
101. 나는 내가 생각해도 유치하다.		
102. 잡담을 하는 것보다 책을 읽는 것이 더 낫다.		
103. 나는 영업에 적합한 타입이라고 생각한다.		
104. 술자리에서 술을 마시지 않고도 흥을 돋굴 수 있다.		
105. 한 번도 병원에 간 적이 없다.		
106. 나쁜 일이 걱정이 되어 어쩔 줄 모른다.		
107. 쉽게 무기력해진다.		
108. 나는 비교적 고분고분하다.		
109. 매사 적극적으로 임한다.		
110. 독단적으로 행동하는 면이 강하다.		
111. 감격을 잘한다.		
112. 태어나서 한 번도 불만을 가져 본 적이 없다.		
113. 밤에 잠을 잘 못 잔다. .		
114. 후회를 자주 한다.		
115. 쉽게 뜨거워지고 쉽게 식는 사랑을 한다.		
116. 나만의 세계가 있다.		
117. 사람이 많은 곳에서는 쉽게 긴장을 한다.		
118. 행동하는 것보다 말 하는 것이 좋다.		
119. 인생을 포기해버리려고 마음을 먹은 적이 있다.		
120. 하루하루 반성을 하는 타입이다.		
121. 성격이 어둡다는 말을 자주 듣는다.		
122. 결정을 하더라도 다시 한 번 더 생각해야 한다.		
123. 나의 마음속에는 닮고 싶은 위대한 인물이 있다.		
124. 아버지를 사랑해 본 적이 없다.		
125. 한 번에 많은 일을 떠맡아도 힘들지 않다.		
126. 사람과 만날 약속은 늘 즐겁다.		
127. 질문을 받으면 한참을 생각하고 대답을 한다.		
128. 머리를 쓰는 일보다 땀을 흘리는 일이 더 좋다.		
129. 한 번 결정하면 다시는 생각하지 않는다.		
130. 외출 시 문을 잠갔는지 몇 번씩 확인해야 한다.		
131. 무슨 일이든 반드시 1등이어야 한다.		
132. 모든 일에 과감하게 도전하는 편이다.		
133. 나는 사교성이 없다.		
134. 한 번 단념하면 끝이다.		

질문지	YES	NO
135. 예상하지 못한 일은 하고 싶지 않다.		
136. 파란만장한 인생을 살고 싶다.		
137. 소극적인 면이 많다.		
138. 다른 사람들과 이야기를 하다보면 어느새 평론가가 되어 있다.		
139. 꾸준히 노력해야 성공한다고 생각한다.		
140. 리더십이 강한 사람이 되고 싶다.		
141. 나는 열정적인 사람이다.		
142. 다른 사람 앞에서는 이야기를 잘 못한다.		
143. 통찰력이 뛰어나다.		
144. 엉덩이가 무거운 편이다.		
145. 다른 사람에게 구애받는 것이 싫다.		
146. 돌다리도 두들겨 보고 건너는 성향이다.		
147. 권력에 대한 욕심이 강하다.		
148. 사색적인 사람이다.		
149. 비교적 계획적으로 인생을 살고 있다.		
150. 좋고 싫음이 명확하다.		
151. 전통을 지키는 것보다 새로운 문화를 만들어야 한다고 생각한다.		
152. 사람을 사귈 때 오래 사귀는 편이다.		
153. 발상의 전환을 할 수 있다.		
154. 주관이 매우 강하다.		
155. 물건을 살 때 현실적이고 실용적인 면을 추구한다.		
156. 내가 누구를 좋아하는 지 주변 사람들은 다 안다.		
157. 정성이 담겨 있으면 사소한 선물이라도 좋다.		
158. 갑자기 여행을 떠나 본 적이 있다.		
159. 괴로워하는 사람을 보면 왜 저럴까 싶다.		
160. 가치기준은 각자에게 있다고 생각한다.		
161. 추상적인 일에 관심이 있다.		
162. 매사 조심스러운 편이다.		
163. 남들보다 상상력이 풍부하다.		
164. 의리가 강하다.		
165. 인정이 많은 사람이 되고 싶다.		
166. 일 잘하는 상사보다 정이 많은 상사를 만나고 싶다.		
167. 인생은 한치 앞을 알 수 없어 즐거운 것이다.		
168. 성격이 밝고 명랑하다.		

질문지	YES	NO
169. 정말 내가 잘못한 일 외에는 절대 반성을 하지 않는다.		
170. 개혁을 좋아한다.		
171. 복장은 지위에 어울리게 입어야 한다.		
172. 평범한 삶을 살고 싶지 않다.		
173. 다른 사람에게 좋은 사람이라는 소릴 듣고 싶다.		
174. 위험한 일에는 절대 끼어들지 않는다.		
175. 예상치 못한 일이 생기면 정말 난감하다.		
176. 남들의 시선을 별로 개의치 않는다.		
177. 혼자 밥을 먹는 것이 편하다.		
178. 어떤 자리에서든지 사람의 존재감을 중요시한다.		
179. 정해진 틀대로 움직이는 것은 정말 싫다.		
180. 법은 반드시 지켜야 한다.		
181. 쉬는 날이면 무조건 외출을 해야 한다.		
182. 어른들의 경험을 중요시한다.		
183. 미래에 대해서 미리 걱정하지 않는다.		
184. 재미있는 일만 하고 싶다.		
185. 돈이 없으면 밖에 나가지 않는다.		
186. 한 가지 일에 몰두를 잘한다.		
187. 이성적인 사람이다.		
188. 경쟁하는 것을 별로 좋아하지 않는다.		
189. 스트레스 해소를 위해 노래방을 찾는다.		
190. 신문을 읽을 때 가십을 먼저 찾는다.		
191. 휴일에는 집에 있는 것이 가장 좋다.		
192. 위험을 무릅쓰는 일은 하고 싶지 않다.		
193. 친구들과의 모임에서 계산적인 사람이다.		
194. 무슨 일이든 돈이 우선이다.		
195. 걱정거리가 많아 잠을 설칠 때가 많다.		
196. 시간에 쫓기는 것이 싫다.		
197. 구입한 후 끝까지 읽어 본 책이 없다.		
198. 호기심이 강하다.		
199. 예산을 세워 물건을 구입한다.		
200. 어질러진 방에 있으면 불안해진다.		